新建本科院校校企合作协同创新人才培养模式研究与实践

邹 卒 袁 敏 黎芳霞 著

电子科技大学出版社
University of Electronic Science and Technology of China Press

图书在版编目(CIP)数据

新建本科院校校企合作协同创新人才培养模式研究与实践 / 邹卒, 袁敏, 黎芳霞著. -- 成都：电子科技大学出版社, 2019.6
ISBN 978-7-5647-7222-2

Ⅰ.①新… Ⅱ.①邹… ②袁… ③黎… Ⅲ.①高等学校－产学合作－人才培养－培养模式－研究－中国 Ⅳ.①G640

中国版本图书馆CIP数据核字(2019)第142309号

新建本科院校校企合作协同创新人才培养模式研究与实践
邹　卒　袁　敏　黎芳霞　著

策划编辑	杜　倩　李述娜
责任编辑	谭炜麟

出版发行	电子科技大学出版社
	成都市一环路东一段159号电子信息产业大厦九楼　邮编　610051
主　　页	www.uestcp.com.cn
服务电话	028-83203399
邮购电话	028-83201495
印　　刷	定州启航印刷有限公司
成品尺寸	170mm×240mm
印　　张	13.5
字　　数	306千字
版　　次	2019年6月第一版
印　　次	2019年6月第一次印刷
书　　号	ISBN 978-7-5647-7222-2
定　　价	59.00元

版权所有，侵权必究

前　言

　　教育发展方式指的是推动教育发展的各种要素在教育中的投入及其组合的方式，其所使用的要素、手段和途径是核心所在。

　　新建本科院校教育发展方式的转变需要多种要素的协同转变。新建本科院校教育应该围绕教育的核心环节进行组合优化，这个核心环节在高等教育系统中表现为结构层面、技术层面和制度层面。具体来讲，高等教育要解决好自身的结构功能定位，处理好自身与外部的关系；提高人才培养质量与能力；提升高校治理能力和水平。大学学科与专业的发展决定了大学的发展水平和核心竞争力，同时大学人才培养、科学研究与服务社会都离不开学科和专业的发展。因此，学科和专业的发展是内涵式发展的重要内容。还有研究者认为，高等教育内涵式发展的内容就是要构建强有力的质量保障体系，具体包括优化学科专业结构、推进教学与课程体系的改革、推进教学方法与手段的改革、加强教学改革研究、优化师资队伍结构、建立有效的质量监控体系及加强校园文化建设。

　　根据其发展的特征可以将内涵式发展概括为3种类型：创新型、开放型和特色型。创新型内涵式发展就是高等教育发展把创新作为战略取向和核心竞争力，使高校成为社会的创新源头；开放型内涵式发展是指高等教育更加开放，面向世界，在与经济社会和世界的互动中营造更好的发展环境；特色型内涵式发展是指高等教育以特色求发展，通过满足社会的多元需求形成集多样性、应用性、优质性于一体的新建本科院校教育新格局。有研究者指出，高等教育内涵式发展的政策重点应当包括合理确定办学规模，稳定招生规模，完善高等教育质量保障体系，调整高等教育内部结构，改善办学条件，提高高等教育资源使用效益，提高高等教育的社会适应性，等等。高校内涵式发展应当避免在办学定位和理念上的盲目求大、求全、求层次，避免因不切实考察与思考学校实际状况和内在优势就盲目进行学科及专业建设而造成资源的浪费，避免出现同质化现象，等等。这是研究者就转变高校发展方式这一问题普遍提出的看法。

编　者
2019 年 5 月

目 录

第一章 新建本科院校发展历程与内涵式发展战略分析 / 001

    第一节 新建本科院校兴起背景 / 001

    第二节 新建本科院校发展历程 / 003

    第三节 新建本科院校内涵式发展战略分析 / 008

第二章 新建本科院校校企合作的发展现状 / 027

    第一节 我国新建本科院校校企合作的发展历程 / 027

    第二节 我国新建本科院校校企合作取得的成就 / 029

第三章 新建本科院校校企合作的问题与制约因素 / 032

    第一节 我国新建本科院校主要校企合作模式 / 032

    第二节 我国新建本科院校校企合作存在的问题 / 036

    第三节 我国新建本科院校校企合作的制约因素分析 / 037

第四章 凸显内涵式发展特色：新建本科院校校企合作协同创新人才培养实施路径 / 040

    第一节 新建本科院校校企合作协同创新实施基础 / 040

    第二节 新建本科院校校企合作协同创新实施动力 / 061

    第三节 新建本科院校校企合作协同创新人才培养实施保障 / 070

    第四节 新建本科院校校企合作协同创新实施支撑 / 075

第五章 凸显内涵式发展特色：新建本科院校校企合作协同创新人才培养模式 / 103

    第一节 新建本科院校校企合作协同创新理论概述 / 103

    第二节 国内外新建本科院校校企合作创新人才培养模式 / 111

    第三节 内涵式发展下的国内新建本科院校校企合作人才培养改革 / 128

    第四节 国内新建本科院校校企合作协同创新人才培养的成功案例 / 136

第六章 凸显内涵式发展特色：新建本科院校校企合作协同创新人才培养体系构建 / 163

第一节 新建本科院校校企合作协同人才培养的目标定位 / 163
第二节 新建本科院校校企共建课程设计与建设保障 / 164
第三节 新建本科院校校企协同共建师资队伍优化与人才培训机制 / 187
第四节 新建本科院校校企协同人才培养考评标准 / 188

第七章 凸显内涵式发展特色：新建本科院校校企合作协同创新运行管理与培养机制 / 190

第一节 校企合作协同创新特色应用型本科人才关键要素 / 190
第二节 校企合作协同创新特色应用本科人才建设路径与管理举措 / 192
第三节 校企合作协同创新特色应用型本科人才培养实施保障机制 / 202

参考文献 / 207

第一章 新建本科院校发展历程与内涵式发展战略分析

新建本科院校已成为我国高校方阵的重要群体，正在蓬勃兴起与快速发展。内涵式发展推动了本科院校校企合作。

第一节 新建本科院校兴起背景

1998年是我国高等教育管理体制改革承前启后并取得突破性进展的关键一年。这一年，襄樊学院（今湖北文理学院）和淄博学院（今山东理工大学）经合并组建升格为本科层次的高校。在当时众多的高校合并中，人们也许并没有特别关注它们的设置，但正是这两所高校的出现拉开了我国新建本科院校蓬勃兴起的序幕。

一、改革开放加快新建本科院校建设

百年来，中国高等教育规模不断壮大。在1958年到1960年期间，高等教育出现了革命性、飞跃式的发展。高校从1957年年底的229所增加到1960年1289所，增幅达462.80%；高等教育事业费财政支出由1957年的4.21亿元增长到1961年的10.43亿元，增长147.7%；基本建设投资由1957年的1.51亿元增长到1960年的3.19亿元，增长111.3%。但高校的发展严重超出了我国当时国民经济的承受能力，国家实在难以支撑1000多所高校的庞大支出。

改革开放使我国各个领域发生了翻天覆地的变化。特别是20世纪90年代以来，政治领域和经济领域出现前所未有的良好局面。在政治领域，随着政治体制改革积极稳妥地推进，社会主义制度在改革中逐步完善，社会主义民主政治建设得到加强，各民族人民团结一心，国际地位进一步提高。在经济领域，初步建立起比较完善的社会主义市场经济体制，经济结构战略性调整取得成效，农业的基础地位继续加强，高新技术产业和现代服务业加速发展。据相关统计表明，1978

年我国的国内生产总值（GDP）为3645亿元人民币，到2018年达到900 309亿元，经济总量居世界第三位，增长速度居世界首位。1978年，我国的外汇储备量仅有1.67亿美元，到2009年7月末外汇储备达到31 037亿美元，成为世界第一外汇储备大国。由此可见，改革开放以来，我国社会的渐进转型和快速发展使国家取得了举世瞩目的成就，更重要的是积极稳妥的渐进式改革使我国政治局势保持稳定，经济实力明显增强，综合国力大幅跃升，城乡居民收入稳步增长，人民生活水平总体上实现了由温饱到小康的历史性跨越，"中国模式"越来越被国际社会认可和接受。

经济实力的增强、综合国力的提高使国家有能力发展高等教育；社会整体的进步、生活水平的提高使人民期望加快发展高等教育。显然，这样一种安定团结的政治局面与繁荣向上的经济局面不仅为新建本科院校的设置与发展提供了强大的物质基础，还为其兴起提供了良好的社会环境。

二、高等教育体制改革加快新建本科院校建设

高等教育管理体制改革的纵向深化打破了长期以来形成的条块分割的利益壁垒，变条块分割为条块有机结合，扩大了办学规模，实现了高等教育资源的优化。更为重要的是，高校合并不仅使部委院校总量减少，还客观上拓展了地方院校发展的空间，使高校设置的重心下移成为可能，为我国高校合理布局奠定了良好基础。也正是由于高校设置重心下移，使地级城市办学第一次得到全方位的关注，极大地激发了地方政府办学的积极性。为弥补历史形成的所在地区没有本科院校的缺陷，许多地方政府与所在地高校积极配合，共同谋划，通力合作，整合资源，为升本多方创造条件，"举全市之力申办本科"一时间成为许多地方政府的共识。经过共同努力，一批批专科院校在国家考核、评议的基础上被批复设置为本科院校，其中有许多都成为当地唯一的本科院校，它们的升格填补了这些地区没有本科院校的历史空白。总之，凭借高等教育管理体制改革纵向深化提供的发展空间，新建本科院校在全国范围蓬勃兴起，它们不仅促进了当地高等教育的快速发展，还使我国高校的整体布局结构更趋合理。

三、高等教育大众化推进新建本科院校建设

在先期投入不足的情况下，国家只能选择内部挖潜和外部扩张相结合的发展模式，对既有教育资源进行调整、组合与优化，调动一切积极力量消解这种反差，以确保大众化任务的顺利完成。而在现有的教育资源中，许多专科层次的院校（新建本科院校的前身）经过多年的实践探索，已具有一定的办学基础，且在长期

的办学实践中不断完善，办学实力不断提高，初步具备了实施本科教育的能力。因此，国家站在中国高等教育大众化的历史基点上，高瞻远瞩、审时度势，将一大批办学质量优良、办学效益较高、在地方具有一定声誉的优秀专科院校升格为本科院校，并通过办学层次的提升促使它们紧紧依托地方资源，充分发挥自身优势，更好地承担我国高等教育大众化的使命。这一现实策略不仅有力地化解了因本科院校总量减少而形成的扩招矛盾，还为这类升格的专科院校指明了方向，扩大了它们生存的空间，为其未来的发展营造了良好的大环境。

由此可见，正是我国高等教育大众化的强力推进，为这类院校提供了难得的历史机遇，使它们实现了自身办学层次的提高，完成了向本科层次院校转型的历史性跨越。

四、资源重组促进新建本科院校建设

我国拥有一大批普通高等专科学校，这些专科学校经过了多年的持续发展，具备了较强的办学实力，办学质量较高，其中很多学校已经成为所在领域的佼佼者。以师范专科学校为例，当年黑龙江的哈尔滨师范专科学校在合并升本前，其综合实力就已经在全国师专院校中名列前茅；零陵师范高等专科学校（湖南科技学院前身）曾与绥化师范专科学校（绥化学院的前身）、乐山师范高等专科学校（乐山师范学院的前身）被誉为当时全国师范教育的典范。2000年组建的长春工程学院是由长春建筑高等专科学校、长春工业高等专科学校、长春水利电力高专合并而成的，这三所学校当时就是全国示范性高等工程专科学校，都具有很强的办学实力。宁波工程学院（2004年升本）的前身是创建于1983年的宁波高等专科学校，该校是原联邦德国援助我国合作建设的四所高等专科学校之一，1997年，学校因办学质量优秀被教育部确定为全国示范性高等工程专科重点建设学校。

第二节 新建本科院校发展历程

一、新建本科院校的发展历程

1999年，国家在大力调整高校布局结构的基础上，战略性地开始将本科院校的设置较多地向地级城市倾斜，并以师范院校为突破口，先后批准设置了黄冈师范学院、临沂师范学院等10所师范类新建本科院校。2000年，为配合我国高等教育由精英化向大众化的战略转变，改变以往高校过分集中于省会城市，而地级

城市高等教育不发达的状况，同时为满足我国师范教育由三级师范向两级师范转变的需要，国家依据各地实际，通过合并升本、独立升本等方式开始大规模地向地级城市布点本科层次的高校，先后批准设置了宜春学院、泉州师范学院、长春工程学院等41所新建本科院校。国家以西部地区为新建本科院校设置重点，组建了9所本科院校，又以中东部地区为重点，设置了33所新建本科院校。此后，国家按照"一年西部，一年中东部，一年民办院校"的节奏，有步骤、有计划地推进新建本科院校的设置。

截至2018年1月，全国共批准设置新建本科院校265所，占本科院校的1/3，除荆州师范学院、南通师范学院、包头师范学院三所院校后来分别与其他院校实施了二次合并外，我国实有新建本科院校262所。

我国新建本科院校不但设置进度快，而且分布范围广。为厘清新建本科院校的总体分布态势，以省、自治区和直辖市为单位，按照东部、中部、西部、北部四个地理区划，对我国现有的262所新建本科院校进行了归类统计，详细数据如表1-1、表1-2、表1-3所示。

表1-1 东部地区新建本科院校分布统计表

省份	河北	山东	江苏	浙江	福建	广东	海南	北京	天津	上海	合计
省会	2（1）	7（1）	6（1）	5（1）	3	5（2）	1（1）	4（1）	1（1）	10（2）	44
地级市	14	12(4)	5	10(2)	9（1）	6	1				57
合计	16	19	11	15	12	11	2	4	1	10	101

表1-2 中北部地区新建本科院校分布统计表

省份	中部地区							北部地区			
	山西	河南	湖北	湖南	安徽	江西	合计	黑龙江	吉林	辽宁	合计
省会	2	6（3）	5（1）	7（2）	4（2）	4（2）	28	5（2）	4（1）	1	10
地级市	5	13	4	11	9	5	47	3	2	6（4）	11
合计	7	19	9	18	13	9	75	8	7	7	21

表1-3　西部地区新建本科院校分布统计表

省会	四川	贵州	云南	陕西	甘肃	宁夏	新疆	广西	内蒙古	重庆	合计
省会	1	2	2	9（7）	1			2	1	3	21
地级市	9	8	6	5	4	2（1）	1	6	3		44
合计	10	10	8	14	5	2	1	8	4	3	65

二、新建本科院校的地位和作用

（一）新建本科院校的地位

全国有260多所教学型本科院校，其中新建本科院校210所，占教学型本科院校总数的80%左右。如果说之前已列入"985"工程或"211"工程建设的全国多所研究型本科院校主要为国家培养的是精英人才，其他研究教学型或教学研究型本科院校主要为国家培养的是研究型或技术开发型人才，那么以新建本科院校为主体的教学型院校则为国家主要培养的是适应地方经济社会发展所急需的应用型人才和实用性人才。这是我国高等教育由精英阶段向大众化阶段转变的必然要求，也是我国经济社会快速发展对多样化人才的客观需要。

（二）新建本科院校的作用

新建本科院校多在地级城市，而且很多地级城市只有这么一所本科院校，因此绝大多数新建本科院校成为当地的文化中心、人才中心和科技创新中心。一方面，新建本科院校在管理体制上多实行省市共建的管理体制，与地方经济社会发展密切相关；另一方面，新建本科院校在自身发展的过程中，在学科建设、专业设置上必须紧紧围绕地方经济社会发展的需要。同时，作为教学型院校，新建本科院校的科研必须将地方经济社会发展作为突破口和着力点。陕西的安康学院是2006年2月由教育部批准建立的一所多科性本科院校，学院紧紧围绕安康市主导产业的发展和经济结构战略性转型的需要，在升本后的一年时间里，先后成立了"秦巴区域经济发展战略研究中心""汉水文化研究基地""教育研究中心""农业科技研发中心"等研究机构，并获批成立了"陕西省安康GAP工程技术研究中心""陕西省蚕桑重点实验室"等省级研发机构。自2006年以来，安康学院先后争取到面向地方经济社会发展的地厅级以上科研项目60多项，科研经费由"升本建院"前的年均不足8万元增加到年均获得各级各类科研资助超百万元。在仅仅一年多的时间里，安康学院就已经发展成为安康市乃至陕西省在陕南区域最重要的科技研发中心之一。在调研中我们发现，几乎所有省市的地方性新建本科院校都已经定位并开始逐步成为当地科技进步、人才培养、社会生产力发展的一支重要力量。

三、新建本科院校发展的困境与优势

新建本科院校发展中的主要困境如下：第一，融资渠道不畅，发展资金短缺；第二，高学历、高职称人才难引进、难留住、难用上；第三，本科专业的学科背景薄弱，人才培养模式单一；第四，本科教学与管理的综合水平偏低；第五，社会对新建本科院校的认可度偏低，招生与就业难度较大。

新建本科院校的发展优势如下：第一，搭乘高等教育大众化发展的快车；第二，受到地方政府的支持；第三，教师队伍整体年轻，充满活力，发展后劲十足。

四、实现新建本科院校快速发展的方式

（一）抓住一条主线，精心编制四个规划

新建本科院校要实现较快发展，必须紧紧抓住本科教学评估这条主线始终不放，扎实做好本科教学工作，加强学校的战略管理，认真思考"建设一个什么样的大学"和"怎样建设这样的大学"这两个问题，精心编制学校发展规划。

新建本科院校在办学定位上主要应解决好四个问题：一是办学层次的准确定位。要以本科教育为主，适当保留一些具有特色、地方经济社会发展急需的专科层次的教育。二是办学功能的准确定位。大学的功能主要有三个方面，即人才培养、科学研究、社会服务。新建本科院校是教学型院校，应该以培养人才为中心，并主要围绕着培养人才这个中心积极开展科学研究，广泛开展社会服务。三是人才培养类型或层次上的准确定位。新建本科院校培养的人才应以应用开发型或技术操作型人才为主，并能够结合区域特点培养"下得去、留得住、用得上"的实用人才。四是办学规模的科学定位。要根据学校的师资队伍、硬件设施、办学效益等内部办学要素和整个国家的高等教育发展趋势、人才市场需求变化等外部环境因素科学地确定办学规模。办学规模的扩张一定要以办学质量、办学效益的提高为前提。

新建本科院校需要尽快形成自身的办学特色，要在办学理念、办学风格、培养目标、学科结构、课程体系等方面有别于其他的本科院校。办学特色既是学校

的名片，又是学校的核心竞争力。新建本科院校想要形成自己的办学特色，必须坚持以下几条原则：一是坚持以地方为依托，扎根于地方经济与生产建设的需要；二是以学校的长期积淀为基础，在原有专科专业的基础上，建设新的学科，形成学校的优势学科和重点学科；三是以学校原有的师资力量为基础，依据学科与专业建设的需要，特别是重点学科与特色专业的需要，进行新老人员的整合，形成与重点学科或特色专业相匹配的较强的学术力量；四是以地方特有的文化底蕴为依托，为地方经济社会发展提供广泛的社会服务，为学校的发展营造良好的外部环境。

只有如此，新建本科院校才能保持快速、健康发展的良好势头，不断增强学校的核心竞争力，使学校在区域经济和社会发展中发挥更重要的作用。

（二）扎实搞好学科建设、专业建设和课程建设

专业建设是学科建设的基础，新建本科院校要重视学科建设，但要先进行专业建设和课程建设。

在专业建设上，一是要正确处理好专业数量增加和专业内涵的关系。新建本科院校往往为了规模扩张，重视专业数量的增加，忽视专业内涵的发展，其结果往往不利于办学特色的形成，不利于重点学科的建设，不利于人才培养质量的提高，不利于学校核心竞争力的提升。因此，新建本科院校必须加强专业内涵发展，特别是围绕特色专业，加强师资队伍、实验室、实训基地的建设和就业市场的开拓。二是对原有的专科专业进行全面、科学地分析，依据人才市场需求和学科发展趋势对原有的专科专业进行排序，列出重点发展专业、一般发展专业、逐步停办的专业等。三是以重点学科为龙头，搞好本科专业的中、长期发展规划，列出由专科专业直接转化的本科专业、由专科专业整合改造的本科专业、直接新增的本科专业等，也可列出重点专业、一般专业和特色专业等。四是全面而系统地修订有关教学文件，重点是教学计划、教学大纲、实践教学规范等。

企业成败的关键之一是产品组合，新建本科院校成败的关键之一是专业结构和专业布局。合理的、符合人才需求的专业结构不仅有利于学校的规模扩张，还有利于学校办学水平的提高和综合竞争力的提升。

在课程建设上，一是在全面修订教学计划的基础上，以培养应用型人才为中心，优化各专业的课程体系；二是围绕名牌专业和特色专业，搞好合格课程、重点课程、精品课程和特色课程的建设；三是以实践能力培养为核心，扎实做好实践课程的调整、规划和建设；四是以培养教学名师为龙头，加强师资队伍建设，以师资队伍整体水平的提高带动课程整体质量的提高。

（三）牢固树立应用型人才观和教学中心观

新建本科院校在人才培养质量上要高标准，但更要准确确定新建本科院校的人才培养层次、人才培养目标以及人才培养类型，即新建本科院校培养的是应用开发型人才而不是学术研究型人才。因此，在课程设计、实践教学规范、实验室建设等方面都要紧紧围绕应用型人才的培养；在实训基地建设、就业市场开发等方面也要服从、服务于应用型人才的需要。

新建本科院校不仅要牢固树立应用型人才观，还要牢固树立教学中心观，正确处理科学研究与教学的关系，行政管理、后勤保障与教学工作的关系。学校的一切工作都要以教学为中心，抓好了教学，就抓好了人才培养；抓好了人才培养，学校才能生存与发展。在抓好教学的同时，要重点扶持能为基础教育、区域经济社会发展服务的重点学科和拔尖人才，不断提高学校的综合竞争力。

（四）师资队伍和管理队伍建设

高校领导应该倾注超常规的精力，采取超常规的措施，不惜超常规的代价，引进人才，培养人才，用好人才，全力建设好教师队伍和管理队伍。在引进人才方面，新建本科院校总体说来办法有限，效果有限，但是学校完全可以实行"引进与培养并进""学历教育与业务提高并进""教学水平与师德水平并进"的"三进"人才策略，建设一支适应新建本科院校本科教育、教学的高水平师资队伍和管理队伍。

第三节 新建本科院校内涵式发展战略分析

一、内涵式发展概述

（一）内涵式发展兴起的背景

改革开放以来，我国经济实现了快速增长，综合国力得到进一步提升，社会稳定，人民的生活水平有了质的飞跃，无论在社会、经济方面还是其他方面都取得了众多举世瞩目的成就。但是，纵观我国经济发展历程，其主要是依托传统的高投入、高消耗促进增长的。资源投入产出效率低、生态环境严重污染等问题日益激化，与此同时，随着科学技术日新月异的发展，竞争、挑战、风险、变革不断加剧，为此，国家明确提出了要变革传统发展方式，走可持续发展道路。人力资源作为最活跃、最高效的生产要素，改变了原有经济对土地、对资源等的过度依赖，在促进社会绿色协调发展中起着承上启下的关键性作用。人力资源的培养离不开教育，教育对社会经济的推动作用与教育同经济的匹配程度呈正相关，尤其是新兴产业的蓬勃发展使国家对高素质、高技能、创新性综合型人才的需求越来越旺盛，但所需人才的供应处于短缺状态。从高等教育的发展规模看，10多年来，高等教育扩招政策促使我国高教规模体系跃居世界榜首，但从质量的维度考察，相比于发达的国家，我国高等教育水平有待提高。当前，创新是提升国家竞争力的核心，是促进经济发展的强劲动力，而优质人才是实现创新、实现经济可持续发展的关键要素。人才的培养得益于高等学校，高等学校是实现教育大国向教育强国转变、人力大国向人才强国转变和培养优质高端人才的重要源地；在国家创新体系建设、知识传递、人才输送、科学研究、技术支持、现代化建设等方面承担着重要责任。社会发展对人才需求的新变化推动着高等学校转变人才培养模式。国家高度重视新建本科院校的改革与发展，明确提出要"推动新建本科院校内涵式发展"，引领了高等教育发展的新方向。

（二）内涵式发展的概念

内涵式发展是借用了形式逻辑关于概念的两个基本特征来说明学校教育发展的形式和路径，内涵发展是对学校教育内涵的探讨，而内涵式发展更多的是从实践层面对学校教育发展内容和发展路径的探讨。

内涵式发展是发展结构模式的一种类型，是以事物的内部因素为动力和资源的发展模式。对于高校来说，内涵式发展就是注重学校理念、学校文化、教育科研、教师素质、人才培养、工作质量和水平等方面建设的工作思路。

（三）新建本科院校内涵式发展的路径

关于走内涵式发展道路，新建本科院校要改变传统的发展理念，建立科学的质量观，把培养人才作为首要工作，高度重视与持续挖掘人才队伍的创造力，以质量特色作为争取竞争优势的核心，紧密结合国家发展战略和社会经济发展的需要，并以此为依托为创新提供更多源泉，利用学科的交叉融合提升发展的品质，形成良性运转的产学研合作机制。关于人才的质量与成长，传统的人才培养方式难以适应社会发展对人才的新需求，因此新建本科院校内涵式建设的重点在于不断深化人才培养体制改革，明确人才培养目标，合理设置专业体系，优化教学课程及内容，积极开发新的教学方式，密切教学与科研的联系，全方位地提升学生能力。关于突出大学文化的地位与功能，新建本科院校应转变以显性指标传递大学实力和提升大学影响力的思维，将焦点聚集在软文化的建设上，找准新建本科院校的发展定位，制定完善的发展规划，积极弘扬大学精神，推动校园文化繁荣发展，引导学风建设，发挥软文化的作用，激发各教育要素的活力。从挖掘高校内部潜力、优化资源配置、实现要素的升级优化角度出发，新建本科院校内涵式发展就是在物理空间、人力资源、设施条件一定的情况下，全面提升人才培养、科技创新、社会服务等方面的特色和质量水平。内涵式发展就是要去同质化，改变大而全的定位，不同类型的新建本科院校都应该发展自己的特色，新建本科院校应基于优良传统、独有优势，同时结合发展潜力，个性化办学，改变千校一面的状况，实现其特色化发展目标。很多学者认为将企业管理的众多原理引入新建本科院校管理体系中可以直接促进办学效益与质量的提升。新建本科院校品牌的构建与塑造能有效地实现优质资源的扩张，树立良好的公众形象，形成难以取代的竞争优势，通过开发学科和专业的优势与特色逐步形成学校的核心品牌，能推进新建本科院校内涵式发展的进程。

二、内涵式发展推动校企合作

（一）内涵式发展促进本科院校合作

根据企业人才需求调整专业结构布局。本科院校发展最快的专业是校企合作最紧密的专业，发展最好的专业也是最受企业欢迎的专业，通过校企深度合作可以打造出真正的优势品牌专业。例如，阳泉学院按照地区性、适用性、超前性、稳定性与灵活性相结合的原则，参照技术领域和职业岗位（群）的实际要求，主动深入服务区域和企业进行专题调研，针对企业人才需求和毕业生工作情况召开专业调整论证会，突出特色，优化结构，改造传统专业，创办新型专业，打造品牌专业。建校初期，为满足煤炭企业日益增长的对技术人才的需求，阳泉学院建立了采矿工程、煤矿机械、煤矿企业管理等专业。经过20多年的发展，阳泉学院逐步形成了结构合理、以工为主、煤炭特色鲜明的专业体系。

以应用型人才为目标改革人才培养模式。阳泉学院紧紧围绕区域经济和煤炭行业发展对人才的要求，以应用型人才培养为目标，强化技术应用能力和基本素质培养，体现"以学生为主体，以学生发展和终身学习为中心"的现代教育理念，注重对学生全过程、全方位的培养教育，实行"三个对接"（理论教学与实践教学对接，实训教学与工程技术应用对接，素质培养与企业一线人才要求对接），灵活采用先招工后招生的"订单模式"、企业制定课程要求的"定制模式"、毕业延学增补课程的"加筋模式"、同等学力转修急需专业的"回炉模式"等。企业需要什么样的人才，学院就适时调整专业课程，培养适销对路的人才。培养模式的灵活性、学习内容的选择性大大提高了企业对人才需求的针对性。阳泉学院还十分注重"批量化"与"个性化"相结合的培养方式，不断开拓创新，形成了灵活多样的人才培养模式。

顶岗实习、实岗育人是校企合作的重要载体，也是培养学生实践能力的重要手段。阳泉学院对学生顶岗实习的企业及其提供的岗位严格把关，有计划地选择与学院所设专业相关的企业及岗位进行顶岗实习，使学生能学以致用；选择有一定规模且生产技术较先进的企业及岗位实岗操作，使学生能得到真正的锻炼。多年来，阳泉学院先后与山西焦煤、晋煤集团、同煤集团、阳煤集团、山西省煤运、恒泰煤业等多家大中型企业建立了稳定的顶岗实习基地和长期可持续发展的校企合作关系，实现了"校企合作、工学结合"，逐步形成了一种良性运行机制，为学生提供了较为广泛的自主选择空间，有效地实现了学校与社会、学生与企业的"零距离接触"，全面提升了学生就业的竞争力，专业对口率达到了90%以上。

（二）内涵式发展促进新建本科院校转型

高校的本质是为社会培养、输送合格人才，育人是第一位的，但育人并不是唯一的目标。

内涵式发展强调教育的可持续性，本质就是要提高本科教学质量，要求高等教育在发挥教学、科研、社会服务、文化传承作用的同时，根据社会和行业发展需求制定符合区域行业企业所需的人才培养模式，逐步实现特色办学。新建本科院校决不能一味效仿、照抄照搬其他类型高校的发展模式，必须走出一条有地方特色的"内涵式发展"道路。

1. 以学科建设为基础

学科是知识体系的一个分支，同时是高校教学、科研部门等的基本功能单位，是对教师教学和科研范围的一种界定。它与专业的区别在于，学科偏重知识体系，而专业偏向职业领域。两者有所区别但又不可分割，一个专业要求有多个学科的综合，而一个学科又可以在不同专业领域中应用。学科建设既包含人的因素，又包含知识的因素。

国内重点大学已经意识到科研力量的分散削弱了高级别、高层次项目的研究水平和实力，早已开始强化学科和学科群意识且效果显著。但在地方高校，长期以来，学科和专业概念混淆，学科意识不强，学术单位各自独立，资源不能共享，科研力量不能集中；人才培养方面过于专门化，学生知识面不宽；科研方面也表现出研究方向狭窄，整体效益低下。一方面，地方高校因为实力有限无法得到国家资金、政策等支持。另一方面，因没能与区域经济社会良好契合而得不到地方政府和行业的大力扶持，从而造成学校发展停滞不前。

学科建设是地方高校赖以生存和发展的基础。其内容涵盖了多个方面，包括学科定位、学科队伍、科学研究、人才培养、学科基础、学科管理。建设内容包含三个方面：一是对构成学术体系的分支进行整合；二是对研究领域专门知识的建设；三是对从事科学研究的专门人员队伍和设施的建设。在教学过程中，教师是主体，学生是客体，知识是载体，其实施场所是实验室、教室，所有这些教学相关因素及管理方式都属于学科建设内容。地方高校在转型过程中面临的问题复杂多变，首要任务就是推进学科特色化建设，整合各方面资源，优化学科结构，调整学科发展方向，突出学科重点，创新学科组织模式，建设具有鲜明区域地方特色、高水准、强竞争力的学科或学科群，实质性推进地方高校转型，促进地方高校服务区域的社会经济发展。

2. 以校企合作为平台

校企合作是高校与企业建立的一种合作模式。在转型期，高校为谋求发展，抓好教育质量，与企业合作是一种必然趋势。注重培养质量，强调在校学习与企业实践，利用学校与企业资源是高校和企业发展的"双赢"互动模式。高校通过校企合作实现了理论与实践的有效结合，提高了人才培养质量，有针对性地为企业培养了人才，也有利于企业发展。

（1）立体合作，助推学科建设。建立制度化平台基础：一是成立专业指导委员会，成员涵盖行业协会、企业和学校资深骨干教师，目的是研究确定人才培养相关问题，并对"教"和"学"进行监督；二是建立校企合作联系制度，加强与合作企业的沟通、协调，并拓展合作领域。

强化课程体系建设：依据行业、企业制定的人才和技能要求，组织专业教师与行业、企业高层共同制定课程体系，合作开发课程、编写教材，建立动态课程管理机制，及时有效地将行业新技术、新工艺和新要求引入课堂。除基础知识外，更加重视技能水平和职业素养，合理规划、调整通识课、专业基础课与专业实习实训课时比例。

搭建师资队伍建设平台：积极加快"双师型"教师队伍建设，提高教师专业技能和素养。教师的职能除了传授知识，更重要的是发挥引领的作用。一方面，选送教师进驻企业，提升教师的知识拓展空间；另一方面，将企业高级技术人员请进课堂，承担部分课堂教学任务，并指导学生实习实践甚至顶岗实习。

加快校园企业文化建设：将有特色的企业文化引进校园，便于师生了解行业企业实时动态，参与文化交流，领悟企业文化精神。学生在了解企业的同时，实现技能与职业素养同步提升。

（2）落实三大对接，提升学科和专业品位

专业与产业对接：区域产业结构随社会发展而呈动态发展趋势，产业结构的优化需要人才支持。高校专业设置和人才培养也要呈动态变化，并纳入区域经济发展规划中。学校要根据产业结构调整及经济转型升级的需要，及时调整专业规划，通过多方广泛调研，对人才培养各环节进行改革重组，以就业为导向，培养应用型人才。

教学过程与生产过程对接：高校课程改革重点是要实现理论与实践一体化的课堂教学形式，要求教学过程与生产过程有效对接。教学过程并不完全等同于生产过程，也不是简单地将理论课换到实训场所进行，而是要把实际工作中提炼出来的典型工作任务，通过教学化处理传输给学生。这对教师和学生都提出了更高要求，要求做中学、学中做，是一种基于生产过程的"理—实"一体化教学模式。"理"和"实"如何重构并有效融合，如何将工作过程落实到课堂教学中，如何充分调动学生课堂参与度，是亟待探索的重点。

课程内容与职业标准对接：建立完善的专业教学标准和职业标准联动开发机制。对接最新职业标准、行业标准和岗位规范，更新课程内容，调整课程结构，把职业岗位所需知识技能和职业素养融入相关专业教学中。加强与职业技能鉴定机构、行业企业合作，积极推进"双证书"制度。将相关课程考试考核与职业技能鉴定合并进行，让学生在取得学历证书的同时，获得相应的职业资格证书。

3. 以人才培养为核心

在高等教育阶段，培养的人才基本上是学术型人才，毕业生所从事的工作大多与科研相关。高校的专业设置和人才培养多按学科体系进行，与行业企业没有直接关联。在大众化教育阶段，入学率高，就业人数多，大部分高校毕业生不得不进入各行业一线岗位，所从事工作基本是要解决问题的，而不是研究问题的。另外，经济社会日益发展，技术变革周期在缩短，高校向培养应用型人才模式转变是必然趋势。应用型人才培养需具备多样性、动态性、复合性的特征。

人才培养与学科建设是相辅相成的，良性循环的学科队伍建设有利于提升人才培养的层次，合理的人才培养模式能促进学科建设良性发展。人才培养最基础、最重要的环节是课程和教学。优化人才培养模式的核心在于优化完善课程体系，改革教学方法。同时，积极鼓励高校将专业课程与创新创业相结合，鼓励教师将科研成果引入课堂教学，推进教学方式方法改革，培养学生的创新精神和实践能力。

4. 以实习实践为抓手

培养应用型人才只靠课堂理论教学是远远不够的，技术技能的传授和学习、职业能力和素养的培养必须在实习实践过程中才能得到提升。只有在实习实践中进行教学，才能将课堂所学理论与生产实践相结合，促进学生既动手又动脑，全面发展。只有坚持理论与实践相统一，才能实现学术性与职业性的统一，达成"学以致用"的目标。因此，以实习实践为抓手，全面进行更系统的教学改革，方能使"高校向应用技术型转型"落到实处。

强化实习实践教学旨在培养学生综合应用能力和解决实际问题能力，使学生在实习实践中消化吸收课堂理论教学内容。实习实践教学体系的建立尤为重要，绝不只是将理论知识的传授简单转移到企业，学生进企业也不只是停留在"看"的层面，必须要完全融入企业，按从业要求对系统知识和初级技能等进行学习。

建立实习实践教学体系，首先就是要集中学校、企业等多部门进行广泛调研，结合区域或地方支柱产业市场需求，重新修订人才培养方案，加强实习实践教学比例，重构专业课程模块。其次是加强对教师实践能力的培训，坚持执行教师进企业制度。教师进企业决不能停留在形式上，要制定相关政策条例激励教师进企业，联合企业申报项目或者为企业解决实际问题。然后就是由行业企业高级技能人员和"双师型"骨干教师联合开发校企合作课程，从教学内容、教学方法、教学资源等各方面进行改革，建立"理—实"一体化课程教学模式。

要达到实习实践模块的要求和效果，加强实践教育基地和平台建设是很有必要的。专业基础方面的课程在实践基地即可完成，实践基地和平台要按照行业从业要求和规划来建设，通过基地模拟实践的锻炼，学生获得一定的职业常识和素养，然后再进入企业参与真正的生产过程实践，有条件的甚至可以加大顶岗实习比重。

5. 以创业就业为目标

《国务院办公厅关于深化高等学校创新创业教育改革的实施意见》（国办发［2015］36号）指出：创新人才培养机制，实施高校毕业生就业和重点产业人才供需年度报告制度。这就要求高校探索建立需求导向的学科专业结构和就业导向的人才培养类型结构调整新机制，同时促进人才培养与经济社会发展、创新创业需求紧密对接。

创新创业教育不只是开设几门创新创业教育课程而已，其核心在于从人才培养目标、培养模式到课程体系、授课形式等系统化的规划设计。首先要建立跨学院、跨学科、跨专业交叉培养创新创业人才的新机制，促进人才培养向多学科融合型转变。其次是联合企业挖掘、充实和利用专业课程的创新创业教育资源，在专业知识传授过程中适度引进创新创业教育，使创新创业教育与专业教育有机融合。最后，开设科学研究方法、学科前沿、创业基础、创业就业指导等方面课程，开展启发式、讨论式、参与式教学，鼓励教师把国际国内学术前沿发展状况和趋势、最新科研成果以及丰富的实践经验植入课堂教学，多方位培养学生的综合能力，尤其是批判性和创造性能力，最大限度激发学生的创新思维、创业灵感及决策判断能力。

利用校—地、校—企、校—校合作等资源，最大限度发挥协同育人作用，建设大学生科技园区、创业孵化基地、微小企业创业基地等。支持和鼓励本科生参与教研活动，及时将科学研究最新最优成果运用于创新创业实践，从而有效架构科研反哺教学机制。只有将创新与学科和专业建设有效融合，才能引领创业，进而带动就业。

高等教育是围绕人的发展而展开的一种实践活动，也是人在社会实践中所创造的实现人本身发展的一种方式。发展是高等教育的目标，而促进人的发展是教育的起点，也是最终归宿。高校内涵式发展就是要树立科学的、发展的、以人为本的教育理念，不是一蹴而就的，更不能只是一句口号。发展的终极指标是质量和效益，强调学校师资水平的提升，教育内容和教学方法的优化，人才培养质量的提高，科研成果质量的提高，文化传承创新能力以及服务社会能力的增强等。发展的重点在于优化结构，提高质量，增强实力。唯有立足区域，结合地方社会、经济、文化特点，打造一个"产学研用"一体化的合作共建模式，方可走出一条有地方特色的"内涵式"发展转型道路。

三、新建本科院校内涵式发展战略

（一）校企业合作内涵式发展的特征与重点

1. 校企业合作内涵式发展的特征

高等学校内涵式发展的本质是随着高等学校发展中积蓄的内生力量不断增强，由原来各种发展要素投入量的增加转向以挖掘和发挥现有内部要素的潜力来推动高校发展，提高内部要素对高校成就的贡献力，这也是高校实现可持续发展的基础。树立科学的发展观，运用内部力量的支撑调整和优化现有物质资源、人力资源、制度资源、文化资源等，提高其共享程度和使用效率，发挥各种资源要素间的协同作用，提升各要素组成的系统的价值与功能，实现高校发展质的飞跃。具体而言，高校不能只通过扩大招生规模，扩展学科专业的数量，增加教师的人数，加大教育资源的投入量等获得发展，而应该稳定学校的办学规模，通过对学科专业的优化调整，开发教师的潜力，提高教育资源的利用效益等提高办学资源的品质，实现创新、集约、可持续发展。例如，办学经费这一要素，不是简单地增加其投入量，越多越好，而应将重点放在对经费投入流向的把控，从数量上进行支出结构的优化，通过政策引导使办学经费要素发挥最优功能，带动和激发人员的创造力与热情。

高等学校内涵式发展是持续优化、不断改进的发展；是适应学校发展定位前提下对办学资源优化配置，使其效能效益最优化的发展；是夯实基础，注重增强发展后劲、提升品质的发展；是克服功利、短期利益、机会效应倾向，着眼于未来的发展。这需要高校把提高质量作为核心任务，贯穿高校教育事业发展活动的方方面面。高校内涵式发展的优劣主要通过高校职能履行情况来检测，基于开放的竞争性社会过程和"产出"效益来评定，为此高校内涵式发展强调质量，注重高质量的人才培养、优质的科学研究以及有价值的社会贡献与文化制度的创新。具体讲，高校要立德树人，培养有道德、敢创新、会实践的人才，以人为中心；要优化结构，充分利用各种教育资源加强对学科专业、人才培养层次和类型的调整，使其更加适应经济社会发展的需求；要深化改革，创新人才培养机制体制，建立现代大学制度，实现自主性发展、协同发展；要关注学生的就业工作，改进学生资助政策。高校内涵式发展是和谐、开放、可持续的发展。

2. 校企业合作内涵式发展的重点

事物的发展变化是内因和外因共同作用的结果。在事物发展过程中，内因决定着事物的性质和发展方向，外因是事物发展变化的必要条件，外因只有通过内因才能起作用。同样，高等教育质量受到高校、政治、社会经济、科学技术、时代背景、文化传统、利益相关者等诸多因素的制约，但在众多因素中，高校是最关键的因素，是影响质量变化的内因。随着社会的发展，高等学校的职能被不断延伸，但质量高低最终仍取决于高校，高校是教育质量的"经营者"。要提升教育质量，必须清楚影响教育质量的因素有哪些，高校应该如何做才能有效地提升影响因素的品质进而保障质量。为此，以内涵式发展的核心——质量的提升为切入点，通过剖析影响高校质量的关键性因素，为提升高校教育质量，推进高校内涵式发展提供发力点。影响质量的关键因素主要有以下几点。

（1）精准定位

随着高等教育改革的深入，多元化、个性化和国际化的发展新趋势推动着高等学校以新视野评价、审视与规划学校的发展。在经历内外部环境巨大变化后，如何在大众化时代确定自身在社会系统和高等教育系统的位置，找到高校持续发展的核心竞争优势，定位至关重要。美国学者伯顿·克拉克指出，高校的定位是其自身发展的动力。高校需要通过横向、纵向对比不同类型、不同层次高校间的优劣势，结合自身的使命、责任与实际状况，确立其发展的坐标点。

高校定位实质是高校依据自身特色预设差异化价值的过程，是通过各种途径和方法持续形成在某领域与众不同、具有代表性的高校形象的过程。高校定位的内容主要集中在类型与层次、学科专业、人才培养、办学水平、社会服务、科研方向、规模、特色方面，为此高校定位具有包容性和多样性。那么什么样的定位才是符合高校的定位？

首先，定位要符合高校自身发展的基础。由于历史和现实原因，各高校发展的程度迥然不同，高校现有实力和资源不在同一起跑线上，校园历史文化沉淀的差异客观上决定了高校的发展目标必然不一致。校际间经费、师资力量、学校管理等人、财、物资源状态及发展潜力决定着高校不可能走完全相同的发展道路。

其次，定位要符合社会发展的需要。高校在定位时应结合我国产业结构、就业结构、经济发展方式等的变化对人才提出的具体新要求，充分考虑从事各职业、服务各岗位所需的能力，避免培养单一化的人才，应满足社会对多规格、多类型人才的需求。

再次，定位要避免同质化，要能展高校之所长。高校要善于纵观全局，对其他高校发展情况有所了解，运用自身的优势与机会做到扬长避短。趋同的定位将无法展现高校的特色，难以形成高校的竞争优势。

最后，定位是一个需要实现的过程，定位目标和实践结果互相统一，定位才能达到应有效果，为此高校定位要具有可行性，必须以高校自身的实力为出发点。

（2）学科建设

学科建设是高等学校发展中具有战略性的基础建设，是高校实现创新、增强服务社会能力的重要载体，是体现高校学术水平和社会影响力的重要标志。在日益激烈的竞争下，高校需要建立符合学科发展同时与学校整体战略相符的学科方向、学科布局、学科层次与目标。学科建设作为一项长期系统的工程，要有科学的发展规划作指导，树立全局意识，通过加强学科建设力度，优化学科和专业布局，在竞争中保持优势。

首先，设立学位和方向。这是学科建设的首要任务。高校需要对学校学科的实际情况进行客观全面的评估与测量，辨析其存在的优势、不足以及拥有的机会与面临的挑战，明确本学科在国内外同学科中的竞争位置。在选择和确定学科方向时，应考虑有特色的学科方向，实施差异化战略与错位发展，并进行重点培育建设，同时紧跟学科发展趋势与前沿，探寻新的增长点。

其次，构筑学术梯队。优质的学术梯队是学科建设的基本保障，梯队结构随不同学科的需求而各不相同。建立适宜的学科梯队，需要注重人员结构设置的合理性，包括年龄、职称、学历、知识构成、学缘结构、研究能力等，同时要引进与培养学科（术）带头人与学术骨干，增强科研实力，提升团队整体素质。

再次，搭建学科平台。学科建设离不开学科平台与基地的支撑。高校要注重对实验室的建设，通过校企合作方式利用企业提供的科研平台，资金实力雄厚的高校可以借鉴科技园的发展方式，尽可能地为学科发展创造条件。

最后，加强学科互动与交流，推动交叉学科成长。交叉学科是打破传统学科壁垒，进行学术重组所形成的新学科，能有效整合不同学科资源，为创新提供土壤。高校要从制度上、观念上打破固有束缚，为实现学科交叉融合提供外部条件。

（3）教学建设与改革

在知识经济全球化时代，社会对人才素质要求的变化推动着高校变革人才培养制度。时至今日，培养具有创新能力、实践能力的高素质人才是高校人才培养的共识。高校要通过教学建设与改革提高教学质量，不断探索人才成长的途径，提高人才的社会适应性。教学建设与改革的内容集中体现为人才培养模式建设、专业建设、改革课程体系、优化课程设计等，这些都是高校提高教学质量的重点和难点。

首先，高校专业建设要与社会需求相对接，要关注产业、行业的发展变化，对人才需求进行理性判断；加强与用人单位的联系，了解人才需求方向，调整与优化专业结构；在国家专业建设要求上拓宽专业口径，培育特色专业。

其次，高校要积极推动人才培养模式改革，打破长期传统教育模式束缚，实现教与学方式方法的转变。加强实践教学力度，开拓多样化实践平台，积极构建校企合作平台、校内外实习基地、科研活动等，提供不同层面、不同内容、循序渐进的实践教学，知行合一，并且严格考核，培养学生学习、思考与创新实践的能力。

再次，改革课程体系，优化课程设置。为学生提供更多自主发展的时间与空间，引导学生形成正确的思维方式，培养学生的综合能力；在教学内容上要及时更新，在教材选取上要广泛地使用优秀的教材，如"国家精品课程"等。

最后，推进国际化人才培养。国际化人才不是简单地通过交换生等形式把学生送出国门深造，而是积极引进国际优质教育资源，提高课程和教学国际化程度；深入进行学术和文化交流；加强国际合作，提高高校整体国际化水平。

（4）特色文化建设

"短板理论"指出，木桶的盛水量最终由桶壁中最短的木板决定，这块木板是盛水量的限制因素。而在高校发展过程中，"长板"是推动高校进步的基础。在大众化后期，规模日益壮大的高等学校间竞争急剧增加，尤其是处于同一层次的高校间，如何在激烈的竞争环境中脱颖而出，建立特色化优势是重要途径之一。"长板"是高校的特色，具体体现在通过比较能被识别的差异化之上。特色的形成不是一蹴而就的，需要高校全体员工长期积累与创新，不断开拓与丰富。如同红叶子理论，成功不在于数量，而在于某个亮点是否足够突出，而这个亮点需要持续被关注与开发。高校的特色可以体现为多个方面。例如，提及导师制自然联想到牛津大学，产学研想到斯坦福大学，学分制想到哈佛大学。在国内，清华大学的理工科、北京大学的文科等都是高校的特色。

首先，高校在建设特色文化时，需要精准的定位。高校发展目标、战略、格局等深受定位的影响。高校要结合现有内外部环境（经济、文化、社会需求、自有特点）对未来进行预测，以及注重与同类别学校间的比较，形成具有特色的发展思路。

其次，高校在培育特色文化时，要对自身发展有理性认识，跳出传统价值观的束缚，避免人云亦云随意波动，为特色发展坚定办学理念。特色既是长期以来高校成功发展经验的理性延伸，又是对未来的前瞻。

最后，特色是动态发展的。高校的特色应符合时代的发展趋势，只有与社会需求紧密结合的特色才是有生命力的。高校不能故步自封，应根据时代发展的变化诊断特色或是优势的潜力，洞悉未来发展前景，从长远的视角规划，对于不符合未来发展轨迹的特色要在现有优势基础上提前优化和调整，促使新特色的形成。

（5）教育资源建设

高校教育资源广义上是指高校能利用的人、财、物资源的总和；狭义上是指物质资源，包括教学及辅助用房、学生宿舍、图书馆图书文献资源、科研仪器资产、教学平台等，是影响教学过程的约束性资源。在高校发展过程中，通过采取新建校区、校际间合并等系列措施，已经基本满足大众化教育对宿舍、办公教学用房等基础性建设的要求，可以说这些已不再是制约高校发展最突出的问题。目前，教学平台成为高校教育资源建设的重点，包括实验室、校内外实习基地等实践教学平台、网络教学平台等，尤其是网络教学资源建设。

传统的教学形式难以满足创新与实践的要求，客观上推动着高校不断探索和变革人才培养方式。实践教学是增强学生操作能力、扩展学生经验和提升高校社会服务能力的依托，这一点已经达成共识，所以实践教学平台建设对高校发展至关重要。首先，完整的实践教学平台体系不仅仅局限于理、工、医等，人文社科类实践教学建设对学科与人才培养也具有重要作用。目前，人文社科实践教学平台建设滞后，高校应高度重视并完善实践教学平台体系。其次，加强实验室、校内实习基地建设。高校要有明确的规划，结合专业发展建设与更新试验项目，根据教学科研实际协调试验设备的配置。实验室运行管理要提高效率，使实验室、实习基地建设和管理符合社会发展需求，真正发挥实践教学功能。最后，高校要积极拓展校外实习基地，加强与企业合作办学力度，推动产学研的发展，借助企业提供的平台促进人才能力的提升。

信息网络技术的发展推动高校教学资源配置方式变革，随着教育教学的发展，传统课堂的不足逐渐显露，网络教学资源应运而生。目前，高校网络建设已日趋成熟，行政管理网络及公共服务网络被广泛使用，而网络教学资源建设与共享仍是信息化建设的薄弱环节。建设网络教学资源应注重以下几点：第一，应注重交互式学习方式的开发。目前，网络教学资源内容与功能单一，往往是教材的电子化，注重对知识内容的呈现，而缺乏对学习环境的设计，学习工具功能不足，缺乏同步互动、交流，难以启发学生。网络教学重点不是追求各类先进媒体技术的应用，更应注重以学生为中心进行教学活动设计和课程结构安排。第二，应注重丰富教学资源内容，包括数字图书、精品课程、精品教材、优质教学方案、优质讲稿、教学视频、名人讲坛等，同时应及时更新内容，让学生掌握前沿知识，与时俱进。网络教学资源开拓了学生对优质资源的获取途径，互动与共享的学习方式将有助于提升教育质量。

（二）校企业合作内涵式发展路径的原则与模式

1. 高校内涵式发展路径选择的原则

谈及高等学校的发展，不管采取何种方式来实现，其发展路径应是不相同的。高等学校作为高等教育的实施载体，是高等教育系统和社会系统的组成部分，无法脱离内外部环境影响而独立发展。为此，高校发展路径的选择将受到主客观因素的制约。目前，我国有近1200所本科院校，其资源、结构、质量、规模、效益存在显著区别，高校发展现状差异大。与此同时，各类高校在时代背景中对人、对国家、对社会的作用亦不相同。高校外部环境、现有基础、未来发展潜力、所承担责任等千差万别，因此不同层次、不同类型、不同地域、不同实力、不同水平的学校发展路径是不同的，但无论走什么路径，都必须符合以下三个原则。

（1）必须符合自身的办学定位

多样化成为高等教育大众化的内在要求，这促使高等学校用尽可能多的方法为受教者提供满足期望的教育内容。高等学校能级的差异性与社会需求的多样性使高校存在地位差别。"建设一个什么样的大学"和"如何建设这样的大学"是高校发展要解决的两大问题。高校需要根据自身的定位，立足于社会，从本校的实际出发，对未来发展做出相应规划。卡内基·梅隆大学前校长辛厄特指出："规划在于为学校确定与众不同的位置。"高校定位为高校发展提供了依据，有利于理清高校发展方向、目标、重点、顺序，进而指导高校选择发展路径，有序地开展各项教育活动。

目前，我国高校定位的同质化导致不同高校发展规划千篇一律，致使发展路径选择相互模仿，在发展中丧失了特色的灵魂。

（2）必须符合自身办学基础和发展潜力

高校应根据现实基础与发展潜力，通过对过去历程回顾、现有状况诊断和未来愿景系统权衡，理清高校发展脉络，知晓学校真实发展水平，明确未来发展方向，找准自身提供的高等教育的价值，确定教育服务的方向与层次、应承担的责任和发挥的功能，确定适合的发展路径。同时，在发展过程中要根据内外环境的变化对发展路径进行调整，始终确保高校最大限度地与社会相适应。高校在发展过程中要具有前瞻性，准确把握高等教育各领域发展趋势，顺应社会发展潮流，针对未来提出具体的发展目标，通过选择发展路径积极回应机遇与挑战，带领高校走在前沿，寻找更多契机。

（3）必须在自身优势和特色领域里发展

资源是高校开展活动的基础。高校所拥有的资源和能力是有限的，各目标相互间形成竞争关系。对资源投入的方向、资源投入量、资源的配置等，高校必须要进行战略规划。高校在确定发展目标时必须立足全局，分清工作的轻重缓急，突出重点，优先发展具有战略地位、起关键作用的内容。为目标排序是对发展进行规划的重要步骤，高校要遵循比较优势，选择自身优势和特色领域发展，以差异化战略为指导，资源配置向优势领域倾斜，提高资源利用效率，实现发展效益的最优化。

2. 不同类型高校内涵式发展路径的模式

不同类型、不同层次的大学在践行大学功能时，目标、任务、责任各有差异。在保障与提升质量的过程中，选择合适的发展路径有利于高校实现内涵式发展。通过前文对高等学校内涵发展及路径案例的总结，笔者提出了可供参考选择的内涵式发展路径。

（1）研究型本科院校的路径模式

研究型本科院校位于大学结构体系的最顶端，肩负着高层次人才培养、高水平科学研究、关键技术研发和创新体系建设的重任和使命，代表着我国高等教育发展的水平。研究型大学办学水平的高低对我国在日趋激烈的全球经济、科技和文化等竞争中占据有利地位具有决定性影响。各研究型本科院校具有不同的竞争优势，如何巩固和强化竞争优势，如何做到卓越，如何进一步提升研究型本科院校职能的实现，推动向世界一流学府迈进的步伐，研究型本科院校发展之路任重道远。

路径一：加强交叉学科建设，紧密结合国家重大需求与国际前沿。

科学形态、科学与社会的关系以及知识生产模式正在发生重大变化，科技创新及学科自身内在发展的驱动丰富了学科建设的内涵。研究型本科院校应紧密结合国家重大需求与国际前沿，通过交叉融合推动学科建设、带动创新，为国家发展提供技术与研究后盾。研究型本科院校要积极争取国家重大课题、项目，瞄准国际前沿。这些项目往往在国家发展及科学研究领域里影响深远、意义非凡。高校通过这些项目，可以为教师提供科研课题，提升其科研能力；推动学科成长，提升学科水平，同时承担起为国服务、引领发展的重任。为此，各高校要结合本校的学科特点、科研实力，努力争取重大项目。研究型本科院校应把交叉学科建设作为科技创新与形成核心竞争力的基石。以国家发展需要、学科前沿为导向，抓住机遇，改革原有资源与优势分散的格局，整合学科力量与教育资源，建立跨学科研究平台与中心。同时，建立有助于交叉学科成长的管理机制与运行机制，为交叉学科营造良好的环境，推动学科间合作、交叉、渗透，为创新提供新思路。

路径二：坚持产学研结合，培养拔尖创新人才。

不同类型的高校在人才培养目标上有着显著差异。基于研究型本科院校资源，培养拔尖创新人才是其责任与使命。拔尖创新人才的培养是高度个性化的教育过程。研究型本科院校要积极推动办学优势的转化，为学生成长成才提供优质的平台。在教学过程中，要融入最新科研成果，让学生了解国内外本学科领域的学术进展和前沿动态，同时结合本学科或相关学科的研究热点、难点、争议性问题等，采用发现式、探究式、问题式等教学方法，通过和学生互动，探讨这些前沿内容，引发学生的科研创新激情，培养学生的学术敏锐性和科学探索精神。前沿课题、科技项目是培养拔尖创新人才的重要载体。研究型本科院校要发挥综合性学科布局的优势，发挥前沿研究的优势，充分发挥一流学者的作用，加强产学研合作，推进建设国家级、省级、地区级、校级重点实验室，科研创新基地，联合实验室、研究院等机构，通过重点研究项目，将国家社会需要、科学研究和人才培养有机相连，同时积极建设产学研一体化的高科技园区，加强同企业间的合作交流，利用研究型本科院校的优势，为企业攻克难题提供技术支撑，为学生培养动手、创新和创业能力提供更好的平台。在科研过程中，教师要有意识地培养学生的批判性思维和科研能力，将指导重心从重视科研结果转移到重视科学的思维方法和科研方法。

路径三：引进一流人才，健全教师晋升和退出机制。

在建设与国际接轨的高水平研究型本科院校过程中，一流师资队伍的短缺越来越成为发展的瓶颈。高校的国际竞争力受制于高水平教师队伍的拥有量。同世界一流大学相比，我国研究型本科院校师资队伍还存在很大差距，提升师资队伍水平成为迫在眉睫的任务。由于人才的成长需要较长的时间跨度，因此通过内部培养的方式提升学术梯队整体实力与国际影响力难以在短时间内实现。通过从海内外引进优秀人才能迅速填补本校师资整体素质上的差距，促进学校教学和科研水平的提高。高校在引进人才时应注意人员、文化及学缘结构的国际化。同时，研究型本科院校在师资的管理方面应积极借鉴国外高校聘任制度，如美国大学教师的终身制，通过建立与竞争环境相适应的引进、流动、退出机制，形成"非升即走"或"非升即转"的教师晋升、退出机制，实现教师队伍的优化。压力与激励并存的开放式的教师管理模式有利于教师始终保持旺盛的研究和教学热情，吸引学术精英。

（2）教学研究型本科院校的路径模式

教学研究型本科院校融合了教学型和研究型本科院校的特征，兼顾教学与科研，以教学为基础，以研究为驱动，通过科研优化教学，提高人才培养的质量、规格和档次，更好地为社会服务。

路径一：培育和优先发展优势学科。

由于受教育资源的限制，高校难以将每个学科及方向都作为重点来建设，为此教育资源的流向必须有所取舍与侧重，"有所为，有所不为"，集中力量投入优先发展领域与主攻方向。教学研究型本科院校在选择优先发展重点时要密切结合学校的学科基础和办学实力，建立在既有优势基础之上，评估发展的潜力与前景；建设重点一经确定，就需要转变平均发展观念，集中人、财、物，全力支持发展；要提高建设效率与效果，促使有代表性、有特色的学科形成。与此同时，要协调各学科间的关系，重点建设不等于发展单科，要科学地突出重点，在多样化中追求卓越。

优先发展要注重优势资源的辐射与转换。当学校某学科建设达到较高水平时，学科建设要引入竞争，高校要完善评判标准，调整学科结构，避免学科建设中的"马太效应"。由于学校采取侧重发展战略，优先配置资源投入一个或者几个学科，促进其先成长，此时资源的分配是人为的倾斜，并不是通过公平竞争取得。当学科发展达到一定程度时要调整资源分配方式，在市场化竞争中仍有较高水平发展才是真正走在发展的前沿。资源不公平地一味倾斜有可能滋生惰性，最终阻碍优势学科的发展。从长远看，高校整体水平提升难以通过一两个学科来完成。举全校之力重点建设的学科一枝独秀，而其他学科在人力、物力、财力上得不到支持徘徊在较低层次水平，进而形成了同一学校里的学科两极化发展形式。学科过度非均衡发展不利于形成持续发展的动力，也难以体现出学科真正的实力。

路径二：校企合作，培养复合型人才。

教学研究型本科院校意在培养有较好知识基础、会自学、会思考、有科研探索潜力的复合型知识人才。这类人才除了具备扎实的专业知识外，更少不了必要的实践动手能力。实验教学是普遍被采用的提高学生实践能力的方式。通过在实验室、实验基地模拟实践，增强学生的动手、学习和适应能力，促进学生综合素质的提高和对所掌握知识的综合运用。案例教学也是复合型人才培养的重要方法。将现实生活中与教学理论相关的实例引入教学环节，充实教学内容，通过互动讨论、分析理解，达到扩充理论教学结构的目的。同样，教学研究型本科院校要加强产学研合作。对于任何层次的大学而言，积极地开展产学研都是非常必要的，但是其产学研合作的程度各不相同，人才培养模式也有所区别。教学研究型本科院校要加强和企业间的联系，综合利用学校和企业的资源，实现学校与企业信息、资源共享，提高人才培养质量。一方面，结合企业需要，师生开展科学研究项目，为企业提供技术支撑；另一方面，学校利用企业提供的设备、场地，培养学生实践能力，提高学生的社会适应能力。同时，在充分沟通基础上，学校也可以为企业定向培养学生，让学生毕业后直接面向企业，实现三方共赢。

（3）教学型本科院校的路径模式

教学型本科院校多数分布在中小城市，办学层次低，肩负着培养面向基层、面向生产第一线的建设者的任务。办学层次低并不代表着提供的教育服务水平低，处于不同层次的高校都应具有高水平的办学质量。能培养出好的学生是衡量好大学的共同标准，教学型本科院校是实施大众化甚至普及化教育的主力军。

路径一：建设特色学科，服务地方社会。

基于在高等教育体系中承担的责任，面向地方，培养与本地域需求相适应的应用型人才，服务于本地区社会经济发展和为本地区提供科学技术保障与服务是教学型高校非常重要的职责。教学型高校在加强传统优势学科的同时，应根据地方经济、社会发展的需要，结合劳动力市场对人才的需求，有针对性地设置和调整专业和课程，增强办学的社会适应性。

教学型高校的发展要积极挖掘和开发本土资源优势，因地制宜，根据当地或区域产业和技术结构以及特殊的文化、历史、自然、环境资源等开展学科建设。以特色学科为突破口，遵循错位竞争原理，选择与实力强的学校及学科不相同的发展思路；走差异化发展道路，使本校的学科具有更多的内涵或价值，提升学校的核心竞争力和服务区域经济发展的能力。

路径二：立足行业，培养高层次应用型人才。

教学型本科院校并不是培养具有单一技能的人才，其旨在培养社会适应能力强、岗位工作胜任快且具备综合实践能力的高层次应用型人才，使其在生产、管理、服务等基础岗位具有应用新技术、解决实际工作难题的能力等。首先，教学型本科院校应加强校际间的交流，积极吸取其他高校成功的发展经验；其次，在课程内容的设置上要紧密结合企业的实际需求，针对企业现状，开发相匹配的课堂内容，并根据企业发展变化实时更新内容。同时，要加大课程开发力度，课堂教授与实习并重。教学型大学以教学为主，但不意味着教学型本科院校不需要进行科研活动，科研与教学相辅相成，因此要加强产学研合作。教学型高校与其他层次的高校在科研活动的内容上存在较大差异。教学型高校应立足地方，面向行业，开展有针对性的科研工作，通过参与科研活动提升学生解决基层实际问题的能力。

路径三：提升教师的教学能力。

教师需求量的急剧增加推动教师团队结构发生了重大变化。教师年龄构成日趋年轻化，青年教师群体在师资队伍中占比大，成为主力军，这为高校发展提供坚实后备力量的同时，我们也应该看到青年教师由于毕业时间不长，甚至是刚刚走上教师工作岗位，教学经验并不丰富。青年教师的教学水平对教学质量有重要影响，为此根据青年教师队伍实际情况开展有针对性的培训，加大对教育教学技能方面的培训力度，通过研讨、交流、学习等各种形式来提升青年教师的教学水平格外重要。与此同时，教学型本科院校以教学为主，以培养本科应用型人才为主，教学是学校的主要任务，因此在教师各项评审中应侧重对教学能力的考察，而不是重科研轻教学，职称的评定、工资绩效不应主要依据科研成果而定，要加大教学内容、教学方式与教学效果的考核比重，突出教学的地位。

第二章　新建本科院校校企合作的发展现状

校企合作是高校和企业之间的资源互换，将企业的市场化运营机制以及产品和技能需求与高校的教育体制、科研和教育产品互相结合，通过契约关系形成紧密的协调、互动和分享的合作模式，大多涉及经济利益和责任与分工。

随着我国教育体制和经济体制改革的不断深化，高等院校、科研院所与企业的联系日益密切，校企合作成为我国教育发展的重要战略之一，是我国高校发展的内在要求，引导着高校教学改革、创新和发展的方向，并建立起稳固的校企组织联系制度。校企合作可以使高校的科研技术和人才培养等得到多方面的支持，包括为学生综合素质的提高、职业能力的培养和发展提供可靠的途径，为教学效率的提高做好理论和实践上的准备，为优化高校人才结构的建设和发展提供较好的参考和借鉴。此外，校企合作还能提升企业的知名度和企业文化建设，加强企业的市场竞争力，并形成良性循环，从而进一步推动高等学校参与企业自主创新，提高高校创新人才培养的深度和广度。

第一节　我国新建本科院校校企合作的发展历程

我国的校企合作经历了一个由点到面、由低到高、由浅入深的发展过程，合作规模不断发展、合作内容不断深化、合作形式不断丰富、合作水平不断提升，这种不断变化的特点也反映出校企合作具有的时代特征。按照时间的线索，我国校企合作的发展历程可分为四个阶段。

一、计划经济时代的校企合作

20世纪五六十年代，我国开启了高校和企业的合作，校企合作主要借助高校的人才和各种资源，发展我国的军事科技事业。在教育方针和科技方针指导下，高校的教学、科研人员积极投身生产实践，迈出了与企业合作的步伐。该阶段合作模式主要是政府推动型，主要特点有两个：第一，这种合作是为了树立我国在国际中的地位，大都是计划指向，希望能靠合作来解决国计民生的重大问题；第二，这种合作大都是按照国家的调配，不会考虑市场需要，由于不是各利益主体之间的合作，几乎不存在利益冲突。总体来说，我国的校企合作在这一时期发展比较缓慢。

二、改革开放初期的校企合作

20世纪70年代末，党的十一届三中全会提出了对外开放，对内搞活经济的方针要求各地区、各部门之间相互开放、广泛合作。改革开放为校企合作注入了新的活力，校企合作模式由政府推动型转变为双方利益驱动型。主要特点是国有企业的体制改革造成技术大量改进，出现了十分旺盛的有效需求。与此同时，高校由封闭的拨款体制改革变为科技体制改革，面向市场，为国有企业提供有偿技术转让、咨询和服务。由于高校具备强大的科研技术能力，因此校企合作得以迅速发展。但也由于校企合作发展快速，相应的配套法规和实施细则来不及出台，校企双方的法规观念又比较淡薄，所以一旦出现知识产权纠纷，校企双方也没有相应的法律措施维护自身的权利。另外，双方缺乏生产经营经验，其技术成果转化为现实生产力的能力薄弱，无法发挥应有的经济和社会效益。

三、校企合作快速发展时期

我国校企合作真正意义上实现合作是从20世纪90年代开始的，1991年成立了中国产学研合作教育协会，1992年，由原国家经济贸易委员会、原国家教委和中国科学院共同倡议并在全国范围内组织实施了"产学研联合开发工程"，鼓励在改革开放的同时，通过校企联合，建立起高校与国有大中型企业之间稳定的联系，逐步形成密切发展的运行机制，探讨出一条中国特色的科技和经济结合的道路。其主要特点是以科技成果转移为主，增强国有企业的市场竞争力，推动高新技术的改造，从而让中国的经济发展起来。这样，校企合作模式就转变为市场拉动与科技驱动联合型。这一时期虽然成长起了一大批高新技术企业，但往往导致利益分配不均；各地虽然大量兴起高新技术科技园，但由于技术创新具有一定的风险性，因而有可能达不到企业预定的结果。

四、校企合作创新发展时期

从21世纪开始，我国进入全面建设小康社会的发展阶段，高等院校承担起培养高素质人才的重要职责，目标是造就数以亿计的高素质劳动者、数以千万计的专门人才和一大批拔尖创新人才。就是说，数以亿计的高素质劳动者主要由高等教育与培训机构造就。随着知识经济的兴起、高新技术的产生和发展，校企合作进入一个新的发展阶段。这一时期的校企合作以符合市场要求为基础，在政府的宏观调控下，校企双方在风险共担、利益共享的基础上建立深入的合作。这个时期校企合作的特征是以市场为基础，以产业同盟为形式，集研发和生产于一体；该时期要求校企合作表现形式灵活，合作层次深入。

第二节　我国新建本科院校校企合作取得的成就

校企合作的理论意义在于从现阶段我国高校的人才培养建设落后于市场化的新经济时代发展出发、从高等院校的人才目标建设与企业需求不对接的现状出发，对校企合作进行创新模式的理性思考与实践探索，并增加了新的视角、新的理念和新的实践资源，对完善校企合作理论研究体系具有标志性意义。

一、校企合作取得的成就

在强调自主创新的今天，高等人才的培养和储备已成为推动企业进步、国家发展的紧迫问题。校企合作发展至今，已涌现出很多高校与企业的合作案例，涉及高校与大型企业在重点学科建设、本科教学、本科人才培养、联合研究机构、科技攻关、技术转移等方面的合作成果及取得的成就。

（一）培养面向实践的高素质专业人才

华东理工大学与西门子（中国）有限公司合作建设了小型自动化产品联合培训中心及西门子自动化实验室，主要用于学生的实习实践活动的毕业课题（设计）和参与生产、研发项目等。它们把德国先进的工程教育理念培养模式引入中国，促进了我国高素质自动化人才的培养。

复旦大学与上海家化合作，在学生培养方案中安排咨询实践项目，使学生能够将管理理论与上海家化的实践相结合，围绕上海家化的国际化战略、市场开拓、资本运作、组织结构等方面开展专项咨询或研究工作，全面地提升了学生的综合运用管理知识能力。

（二）培养高素质创新型人才

北京大学与微软亚洲研究院合作实施的"教育部—微软精品课程"建设项目，其目的是提升我国高等教育的综合实力和国际竞争能力，在精品课程建设方面独辟蹊径，使企业的核心技术与高校相应课程建设紧密结合，充分地发挥出与微软公司在培养人才方面的合作优势和特色，取得了良好的效果。

同济大学软件学院与美国苹果公司展开创新和人才培养方面的校企合作模式，苹果公司充分洞察到未来电子产品的走向是移动和媒体智能终端，其与软件学院合作，对计算机软硬件等工具性产品进行本土化开发，最终在中国成功地引发了苹果热潮，取得了很好的成效。

新加坡莱佛士教育集团让学生们参加国内外知名大赛，如中华杯服装设计大赛、创意星空、黛安芬设计大赛、珠宝展览大赛等。通过各种竞赛、活动，同学们在参赛中得到了实践和锻炼，以市场指导教学不仅能创作出优秀作品，还实现了学校自身的品牌推广。

（三）跨国企业前沿领域合作研究

生物信息科学是21世纪蓬勃发展的新兴学科，在全世界都是一个令人关注的研究领域。浙江大学与IBM公司共享大学研究生命科学项目，IBM公司通过捐赠先进的计算机及科学仪器设备、提供生命科学领域内的研究专长协助该课题的研究，这标志着双方在新兴的生命科学研究领域的合作迈上了一个新的台阶。

南京大学与生化制药公司联合开发具有中国特色和前沿技术的创新药物，并获得国家发明专利授权。双方群策群力，共同讨论研究技术路线和工艺并考虑产业化的可行性，最终完整地实现了从理论设计、基础研究到应用转化、市场产品的全过程，探索出了一条将基础研究优势转化为企业产业优势的技术转移途径。

二、校企合作对高校人才培养的作用

上述案例总结了高校与企业合作的经验、模式，介绍了双方合作的运作方式、操作程序，同时展示了我国高校与企业开展多方位合作的实践经验，对校企合作有着重要的作用和意义。

（一）校企合作是提供高校学术思想和方向最好的参考

高等院校是传授知识、技能的场所，在市场经济迅速发展的时候，教师们的理论知识要与时俱进。教师们只有走进企业，才能了解企业的技术进步，才能拿到第一手的案例，更新以往的学术理论；也只有走进企业，才能够在教学计划的制订、教学资料的补充、相关实践内容的储备和授课方式的选择等方面积极创新，使教学质量不断提高，最终培养出符合市场经济需求的高素质人才。

（二）校企合作是培养高层次创新人才的需要

高等院校以培养研究生特别是博士生为重点。人才创新能力的培养离不开理论能力培养和实践能力培养两个方面，而实践方面人才能力的提高需要人才亲身投入社会，接受实际的锻炼。校企合作为高校的研究生提供了投身于社会，磨炼自我的良好机会。通过这种方式培养出的学生也能为企业节省成本，增加效益。同时校企合作也有利于高校的课程改革，使教师在指导学生生产的过程中，积累丰富的生产经营知识，构建良性循环，为培养创新人才提供了良好的平台。

（三）校企合作是拓宽高校经济来源的渠道之一

高水平的科研是高等院校的标志性特征，我国各高校的科研在某些相关领域走在国内甚至世界前列。但随着高校科技的发展，高校科技面临科研资源特别是科研经费问题的严峻挑战。我国目前仍是一个发展中国家，政府每年划拨的科研经费有限。在这种形势下，为了保持自身的优势与特色，更好地面对国内外的竞争，我国高等院校就必须开展校企合作，采用多种形式从企业获取科研所需的经费支持，激发出教师们的工作积极性，改善高校的工作环境，提高效率。

（四）校企合作是实现自身社会服务功能的根本路径

校企合作是高校直接服务于社会的重要形式，高校除了可以帮助企业提高自主创新能力外，还可以为企业制定发展战略和发展规划，担任企业的管理、咨询等方面的顾问。同时企业可以在高校挑选优秀的人才，并利用学校资源对员工进行继续教育。校企合作最终提高了校企双方的社会知名度，融合了双方的文化与理念，利用双方的资源实现校企双赢的目标。

第三章 新建本科院校校企合作的问题与制约因素

众多合作实践表明，新建本科院校与企业的合作可以实现双赢互惠、多方受益、优势互补、共同发展。据初步统计，高等学校几乎与国内所有大型企业和一批跨国企业都存在各种各样的合作关系，并涌现了许多非常好的成果和案例。当然，我国校企合作的形式还处于起步阶段，校企合作过程中，学校与企业会遇到各种问题与制约因素。由于美国、英国等发达国家的校企合作开展得比较成熟，所以现在我国的新建本科院校和企业也在结合自身情况的前提下总结、借鉴国外校企合作的成功经验，积极探索和创新自身校企合作的模式。

第一节 我国新建本科院校主要校企合作模式

虽然校企合作模式这一概念在学术理论界被广泛使用，但很少有人对此做出明确界定，从仅有的不多的论述中看也没有对其达成共识。王延芳将其定义为"大学与工业企业之间为达到一定目的，通过协调作用而形成的一种互动关系"。校企合作模式是一种以市场需求为导向的运行机制，是高校和企业共同参与符合社会需要的人才培养的过程。这种模式主要以培养高校学生的综合素质、实际能力和市场竞争力为重点，利用校企双方两种不同的环境和资源，采用教学和实践的有机结合，培养适合不同需求的应用性人才。

众所周知，由于人才培养规格不同，在创新型国家战略体系中所处位置的不同，实现职能的侧重点不同，新建本科综合型大学（以学术、研究为主）与高职高专相比，在开展校企合作时有其完全不同的特征。新建本科综合型大学拥有各自的优势学科，大都是部属高校，面向全国招生，其公共资金主要来自于中央财政拨款。现今的新建本科综合型大学既重视实践教学，也强调科学研究，其校企合作的重点不仅体现在研究领域，还体现在为企业提供技术指导、咨询以及应用性研究成果等方面。高职高专和各类应用型院校一般是市属院校，培养市场需要的技能专业型人才，其服务社会的职能主要通过开展职前职后培训实现，其校企合作侧重于教学实践过程。学校在教学计划的制订、热门课程的开发、教材的编写和应用、校内外实践教学基地建设等各方面与企业进行合作。这类合作的目的是使高职及应用型学校的人才培养具有专业性和社会适应性，满足国家在经济结构转型中对技术人才的需要。

我们可以从不同角度对校企合作的模式进行分类。从生产要素上，校企合作的模式可以分为知识技术合作、人才合作、产权合作、教育经费合作；从内容上，其可以分为教学案例合作、科技研发合作、咨询业务合作及共建研究机构；从合作实现上，其可以分为由政府牵头的合作、由高校和企业自由组建的合作和由中介机构主导联系的合作；从主体数量上，其可以分为一对一的合作、一对多的合作、多对一的合作、多对多的合作；从校企合作程度上，其可以分为紧密型合作、半紧密型合作与松散型合作。

按照发挥主导作用的主体，校企合作的模式可以分为两类：一类是新建本科院校与企业之间的直接合作，另一类是政府主导下的新建本科院校与企业之间的合作。

一、高校与企业之间的直接合作

（一）成立技术交易市场，开拓转化平台

技术交易市场是企业与高等院校之间进行技术成果交流转化的渠道之一，起桥梁和催化剂的作用。通过这个平台和渠道，校企双方可以实现信息的互通有无、资源的共享与分配，高校、科研机构的技术成果可以达到有效转化，企业也可以及时得到自己想要的技术成果。技术市场能够加强校企合作，充分地调动教师从事科技创新的积极性，促进高校开放技术的扩散和科技成果的转化，实现科技资源的优化配置。

（二）高校自办科技企业

校办企业曾是特定历史时期的产物。在 20 世纪 80 年代，我国由于公共财政预算不足，所以允许高校自筹经费，创办企业。跨入新世纪后，由于科技的日新月异，近年来部分高校已经建立起一批运作成功的科技企业，如复旦复华、清华紫光、北大方正等，这些高校的自办科技企业不断发展，尤其是在学术领域，专业性强、科技研究能力强、科研成果多，可以转变教师们的科研观念，培养他们

的创新意识，更有利于教学和科研相结合。

（三）高校与企业共同建立联合研究开发中心

联合研究开发中心是由企业提供经费，由高校提供专业技术咨询和场所，并在高校建立起来的研发机构。企业与学校可以在此联合攻关，高校提供可行性分析和解决方案，技术或产品研发成功后可共享知识产权，这样就为企业的发展提供了强有力的科技支持，也能构建一个完善的行业发展平台。

（四）校企双方进行项目合作

项目合作是指高校与企业围绕某个项目或课题而进行的合作，这种合作可以充分发挥各自的优势。企业把自身的技术难题以横向课题的形式委托给学校来解决，高校充分发挥人才资源和知识资源的优势，这是校企双方都愿意接受的合作方式，所以也是最普遍的合作方式。项目合作有两种，一是企业以研究课题或项目经费的形式把项目委托给学校，高校根据企业的需要进行研发或为企业提供技术咨询。二是政府提供项目，高校与企业共同承担这种开发计划或大型工程服务。

（五）校企双方共同建立企业

这是高校利用自身在人才、科研成果上的优势，企业利用自身在资金、经营管理上的优势而建立起来的。共建后的企业具备与之相匹配的管理模式、知识结构以及培养复合型人才的能力，为校企双方的紧密合作及共同承担风险和收益搭建了一个平台。该企业的经营收益直接关系到双方的切身利益，这样可以充分调动校企双方的积极性，有利于企业的长久发展。

（六）签订长期战略合作协议

高等院校历来是我国高新技术领域创新研究、解决重大问题和培养卓越技术人才的重要基地，新建本科院校又属于高等院校范畴，我国企业要转型，下一步的发展必须依靠人才和科技创新。企业与高校通过签署长期战略合作协议，可以将高校的教育、科研、智力资源等优势与我国的政策、环境等有机结合，使企业在应用和创新、与项目对接、与产业结合、与市场接轨、科技成果转化、研发机构建设、高层次人才培养等方面提高到新的层面。例如，清华大学专门成立了清华校企合作委员会，配有专人负责组织并管理与企业的对接工作，先后与国内外百余个知名大型企业签订合作协议，具有超前思想和战略意识。又如，复旦大学与上海瑞安集团签订了全面合作协议，不仅签署了《校企合作协议》，让复旦的教师们去瑞安进行调研以掌握第一手案例资料，学生们能有机会进入瑞安实习了解，还准备组建复旦瑞安发展公司，使双方在多个项目中迈向产业资本与知识资本联动的全面合作新时期。

二、政府主导下的高校与企业之间的合作

（一）建立科技企业孵化器

企业孵化器是一种高校依托资源对企业的帮助计划，高校凭借自身的专门技术和资源为中小型及新创企业提供基础设施、技术等服务，对其孵化，以使其最终能产品化，这是科技成果转化的一种方式。随着中小型企业对社会经济发展作用的增大，企业孵化器作为一种帮助新企业创立成长的政策工具和经济发展手段而被广泛采用。但同时新创企业存在很大的不确定性，企业创业失败率也较高。一些新创企业由于产品和服务达不到预计的设计要求而关闭，也有一些企业，虽拥有创新产品、市场需求，但由于缺乏足够的资金而失败。

（二）建立高新技术工业园区

科技工业园区是政府联合高校、科研机构以及企业组建起来的从事高新技术研究和开发的高新技术产业密集区。高新技术园区与城市的经济发展和产业结构调整有密切的关系，政府通过高校、科研机构与企业的合作将高新技术园区的规划和产业规划结合起来，能够提高园区的核心竞争力，促进高新技术成果的商品化、产业化和国际化，对周边区域也能起到显著的辐射和带动作用，形成财富积聚效应。

（三）建立大学科技园区

大学科技园区是以研究型大学或大学群为依托，利用大学的技术、试验设备和图书数据资料等科技资源建立起来的。大学科技园区是我国校企合作模式中的重要组成部分，是区域经济发展和行业技术进步以及中小型企业的主要创新源泉之一，也是高校实现社会服务功能和校企合作的重要平台。其目的是充分利用高校的各种资源，使高校的科技资源和科研成果与企业实现有效结合并得到综合利用，大学科技园区在孵化高新技术企业、转化高校科技成果、培养创新创业人才以及缓解就业压力等方面发挥了重要的作用。

第二节　我国新建本科院校校企合作存在的问题

我国新建本科院校校企合作存在着诸多问题，如资金制度缺位、人才培养之间的差距、校企双方目标的差异、校企双方利益的冲突等，下面针对这些问题进行讨论。

一、战略思考不足与教育资金制度缺位

我国目前已形成的校企合作模式大都是学校为求生存、求发展和适用市场经济的要求而建立的，缺乏如何准确把握教育改革和发展的战略性思考，也缺乏对高校人才培养的真正意义的科学理解。我国企业由于受到当前市场总体环境和狭隘的经营观念的影响，缺乏高层次的企业价值观，无法看到校企合作对我国企业在人力资源开发、规范化管理、科技创新、业务领域拓展等方面的战略意义。同时，校企合作不仅是学校和企业的合作、教学与生产实践的合作，也是一种科技与经济的合作，应有相应的政策法规调节、规范和推动，并提供有必要的资金保障。然而，现状是政策法规不健全，资金投入没保障，政府不重视。

二、高校与企业在人才培养方面存在巨大差别

（一）组织使命不同

高校以培养高质量的人才为目标，而人才作为一种特殊的产品，需要经过相当一段时间和实践的检验。企业追求的是生产和经营的利润，市场经济不仅给企业带来了高利润、高回报，还带来了急功近利和风险。我们不仅需要极力避免高校由于快速发展形成的畸形人才培养观念，还要极力避免市场经济带来的巨大诱惑对学生造成不良和负面的影响，只要这样，才能确保高校的教育质量。

（二）目标期限冲突

为了适应 21 世纪对人才的要求，高校调整专业结构，在短时间内开设出市场经济的热门专业。但高校发展有其自身的规律，教育的成效有周期性，不可能是一种简单的投入与产出效益的显现。如何把教育及人才培养的长远性与市场的短周期性有效结合起来，使校企合作不仅满足企业当前需求，还要符合高校和

企业长远发展的目标，是解决毕业生出路、满足社会需求变化的不可忽视的大问题。

（三）校企关系波动

我国整体行业和企业处于改制和转型中，大多企业短视，无法满足高校的长期、稳定、全面的要求。如何既保持教学的完整性、系统性，又能与企业合作，灵活地调整教学内容和实践方式，适应市场和企业发展的变化，是需要研究解决的问题之一。

三、校企双方合作目标存在差异

在实际合作过程中，高校和企业各怀目的，高校常以获得企业的资助经费为目标，也出于对自身发展的考虑；企业常以从学校得到科研成果为目标，努力把科研转为技术从而产生利润，缺乏沟通合作意识。这样的合作会让双方的行为出现偏差，也会使双方容易在出发点上产生分歧，从而影响合作的可持续性。另外，有些企业只是为了争取政府提供的优惠政策，临时与高校合作项目，缺乏稳定性，效果都不理想。

四、校企合作双方对利益分配存在分歧

学校从自身利益出发，希望以最少的合作成本得到企业尽可能多的支持，甚至希望以零合作成本获得企业的支持；而企业参与合作要直接增加成本、减少利润，但校企合作中企业付出了一定的人力、物力与财力，在校企合作中的支出与收入不成正比，或者企业的支出远远大于其预期收益。另外，校企合作中涉及的科技成果转化属于特殊的无形商品，导致双方在合作中对利益分配会面临不同于实物贸易的许多问题，如费用标准、支付方式等。所以，学校和企业经常出现各种经济冲突和利益纠纷，这种不确定性使部分企业对和高校的合作持观望态度。

第三节　我国新建本科院校校企合作的制约因素分析

校企合作模式是保障高校教育质量和特色的关键，目前我国校企合作模式从理论观念到实践行动都存在着重大问题，具体如下。

一、政策因素

政府缺乏出台相应的配套法规和实施细则，一旦出现知识产权或其他纠纷，校企双方就没有相应的法律措施维护自身的权利。各级政府在制定区域技能型人才发展规划等方面也没有发挥应有的作用，不能及时、定期发布行业企业所需的技能人才信息，使校企合作培养人才没有针对性。

政策支持力度不够。在政府的支持政策中，宏观提倡性的政策多，实质性的支持政策少，政府对科研活动的支持力度不够，科研经费支出和投入强度不足。另外，政府没有建立专门的校企合作的协调机构，负责设计、监督、考核和推行校企合作，很多项目难以获得企业主管单位、劳动部门、教育部门的充分协调。

二、观念因素

在长期计划经济体制下形成的传统的封闭式的办学格局尚未从根本上得到突破，不少高校领导在对面向经济建设主战场、开展与企业的合作意义认识上仍然不到位，有的还担心同企业合作会冲击正常的教学、科研秩序，没有形成长远的人才培养目标意识。

学校行政人员同时存有多一事不如少一事的心态，形成了校企合作的阻力，教师也因没有相应的激励机制而缺乏积极性。另外，很多学校对教师兼职的问题态度不明。学校行政管理部门对教师将部分工作时间用于校企合作存在思想上的顾虑，担心这种现象会导致管理混乱，阻碍了教师投入时间和精力用于企业实践。

三、体制因素

校企合作体制因素制约源于两个方面。一是传统上我国高校内部专业之间、学科之间、教学与科研之间存在相互隔绝现象，导致现行的人才培养体制无法形成合力，客观上造成了社会需求与专业、学科的脱节，并进一步反映到相关的教学和科研活动中去，使高等学校失去了适应社会需要的灵活性。二是科研体制存在不适应市场经济要求的地方，高等院校的科研人员往往局限在自己所研究的课题中，同时课题或与个人利益等挂钩，使资源分配很不合理。另外，高校有相应的管理机构对科研的前期选题、申报等进行一整套的管理，但缺乏后期的结题验收与科学评估，以及与企业开展研究成果鉴定以后的各种开发、推广、应用、合作的保障制度和措施，而这些恰恰是校企合作的关键环节，从而导致不少研究成果束之高阁，或使校企合作不能有效地开展。

四、文化因素

校企合作的目的是在高校与企业之间架起桥梁，用高校的科学技术为企业的生产服务，推动区域经济发展。但是高校和企业合作的文化差异阻碍了校企合作的进展。我国高校学术文化的特点是注重自由探索和学术价值，在研究成果产生方面表现为研究周期长、研究成本高、成功风险高、利益观念淡漠；而企业文化是以追逐利润为核心的，在技术需求方面具体表现为要求见效快、成本低、风险小、利润高。这样的文化观念差异从根本上制约了高校与企业的技术合作与交流。

第四章 凸显内涵式发展特色：新建本科院校校企合作协同创新人才培养实施路径

协同创新是指高校、企业和科研院所利用各自的优势资源和创新能力，在政府、科研机构和金融机构等大力支持下，共同进行技术开发和技术创新的活动。新建本科院校校企合作成为当下主流趋势，双方之间为培养人才共同努力，制定方针策略，建立协同合作的基础条件。

第一节 新建本科院校校企合作协同创新实施基础

目前，协同创新这一划时代意义的创新范式在全国各地轰轰烈烈地推进，这是发挥国家意志，实现有组织创新的重大步骤，具有重大的理论和现实意义。下面从协同理论、创新理论和复杂性科学等视角探讨协同创新的理论基础，这对提高我国创新能力，保持我国经济持续繁荣、科技的进步和创新人才的培养，进一步推进协同创新与本科院校建设，具有极为重要的意义。

一、校企合作协同分析

协同理论立足于揭示系统在外部参量驱动及内部子系统相互作用下，以自组织的形式在宏观尺度上形成空间、时间或功能有序结构的条件、特点，以及从无序到有序演化的规律，以使系统形成协同效应。协同理论告诉我们，系统能否发挥协同效应是由系统内部各子系统或组分的协同作用决定的，协同得好，系统的整体性功能就好。协同创新则是以大学、企业、研究机构为核心要素，以政府、金融机构、中介组织、创新平台为多元主体协同互动的网络创新模式。可见，协同理论是协同创新的理论基石之一。

(一) 协同理论概述

"协同"一词最早来自希腊语,是指事物或系统在联系和发展过程中各要素之间有机结合,强调相互协作、配合的和谐性和一致性。

协同论(synergetics)也被称为"协同学"或"协和学",是研究各种不同系统在质变的过程中遵循的共同规律的科学。其中心议题是探讨支配生物界和非生物界的结构和功能的自组织形成过程中的某些普遍原理。协同学立足揭示系统在外部参量驱动及内部子系统相互作用下,以自组织方式在宏观尺度上形成空间、时间或功能有序结构的条件、特点,以及从无序到有序演化的规律,以使系统形成协同效应。一个由多子系统构成的系统,如果在子系统之间相互配合产生合作效应,系统便处于自组织状态,从而在整体上表现出一定的结构和功能。在自然科学中,无论是数学关系的和谐之美,还是物理的守恒原理,再到化学和生物的大分子协同效应,都证明了运动的和谐性和协同性。就国内的学者而言,郭宏认为,协同就是协调两个或两个以上的不同资源或个体,协同一致地完成某一目标的过程或能力,并且通过协同产生协同效应,使总体的绩效大于个体绩效的总和。

从国内外观点来看,协同理论主要研究远离平衡态的开放系统在与外界有物质或能量交换的情况下,如何通过自己内部的协同作用,自发地出现时间、空间和功能上的有序结构,描述了各种系统和现象中从无序到有序转变的共同规律。它的主要特点在于,通过类比对从无序到有序的现象建立了一整套数学模型和处理方案,并推广到广泛的领域。协同系统在一定条件下会由无序向有序转化,主导因素在于系统的各子系统通过非线性的相互关系而产生协同作用。

系统从无序变为有序状态需具备的条件包括:①系统最终演变的状态或结构从始至终都受到序参量的影响,序参量起着支配子系统行为的主导作用。②系统内子系统之间的有机联系和积极配合是系统有序发展的重要条件之一,只有当系统关联作用占主导地位,子系统之间形成协同时,系统才可能呈现出一定的有序结构。③除了系统内部协同作用的体制外,还需要外部环境提供适当的控制参量,为系统自组织结构的形成与有序演化提供保障。④反馈机制是系统实现有序的重要保证。任何一个开放系统要维持一定的稳定性,以实现其自身的目标,都离不开反馈调节。

协同理论的主要内容可以概括为以下三个方面。

(1)协同效应。协同效应是指由于协同作用而产生的结果,是指复杂开放系统中大量子系统相互作用而产生的整体效应或集体效应。千差万别的自然系统或社会系统均存在着协同作用,协同作用是系统有序结构形成的内驱力。任何复杂系统，当在外来能量的作用下或物质的聚集态达到某种临界值时，子系统之间就会产生协同作用。这种协同作用能使系统在临界点发生质变产生协同效应，使系统从无序变为有序，从混沌中产生某种稳定结构。

（2）伺服原理。伺服原理用一句话概括，即序参量支配子系统行为。它从系统内稳定因素和不稳定因素间的相互作用方面描述了系统自组织的过程。其实质在于规定了临界点上系统的简化原则——"快速衰减组态被迫跟随于缓慢增长的组态"，即系统在接近不稳定点或临界点时，系统的动力学和突现结构通常由少数几个集体变量即序参量决定，而系统其他变量的行为则由这些序参量支配或规定。正如协同学的创始人哈肯所说，序参量以"雪崩"之势席卷整个系统，掌握全局，主宰系统演化的整个过程。

（3）自组织原理。自组织是相对于他组织而言的。他组织是指组织指令和组织能力来自系统外部，而自组织则指系统在没有外部指令的条件下，其内部子系统之间能够按照某种规则自动形成一定的结构或功能，具有内在性和自生性特点。自组织原理解释了在一定的外部能量流、信息流和物质流输入的条件下，系统会通过大量子系统之间的协同作用而形成新的时间、空间或功能有序结构。

协同理论是研究不同事物共同特征及其协同机制的新兴学科，是一门研究完全不同的学科中存在的共同本质特征的横断学科，同时是近十几年来获得发展并被广泛应用的综合化学科。协同理论的出现是现代系统思想的发展，它为我们处理复杂问题提供了新的思路。

（二）协同理论与创新

协同现象在宇宙间普遍存在，没有协同，人类就不能生存，生产就不能发展，社会就不能前进。在一个系统内，若各种子系统（要素）不能很好地协同，甚至互相拆台，这样的系统必然呈现无序状态，发挥不了整体性功能而最终瓦解。相反，若系统中各种子系统（要素）能很好配合、协同，多种力量就能集聚成一个总力量，形成超越原有各自功能总和的新功能，这就是协同效应。

协同现象和协同效应被人们应用到了管理活动和创新活动等研究领域，取得了诸多新的研究成果。

系统中各子系统的相互协调、合作或同步的联合作用及集体行为产生了"1+1＞2"的协同效应。随后的管理研究者将这一思想应用到企业新产品开发（NPD）领域，并扩展至企业与价值链上下游企业、互补甚至竞争企业在产品设计、制造和销售的资源共享及协作运营。

多元化战略的协同效应主要表现为通过人力、设备、资金、知识、技能、关系、品牌等资源的开放共享降低研发成本、分散市场风险以及实现规模效益。

多元化组织存在的唯一目的就是获取协同效应。知识协同是知识管理的高级阶段，商业领域和公共事业部门都需要知识协同。

知识协同的特征包括时间上的准时性、目标的准确性、知识流的多向性等。知识协同的最重要目的是推动知识创新，通过协同平台将各知识主体中互补的知识资源进行整合，弥补各主体的知识短板，为各主体提供整体效益的最大化。知识协同理论解释了科研和教育进行协同的意义。

从创新研究引入协同论的必要性考察，它包括以下三个方面。

（1）协同是创新发展的必然要求。我国创新体系面临着一个复杂多变、不可预测、竞争激烈的环境，如全球经济一体化的趋势明显，创新体系的竞争变得激烈纷呈；高新技术的更迭越来越快，产品的生命周期越来越短；消费者导向的时代已经到来，消费趋向多样化、个性化。这些都对创业的生产方式带来了新的挑战。

系统能否发挥协同效应是由系统内部各子系统或部分的协同作用决定的。如果一个创新体系内部中的人、组织、环境等各子系统之间相互协调配合，共同围绕目标齐心协力地运作，那么就能产生"1+1>2"的协同效应。反之，如果一个创新体系内部相互掣肘、离散、冲突或摩擦，就会造成整个系统内耗增加，系统内各子系统难以发挥其应有的功能，致使整个系统陷于一种混乱无序的状态。

（2）序参量是创新发展的主导因素。序参量是协同论的核心概念，是指在系统演化过程中从无到有地变化，影响着系统各要素，由一种相变状态转化为另一种相变状态的集体协同行为。因此，在现代创新体系中，尽管影响系统的因素很多，但只要能够区分本质因素与非本质因素、必然因素与偶然因素、关键因素与次要因素，找出从中起决定作用的序参量，就能把握整个创新体系的发展方向。因为序参量不但主宰着系统演化的整个进程，而且决定着系统演化的结果。

序参量概念为现代创新理论提供了新的理论视角，解释了系统如何在临界点上发生相变以及序参量如何主导系统产生新的时间、空间或功能结构。序参量的特征决定了它是管理系统发展演化的主导因素，只要在创新过程中审时度势，创造条件，通过控制创新体系外部参量和加强内部协同，强化和凸现我们所期望的序参量，就能使创新体系有序、稳定地运行。

（3）自组织是创新体系自我完善的根本途径。自组织是指混沌系统在随机识别时形成耗散结构的过程。我们将这种无须外界控制和干扰，通过系统自身的调节和演化达到有序的特性称为自组织性。自组织是相对于他组织而言的，我们一般把不能自行组织、自行创新、自行演化，不能够自主地从无序走向有序的组织称为他组织。他组织只能依靠外界的特定指令推动组织有序演化,从而被动地从无序走向有序。相反,自组织是指无须外界特殊的指令就能自行组织、自行演化,能够自主地从无序走向有序,形成有序结构的系统。一个系统自组织功能愈强,其保持和产生新功能的潜力和能力愈强。协同论的自组织原理旨在解释系统从无序向有序演化的过程,实质上就是系统内部进行自组织的过程,协同是自组织的形式和手段。由此可以认为,现代创新体系要想从无序的不稳定状态向有序的稳定状态发展,自组织是达到这一目的的根本途径。

创新体系要实现自组织过程,就必须具备自组织实现的条件。第一,创新体系必须具有开放性,能与外界进行物质、能量和信息的交换,确保系统具有生存和发展的活力。第二,创新体系必须具有非线性相干性,内部各子系统必须协调合作,减少内耗,充分发挥各自的功能。

二、校企合作创新分析

创新包括技术创新和制度创新(非技术创新),其中技术创新(technological innovation)是改进现有或创造新的产品、生产过程或服务方式的技术活动,以技术变革与技术推广为对象;制度创新(institutional innovation)是指在人们现有的生产和生活环境条件下,通过制定更能有效激励人们行为的制度、规范体系实现社会的持续发展,以制度变革为对象。技术创新和制度创新可以被看作既对立又统一、相互推动的"创新结合体"。

(一)创新理论

1. 技术创新

1912年,美籍奥地利经济学家约瑟夫·熊彼特(J. A. Schumpeter)提出了系统的经典创新理论。他在其经典著作《经济发展理论》中系统地研究了经济增长的内在机制,首次将其作为现代经济增长的核心。他将创新定义为"建立一种新的生产函数",也就是在新的体系中引进一种生产要素或生产条件的组合。这种组合主要有以下五种方式:①采用一种新的产品或一种产品的新的特性;②采用一种新的生产方法;③开辟一个新的市场;④掠取或半控制原材料或制成品的一种新的供应来源;⑤实现任何一种工业的新的组织。

熊彼特的创新理论主要有以下几个基本观点:①创新是生产过程中内生的。②创新是一种"革命性"变化。他充分强调创新的突发性和间断性特点,主张对经济发展进行"动态"性分析研究。③创新同时意味着毁灭。在竞争性的经济生活中，新组合意味着对旧组织通过竞争而加以消灭，尽管消灭的方式不同。④创新必须能够创造出新的价值。熊彼特认为，先有发明，后有创新；发明是新工具或新方法的发现，而创新是新工具或新方法的应用。"发明只要还没有得到实际上的应用，那么在经济上就是不起作用的"。⑤创新是经济发展的本质规定。⑥创新的主体是企业家。企业家的核心职能不是经营或管理，而是看其是否能够执行这种新组合。在随后的半个世纪中，技术创新以美国为中心蓬勃发展，杰出的代表人物埃德温·曼斯菲尔德、莫尔顿·卡曼、南希·施瓦茨、格里利克斯、罗森堡、谢里夫等。他们主要研究的问题集中在新技术推广、技术创新与市场结构的关系、企业规模与技术创新的关系等方面。曼斯菲尔德将创新定义为一项发明的第一次应用，而弗里曼则将技术创新定义为科学研究成果的第一次商业化应用。

进入21世纪，随着电子信息技术的迅猛发展及知识社会的形成，科学界进一步反思对技术创新的认识。创新被认为是各创新主体、创新要素交互复杂作用下的一种复杂现象，关注价值实现、关注用户参与的以人为本的创新模式也成为新世纪人们对创新重新认识的探索和实践。技术创新是一个从新产品或新工艺设想的产生到市场应用的完整过程。它包括新设想产生、研究、开发、商业化生产等一系列活动。技术创新因其对象、形式等不同，可分为不同的类型。按照创新的对象不同，技术创新可分为产品创新和工艺创新。按照创新的技术性质来分，技术创新可分为突变性创新、累进性创新和根本性创新。按照创新的经济机制来分，技术创新可分为基础性创新和增殖性创新。按照创新的依据来分，技术创新可分为以经济为基础的创新和以科学原理为依据的创新。按照创新的规模来分，技术创新可分为企业创新和产业创新。按照创新的收益来分，技术创新可分为资本节约型技术创新、劳动节约型创新和中性技术创新。技术创新的模式可以分为内部型、合作型和合同型三种。内部型是指企业设立自己的研究开发部门开展技术创新活动。合作型是指企业间或企业、科研机构、高等院校之间的联合创新行为，它通常是以合作伙伴的共同利益为基础，以资源共享或优势互补为前提，有明确的合作目标、合作期限和合作规则，合作各方在技术创新的全过程或某些环节共同投入、共同参与、共享成果、共担风险。合同型是指企业委托研究机构、大学和其他企业进行研究开发，然后由企业将合同成果引入市场。

2. 制度创新

制度创新理论也是从技术创新的研究发展而来的，道格拉斯·诺斯及兰斯·戴维斯是较早尝试运用熊彼特的创新理论系统研究制度变革的两位代表人物。随着时代的发展，制度创新的研究越来越多，体系越来越完善。林毅夫在制度创新领域做出了重大贡献。

从经济学的角度来说，制度的作用就在于对市场经济功能和效率的保障。然而在新古典经济学的研究范式中，制度却被看作一种外生变量被排除在具体的经济分析之外。新制度经济学把制度看成经济系统中的内生变量，并且强调制度与制度变迁对经济绩效的重大影响。新制度经济学认为，人是有理性的，人总是在给定的约束条件下追求利益最大化。为了减少交易活动中的不确定性，降低交易费用，必须对人的行为加以约束。从广义上说，这种约束条件就是人们共同遵循的交易原则。制度提供了人类相互影响的框架，确定了竞争与合作的原则。诺斯给出的制度的定义是"一系列被制定出来的规则、守法程序和道德行为准则，旨在约束追求福利或效用最大化的个人行为"。科斯意识到不同的组织结构有可能产生不同的交易费用，而交易费用反过来又决定了组织的形式。通过企业内部的生产成本和市场交易成本的比较，我们可以选择不同的制度安排以节省交易成本。威廉姆斯认为，由于人的有限理性，经济主体在参与交易时的机会主义倾向使交易活动增加了额外的费用，并认为交易活动实际是规制结构的选择问题。因此，组织创新的目的是节省交易费用。张五常进一步发展了科斯的企业理论，他认为企业本质上是一种契约，与市场中的契约关系不同的是，企业内部的契约是买卖要素的契约。可见，制度可以看成一种变量，是经济发展的一个重要的因素。

新制度经济学认为，制度创新是指社会规范体系的选择、创造、创建和优化的统称，包括制度的调整、完善、改革和更替等，具体包括以下几方面内容：①制度创新一般是指制度主体通过建立新的制度以获得追加利益的活动；②制度创新是能使创新者获得追加利益而对现行制度进行变革的种种措施与对策；③制度创新由产权制度创新、组织制度创新、管理制度创新和约束制度创新四个方面组成；④制度创新是一个演进的过程，包括制度的替代、转化和交易过程。

在新制度经济学对制度创新的研究成果中，以诺斯为代表的一批经济学家的观点具有代表性。诺斯认为，技术创新、规模经济、教育和资本积累等各种因素都不是经济增长的决定因素，这些不过是由制度创新决定的经济增长本身的表现而已。他指出，正是制度的进步，如专利制度对技术创新的保护，刺激了技术的发展，如果没有专利制度等促进技术发明的制度的建立，历史上的技术进步就不会那么迅速。付给数学家报酬和提供奖金是刺激努力成果的人为办法，而一项专为包括新思想、发明和创新在内的知识所有权而制定的法律则可以提供更为经常的刺激。

在肯定制度创新对技术创新的决定性作用的同时，诺斯并不否定技术创新对制度创新的重要作用。技术创新不仅增加了制度安排改变的潜在利润，还降低了某些制度安排的操作成本。从技术创新增加制度安排改变的潜在利润来看，诺斯认为，首先，在过去的两个世纪里，技术创新使产出在相当范围内发生了规模报酬递增，因此使更复杂的组织形式的建立（制度创新）变得有利可图。其次，技术创新产生了工厂制度，也产生了使当今城市工业社会得以形成的经济活动之凝聚。从技术创新降低制度安排的操作成本来看，诺斯在解释历史上所有权为什么不曾通过制度创新演进到使个人收益与社会收益相等的地步时指出了两个普遍的原因：一是缺乏技术阻止"搭便车"或强迫第三方承担他对交易成本的份额；二是使信息成本（电报、电话、广播和计算机都可作为例证）迅速降低的技术发展，使一系列旨在改进市场和促进货物在市场间流通的制度创新变得有利可图。

戴维斯和诺斯认为，制度创新需要一个相当长的渐进过程，因为制度创新存在一定的时滞。全过程可以分为四个阶段：①形成"第一行动集团"阶段。"第一行动集团"是指那些能预见潜在市场经济利益，并认识到只要进行制度创新就能获得这种潜在利益的人。②"第一行动集团"提出制度创新方案的阶段。③形成"第二行动集团"阶段。"第二行动集团"是指在制度创新过程中帮助"第一行动集团"获得经济利益的组织和个人。这个集团可以是政府机构，也可以是民间组织和个人。④"第一行动集团"和"第二行动集团"协作努力，实施制度创新并将制度创新变成现实的阶段。

新制度经济学认为，制度创新也是一种生产力，有效的制度可以降低技术进步和技术成果转化为生产力的交易成本，从而有效地促进生产力的发展。官产学研合作过程中不可避免地产生信息成本和交易成本，当协同创新主体的跨组织合作的深度不断加强的时候，交易成本和信息成本就逐渐逼近各组织可容忍的限度。在这个过程中，创新主体利用一种更加有效率、更加经济的制度替代现存制度，如果制度替代的成本小于继续沿用旧制度的交易成本，那么这种新制度的建立必将使各组织的协同合作交流更加顺畅，从而极大地降低信息成本和交易成本。另外，在协同创新过程中，通过深度整合不同组织的资源，发挥各自的比较优势，可极大地激发系统的创新潜力。技术创新在协同创新体系中达到前所未有的高度，大量的知识成果通过转化、共享和再创造实现客观的经济利润。技术进步使产出在相当范围内发生了规模报酬递增，因此使更复杂的组织形式有利可图。可见，创新理论对协同创新具有很好的理论支撑作用。

（二）复杂性科学理论

复杂性科学兴起于20世纪80年代，不但引发了自然科学界的变革，而且渗透到哲学、人文社会科学领域。复杂性科学的出现带来科学研究巨大的变革，这主要归因于复杂性科学在研究方法论和思维的突破、创新和变革。事实上，协同创新系统是一个典型的复杂性系统。复杂性科学的具体特征有非线性、不确定性、自组织性、涌现性等，对协同创新有很好的启示作用，复杂性科学理论是协同创新的理论基石之一。

1. 复杂性科学的基本原理

复杂性科学理论的源头是 1937 年贝塔朗菲（Bertalanffy, Ludwig von）创建的"一般系统论"。国外学者普遍的有关复杂性科学方面的研究一般认为是在 20 世纪 70 年代末或 80 年代中期开始的。经过 30 多年的发展，复杂性科学取得了长足的进步。发展至今，复杂性科学理论已经形成了欧洲学派、美国学派和中国学派这三个有代表性的学派。复杂性科学是以复杂性系统为研究对象的一种学科互涉的新兴科学研究形态。复杂性科学包括早期的一般系统论、控制论、人工智能，以及后期的耗散结构理论、协同学、超循环理论、突变论、混沌理论、分形理论和元胞自动机理论等。

欧洲学派的研究以普利高津的耗散结构论、哈肯的协同学、艾根的超循环理论为代表。美国已形成了 5 个学派，分别是系统动力学派（组织理论，特别是学习型的组织）、适应性系统学派（经济、生物、认知等系统）、混沌学派（物理、经济等系统）、结构基础学派（管理理论，特别是交互式管理）和语言学派（社会、科学、语言等系统）。中国学派的代表是钱学森，他的贡献主要是提出复杂性研究的独特思路和方法论，可以分为两个层次：一是从方法论层次划分简单性与复杂性，强调解决复杂性问题必须利用整个现代科学技术体系的知识；二是具体方法层次，也就是复杂巨系统工程，建立综合集成研讨体系，用于复杂巨系统的预测和决策。

各学派都有自己相应的研究工具和研究方向，虽然各个学派的研究对象和研究方法各不相同，但是其开展复杂性科学研究所遵循的原理基本相同，许多观点也基本一致。

复杂性科学公认的看法是"复杂性科学目前还无确切的定义，不知其边界所在"。有研究者认为，复杂性科学是运用非还原论方法研究复杂系统产生复杂性的机理及其演化规律的科学。复杂性科学是研究复杂系统行为与性质的科学，研究重点是探索宏观领域的复杂性及其演化问题。复杂系统是复杂性科学研究的对象。

复杂性科学的基本原理包括以下三点。

（1）整体性原理。由于复杂性科学的研究对象是非线性经济系统，传统的叠加原理失效，因此不能采用把研究对象分成若干个小系统分别进行研究，然后进行叠加的办法，而只能从总体上把握整个经济系统。这一点也很符合系统科学的思想。

（2）动态性原理。复杂系统必然是动态系统，即与时间变量有关的系统。没有时间的变化，就没有系统的演化，也就谈不上复杂性规律，因为"事物总是发展变化的"。

（3）宏观与微观相统一的原理。复杂性科学认为，系统的宏观变量的波动可能来自组成系统的一些元素的小变化。因此，为了探讨复杂系统宏观变量的变化规律，必须研究它的微观机制，但由于非线性机制的作用，又不能将系统进行分解，所以说必须将宏观与微观相统一。复杂性科学理论表明：一个确定性的经济系统中可以出现类似于随机的行为过程，它是系统"内在"随机性的一种表现，它与具有外在随机项的非线性系统的不规则结果有着本质差别。对于复杂系统而言，结构是确定的，短期行为可以比较精确地预测，而长期行为却变得不可预测，初始条件的微小变化会导致系统的运行轨迹出现巨大的偏差。而对于具有外在随机项的非线性经济系统，系统的演化规则每时每刻都不确定，因此无论是长期行为还是短期行为都无法界定。

2. 复杂性科学对协同创新的启示

将复杂性理论研究方法与研究成果引入协同创新理论已经成为当前协同创新研究的热点。作为一门新兴的边缘学科，复杂性科学才刚刚诞生，其研究内容、研究方法和手段都在不断探索与发展之中。而协同创新应借鉴复杂性理论的思想与方法，因其本身所具有的非线性、动态性和不可逆性等特征，更适合纳入复杂性科学的范式中来研究。

协同创新系统是由多个适应性主体以高度柔性和相互间的非线性互动而构成的一个整体系统，该系统内各结点通过非线性作用形成了一个多维立体空间网络。柔性是指针对不同的协同创新网络，其构成系统的主体不同，而主体间相互作用的方式也各异。例如，企业可以根据其行业特征、发展阶段等因素自主选择其他企业、科研机构、大学甚至政府组建创新系统，而合作的具体形式可以是R&D合作协议、技术交流协议、技术许可协议，也可以采用研究协会、政府资助下的联合研究等方式。

各适应性主体在相互依赖、相互协作的非线性互动下，区域创新网络能够在一定的时间、空间维度上涌现特定功能的结构，即产生自发性的自组织。根据克劳修斯（Clausius）的熵理论，当系统处于封闭状态时，能量只能不可逆地沿着衰减的方向转化，系统从有序走向无序直到达到平衡态，系统的熵不断增加，混乱逐渐加强。协同创新网络如果不与外部环境交换物质、能量和信息，而是孤立运转，就会产生功能结构的紊乱，表现出有序减弱、无序增加。当创新系统达到平衡态后，如果不能跃出陷阱，就会出现系统熵增最大，协同创新网络走向"衰退"。现实中最为明显的例证是，当既有的创新合作形式无法胜任新的技术创新需求，而主体仍然固守已有的合作模式时，会导致技术创新失败、企业亏损的后果，此时如不及时寻求新的合作方或选择恰当的合作方式，将会陷入恶性循环的怪圈。针对上述熵增现象，普利高津提出了研究开放系统的耗散结构理论。该理论认为在开放的系统中，通过与外界的交互作用，系统可以引入负熵流来抵消熵增，从而产生新的能量，形成新的有序。事实上，由于构成协同创新主体的多样性决定了大多数创新系统都在自觉或不自觉地同外界环境进行着物质、能量和信息的交换，因此它是一个典型的开放系统。例如，企业在其经营过程中无时无刻不受到区域经济发展水平、地方政策导向、地区人力资本及资金供给状况等各种外部环境的影响，大学和科研机构的研究水平直接受制于劳动力环境，政府介入协同创新网络的方式则取决于经济发展阶段和国家政策环境。与此同时，各主体又通过各种正负反馈机制，对环境施加反作用，在两者的相互影响过程中，系统具备了形成耗散结构的必备条件，负熵伴随着交换过程进入协同创新网络中。

区域创新网络的演进过程实质上是熵与负熵力量对比的过程，在此期间可能时而熵大于负熵，时而相反。如果两者没有明显的力量悬殊，则整个系统将处于一种混沌边缘状态，即系统运行在有序和无序的相变过程中达到动态的平衡。根据混沌理论，系统要打破这种状态，实现从较低阶段向更高阶段的跨越，就必须通过诱导随机性"涨落"（扰动），为系统产生有序结构提供新的契机。对协同创新系统而言，这种扰动可能是企业经营领域的拓展、科研机构研究能力的重大提升、政府政策的倾斜、某一经济事件的发生、新的法律法规的出台等。协同创新网络的整个演进过程中都可能出现系统内各主体的协调障碍或系统无法适应外部环境，导致流入系统的负熵不足以抵消系统内部的熵增，使原先的有序结构遭到破坏，此时相关主体如不能及时进行自我调整将难逃衰退的厄运。

实际的创新过程还包括对系统与环境的整合。把分散、隐蔽存在的要素识别出来，汇聚在一起，或多或少会改变环境。对要素进行整合要以适应环境为准则，只有整合而成的新系统能够与环境稳定有效地互动互应，整合才算成功。所以，创新成果的整体涌现性是要素、整合方式（结构）和环境三者共同决定的。

创新成果的整体涌现性有平庸的与非平庸的之分。线性系统产生的整体涌现性都是平庸的，相关问题原则上可以在还原论科学范围内解决。非线性系统，特别是所谓强非线性、本质非线性，所产生的整体涌现性一般都是非平庸的，还原论方法已不能解决问题，需要采用涌现论、系统论的方法。

（三）博弈理论

博弈论思想已被广泛应用于许多社会科学领域，尤其是对于经济学与国家政治而言，博弈论的引入无疑是一场革命性的冲击。同样，博弈论对协同创新也有很好的指导意义，是协同创新的理论基础之一。

1. 博弈理论概述

博弈是一些个人、团体或其他组织，面对一定的环境条件，在一定的约束条件下，依靠所掌握的信息，同时或先后，一次或多次，从各自可能的行为或策略集合中进行选择并加以实施，并从中各自取得相应结果或收益的过程。

博弈论是研究决策主体的行为发生直接相互作用时候的决策以及这种决策的均衡问题，是关于包含相互依存情况中理性行为的研究。博弈论认为，人是理性的，即人人都会在一定约束条件下实现自身利益最大化，同时人们在合作中有利益冲突，行为相互影响，而且信息常常是不对称的。这有两个要点：一是相互依存，即博弈中的任何局中人都受到其他局中人行为的影响；二是理性行为，这种理性是指局中人试图实现利益最大化，而并不考虑是否会损害其他局中人，而且我们假设理性的局中人不会持续地犯相同的错误。考虑到这样两点，博弈中的局中人的决策必定建立在预测其他局中人的反应之上，并把自己置身于其他局中人的位置预测其他局中人的行动，再决定自己的最佳行动。因此，在博弈论里，个人效用函数不仅依赖于他自己的选择，还依赖于他人的选择，个人的最优选择是其他人选择的函数。

尽管博弈论是一门新的学科，但事实上，博弈思维早已成为经济学乃至政界、商界以及人们日常生活的基本思维方式。目前在美国的绝大多数大学里，博弈论都成为热门课程，中国也有越来越多的高校开设这门课程。事实上，微观经济学中已经广泛涉及这一问题了，如寡头模型，而且博弈工具正成为经济学的两个主要分析工具之一。

博弈的基本要素主要是决策者、对抗者和局中人，还有其他要素，如策略、得失、次序、均衡等。

博弈模型根据不同的基准也有不同的分类。如果按照参与人的先后顺序、博弈持续的时间和重复的次数进行分类，博弈可以划分为静态博弈（static game）和动态博弈（dynamic game）。静态博弈是指参与者同时选择行动，或虽非同时但后行动者并不知前行动者采取了何种行动；动态博弈是指参与者的行动有先后顺序且后行动者能够观察到先行动者所选择的行动。如果按照参与人对其他参与人所掌握的信息的完备程度进行分类，博弈可以划分为完全信息博弈（game with complete information）与不完全信息的博弈（game with incomplete information）。完全信息指的是每一个参与者对所有其他参与者的特征、战略空间及支付函数有准确的认识，否则就是不完全信息。如果按照参与人之间是否存在合作进行分类，博弈一般分为合作博弈（cooperative game）和非合作博弈（non-cooperative game）。合作博弈是指参与人之间有着一个对各方具有约束力的协议，参与人在协议范围内进行的博弈。如果博弈者无法通过谈判达成一个有约束力的契约来限制博弈者的行为，那么这个博弈为非合作博弈。合作博弈和非合作博弈的区别在于相互发生作用的当事人之间有没有一个具有约束力的协议。如果有，合作博弈有时也叫作联盟博弈（coalitional game），一般根据有无转移支付而分为两类：可转移支付联盟博弈和不可转移支付联盟博弈。可转移支付联盟博弈假设博弈中各参与者都用相同的尺度衡量他们的赢得，且各联盟的赢得可以按任意方式在联盟成员中分摊；否则，就是不可转移支付联盟博弈。

2. 博弈理论在协同创新中的应用模型

博弈理论可以被用来解释一些主体（如企业、高校等）的协调创新行为的基本原理，下面我们就创新主体（参与者）可能存在的创新情景博弈模型进行构建。

（1）静态博弈。静态博弈模型下又可分为三种情境：理想博弈、智猪博弈和囚徒困境博弈。

①理想博弈。假定市场上有两个实力相当的参与者A、B，在竞争初期他们的产品无差异，产品价格及市场占有率均相同，两个厂商沿着相同的路径进行技术创新，若同时成功，两个厂商平分市场。此外，假定政府的制度设置是充分有效的，创新者的知识产权可以得到充分保护。在上述假定下，A、B两个参与者分别都有两种战略：创新、不创新。

在知识产权得到有效保护的情况下，企业有创新的动力。当A进行创新时，其产品成本降低，市场竞争力提升，可以获得更大的市场份额。B如果选择不创新，就会逐渐失去竞争能力，丧失市场份额。B如果也进行创新，那么假定双方市场竞争能力同样提高，市场份额保持不变，但产品附加值提升，博弈双方的利润率提高，收益也都会增加。所以，在这种情况下，博弈的均衡解是创新，因为创新增加了博弈双方的收益。更重要的是，创新行为得到有效激励，能够在整个社会范围内形成鼓励创新的氛围，促进社会整体技术水平的提升。

②智猪博弈。现实市场中博弈双方的实力是不可能完全均等的,甚至存在着较大差异:实力大的参与者的市场份额大,创新的效果也更明显;实力小的参与者市场份额较小,创新的动力则明显不足。参与者规模会对创新效率产生影响作用,如实力大的参与者创新成本比实力小的参与者更容易摊销。此外,由于创新是一项非常不确定的活动,厂商很可能不会同时取得成功。假定 A 为实力大的参与者,B 为实力小的参与者,A 的技术创新贡献率高于 B,这时就会出现智猪博弈的行为。

这个博弈中没有"剔除劣战略均衡",因 A 没有严格意义上的劣战略。但是,B 有一个劣战略,即"创新",因为无论 A 做何选择,B 选择"不创新"都比选择"创新"更好一些。所以,B 会剔除"创新",而选择"不创新"。A 知道 B 会选择"不创新",自己只能选择"创新",因为"不创新"收益为 0。所以,这时的纳什均衡是(创新,不创新),这是一种"重复剔除劣战略的占优战略均衡",其中 B 的战略"不创新"占优于战略"创新",而给定 B 剔除了劣战略"创新"后,A 的战略"创新"又占优于战略"不创新"。

所以,市场上规模较大的单位更倾向于收集信息、分析市场、投入更多人财物进行技术创新。但是,大量小的单位却不会花成本进行技术创新,而是等待大企业的新产品研发成功,继而进行模仿生产。从短期来看,智猪博弈中的小单位可以通过模仿创新节省成本,从市场中分得一杯羹,但长此以往,小单位无法形成自己的核心竞争力,不利于自身成长壮大。

③囚徒困境博弈。囚徒困境博弈是一个典型的非合作博弈,两个囚犯都是根据自身利益最大化而选择策略,结果两个人都受到了最严重的惩罚。但是,如果两个囚犯之前都达成了一致协议,并且两个人都在协议的约束下选择行动,此时囚徒困境博弈就是合作博弈。在合作博弈的情况下,我们可以得知,两个人的个人利益都是最大化的,并且共同利益也是最大化的。因此,合作博弈其实是团体的理性,因为每个参与者都为了实现团体利益最大化而放弃自身的利益,从而使整个利益最大化。而非合作博弈就是个人理性,因为某一参与者为了个人利益最大化,而放弃了团体的利益,但往往非合作博弈的参与者也不会使个人利益最大化,就像囚徒困境中的两个人不仅没有使自己获得利益,还受到了最严重的惩罚。同样,如果知识产权的保护力度不够,加上技术创新具有较强的外部性,不少的技术创新项目完成之后就很容易产生"技术外溢"现象。在这种情况下,相关厂商就会倾向选择"不创新"策略,而等待接受创新厂商的"技术外溢"。当所有的厂商都选择了这种"最优"的等待策略时,创新活动就可能陷入停滞状态。而且,由于沉没成本、路径依赖等因素的存在,企业之间的博弈很容易陷入"囚徒困境"。

当创新企业发现自己创新而博弈对手不创新时，自己的效益比不创新时反而减少。这时对博弈双方来说，"创新"都是劣战略，因而他们都不会进行创新，博弈便陷入了"囚徒困境"，这种情况下的博弈均衡解是（不创新，不创新）。因此，当通过市场机制实现资源最优化配置的功能被扭曲时，政府就有必要作为"第三方"对企业的技术创新进行干预，通过各种政策措施激励企业进行技术创新，从而纠正因创新主体陷入博弈困境造成的市场功能扭曲。

（2）动态博弈。上面分析的几种博弈都是静态博弈。在现实情况中，创新主体进行技术创新的行为选择有先后顺序之分，是一种动态博弈。例如，假设参与者 A 和 B 分别决定在同一新产品上进行技术创新，由于市场需求有限，如果他们都进行产品创新，则在同一细分市场就有两家供应商，超过了市场对该新技术的需求，供大于求会导致各自亏损 1 个单位。

有一家企业对该新产品进行技术创新，新产品可以全部售出，企业赚得利润 1 个单位。假定 A 先决策，B 在看见 A 的决策后再决策是否开发该技术。

在"博弈树"的每一条"路径"的末端用向量给出 A 和 B 的支付，可以用"逆向归纳法"求解这个博弈。在 B 进行决策的 2 个决策结上，B 在左边的决策结上选择"不创新"，而在右边的决策结上选择"创新"，即给定 A 创新，B 就不创新；给定 A 不创新，B 就创新。B 应避免同时与 A 都选择创新而蒙受损失。在这种情况下，A 在自己的决策结上当然选择"创新"，因为他预计当自己选择"创新"后，B 会选择"不创新"，自己就净赚 1 个单位。当 B 威胁 A：不管你是否创新，我都会在这个技术上进行创新。倘若 A 将 B 的话当了真，A 就不敢创新，让 B 单独开发该技术获利。但是，当 A 不理会 B 的威胁而果断地开发该技术时，B 其实不会将事前的威胁付诸行动，因为在 A 已开发的情况下，B 的最优决策是"不创新"，而不是"创新"。因此，均衡解是（创新，不创新）。

3. 博弈理论对协同创新的作用启示

（1）加大知识产权的保护力度。博弈论认为，博弈规则对企业制定竞争策略有重要的意义，包括改变参与人（或称为局中人）。产权制度的设立具有激励创新的功能。张五常和巴泽尔先后论证过，经济学意义上的"产权"只有当界定权利的费用与权利带来的好处在边界上达到相等时（也就是均衡时）才有定义，或者说只有当产权界定的收益大于产权界定的成本时，人们才有动力（或激励机制）制定规则和界定产权。制定规则的目的是强制人们遵守某些共同规则，节约交易费用，从而改善资源配置和福利分配，促进经济增长。产权制度的设立能够有效解决"技术外溢"问题，通过给予创新企业一定的垄断权保证其获得相应的创新收益，从而使企业资源流向创新活动，如寻求创新信息、进行创新活动等。

（2）组建更大规模的创新团体。博弈理论说明博弈主体的规模越大，越倾向于创新。这是由于规模大的参与者创新效率更高，创新成本更容易摊销，创新的收益增加，因而创新动力都要比规模小的参与者大得多。现实中所谓的大的创新参与者不只是指一个单独的或独立的单位，也可以是由若干成员单位因为某种联系（如分工合作或联合攻关）而组成的联合体。在协同创新实践活动中，人、组织、环境等各子系统内部以及他们之间相互协调配合，共同围绕目标齐心协力地运作，产生"1＋1＞2"的协同效应。

（3）政府对协同创新的"领导"和"协调"作用。在协同创新实践活动中，政府作为协同创新体系的"牵头者"，对宏观资源的整合以及协同创新体系的优化起着不可磨灭的作用。协同创新作为促进国家科技体制改革的重要力量，离不开政府对创新系统参与各方的宏观政策协同。在协同创新体系中，政府既是一个领导者，又是一个协调者，这两种双重角色的扮演使政府成为协同创新机制中非常关键的主体。政府如果只"领导"不"协调"，就无法打通协同创新中各子系统的创新接口，从而降低了创新绩效；如果只"协调"不"领导"，就难以带动协同创新各子系统形成合力，从而失去了前进的方向。因此，在协同创新的过程中，政府发挥着重要的引领作用，并通过组织创新和优化，进一步完善协同创新体系。

（4）协同创新中的协同合作尤为重要。根据博弈参与人的目标是否冲突，博弈可分为合作博弈和非合作博弈。在合作博弈中，博弈各方共同决策，谋求总体利益最大化。合作博弈的均衡通常通过协调、谈判及磋商实现。合作博弈对协同创新中的协同合作有一定的指导意义。在协同创新合作过程中，博弈双方都拥有各自众多战略，并且双方都期望在各自的战略下能够获得最大的支付或收益，也就是追求自身利益最大化。协同创新不同于以往的组织内部创新和产学研合作创新，它是一项复杂的创新组织方式，目标是形成以大学、企业、研究机构为核心要素，以政府、金融机构和中介组织等为辅助要素的多元主体协同互动的创新模式，通过知识创新主体和技术创新主体间的深入合作和资源整合，谋求利益最大化。协同合作是协同创新的基础，只有通过各利益主体间协同合作，才能实现政府、高校、企业、中介机构等合作共赢。

三、校企合作协同创新的基本模式

协同创新是一项社会性的系统工程，作为一个系统，必然是由若干有特定属性的要素经过特定关系而构成的具有特定功能的整体。具体来讲，目前我国协同创新主要有以下四种模式。

(一) 校校 (所) 协同创新

校校（所）模式通常是由政府主导，高校和科研院所、高校与高校、科研院所与科研院所共同建立实验室、工程研究中心或研究院，实现教育资源、科技人才队伍共享。该模式的主要优点是，能够通过科技资源特别是大型仪器实验装备和科技创新人才的共享降低技术创新的成本。

天津大学和南开大学于 2012 年签署了《天津大学南开大学组建"天津化学化工协同创新中心"承诺书》，充分发挥两校学科优势，以化学化工领域为中心，开展国家急需的战略性研究、探索科学技术尖端领域的前瞻性研究、涉及国计民生重大问题的公益性研究，建立创新平台和创新团队，并以此为契机大力推进两校在协同创新领域的体制改革。量子物质科学协同创新中心是北京大学、清华大学和中国科学院物理研究所按照"国家急需，世界一流"的要求，瞄准世界物理学前沿和国家科技发展重大战略需求，围绕量子物质研究重大任务建立的协同创新体。清华大学和北京大学共同建立了生命科学联合中心，进行科学研究与人才培养改革试点。上海财经大学、清华大学和西南财经大学组建了经济学理论与实践协同创新中心，共同进行经济学理论与实践前沿领域研究。北京大学、中国台湾大学、中国香港大学和中国澳门大学共同组建中华创新药物联合研究中心，中南大学、湖南大学、武汉大学和湖南科技大学共同组建了"两型社会"改革建设协同创新中心。中南财经政法大学、中国政法大学和北京大学共同建立知识经济与法治发展协同创新中心。中国农业大学、西北农林科技大学和华中农业大学等共同组建了玉米水稻小麦生物学协同创新中心。

国家首批认定的协同创新研究中心中属于校校（所）合作的有：量子物质科学协同创新中心，是由北京大学、清华大学和中国科学院物理研究所联合设立的；生物治疗协同创新中心，是由四川大学、清华大学、中国医学科学院、南开大学等联合设立的；天津化学化工协同创新中心，是由天津大学、南开大学等联合设立的；量子信息与量子科技前沿协同创新中心，是由中国科学技术大学、南京大学、中国科学院上海技术物理研究所、中国科学院半导体研究所、中国人民解放军国防科技大学等联合设立的；中国南海研究协同创新中心，是由南京大学、中国南海研究院、中国人民解放军海军指挥学院、中国人民大学、四川大学、中国社会科学院中国边疆研究所、中国科学院地理科学与资源研究所等联合设立的；司法文明协同创新中心，是由中国政法大学、吉林大学、武汉大学等联合设立的；轨道交通安全协同创新中心，是由北京交通大学、西南交通大学、中南大学等联合设立的；河南粮食作物协同创新中心，是由河南农业大学、河南工业大学、河南省农业科学院等联合设立的；长三角绿色制药协同创新中心，是由浙江工业大学、浙江大学、上海医药工业研究院、浙江食品药品检验研究院、浙江省医学科学院、药物制剂国家工程研究中心等联合设立的；江苏先进生物与化学制造协同创新中心，是由南京工业大学、清华大学、浙江大学、南京邮电大学、中国科学院过程工程研究所等联合设立的。这类协同创新中心的特点如下：其一，以自然科学为主体，以世界一流为目标，通过高校与高校、科研院所以及国际知名学术机构的强强联合，成为代表我国本领域科学研究和人才培养水平与能力的学术高地。其二，以哲学社会科学为主体，通过高校与高校、科研院所、政府部门、行业产业以及国际学术机构的强强联合，成为提升国家文化软实力、增强中华文化影响力的主力阵营。

（二）校企协同创新

校企协同创新模式是由同一产业链上不同功能部门之间相互结合形成协同创新的一种合作模式。在这种合作中，高校、企业等以专业优势为依托，以分工协作为手段，对创新资源进行有效整合，进而保证创新链条的完整性。该模式通常是科研院所或高校利用自身的人才优势、知识优势、技术优势等进行技术研发，生产企业利用其生产优势、配套设备和资金优势将科研成果投入生产并将其价值转移到产品之中，销售企业利用庞大的网络系统和灵活的营销手段迅速将产品转化为收益。该模式不仅有利于企业打破既有的市场化格局，为生产出的新产品快速开发市场，进一步抢占市场份额，还有助于创新成果的有效转化，提高高校或科研院所技术创新的积极性。

例如，清华大学和企业合作委员会已经发展了国内外成员单位220家。近年来，该校累计与企业建立联合研究机构九十多个，如高温气冷堆国家重大专项、大型集装箱检查系统等都是校企合作协同创新的典型案例。南开大学与天津国际生物医药联合研究院（简称"联合研究院"），签订进一步开展协同创新合作协议，共建药学院与相关学科，共做大项目、好项目，共享资源，优势互补，共筑生物医药人才高地。它们共同建立人才共享机制，在鼓励联合研究院的领军人才到南开大学挂职的同时，也鼓励南开大学优秀人才参加联合研究院的发展建设；共同建立科研互动创新机制，鼓励南开大学团队和联合研究院携手申报各类国家和天津市重大项目；建立学科共建机制，将南开大学以化学生物学国家重点实验室为代表的学科资源与联合研究院国家重大新药创制平台等方面的优质研发能力的有机结合，共同开辟新学科和新领域，推动学科发展。清华大学与北京大学共建生命科学联合中心，进行科学研究与人才培养改革试点，到目前为止，已在 *Nature*、

Science、*Cell* 等刊物上发表论文 160 篇。北京理工大学自动化学院与中国航天科工集团第三研究院第三十三研究所签署合作协议，双方本着"合作开放、优势互补；互惠互利、共同发展；多方推进、联合创新"的原则，在人才培养、科学研究、学术交流、平台和基地建设等方面进行了深入具体的合作。结合国家重大任务需求，瞄准未来我国航天技术领域新的战略制高点，凝聚校企双方跨学科、跨领域研究力量进行协同创新，组织开展航空技术战略研究和系统认证，培育重大科技项目，在航天领域开展应用基础研究和前沿技术探索，发展基础理论，探索新概念、新技术和新方法，为构建航天科技工业新体系，建设国际一流航天集团和世界一流大学，使我国从航天大国向航天强国转变提供科技支撑。

（三）校地协同创新

校地模式是高校或科研院所利用自身优势全方位服务社会的一种较高级的协同创新合作形式，目的是使高校、科研院所和地方政府实现整体对接。这种协同创新合作将过去高校、科研院所与单位企业开展的项目合作发展到高校、科研院所和一个地方乃至一个省开展全面合作，标志着我国协同创新已由过去产学研的点扩展到面，使整个协同创新体系融入了区域创新体系之中。

例如，清华大学与深圳、北京、河北、浙江等地方政府共建了 4 个研究院，依托苏州、无锡新建两个研究院。西安交通大学在陕西省政府的大力支持下，面向太空领域的前沿探索与工程技术发展的重大需求，与国家卫星测控中心、航天科技集团五院西安分院和中国科学院西安光电技术研究所共同成立了西安太空信息工程协同创新中心，以空间资源和平利用、太空安全、深空基础科学问题等研究为目的，服务国家未来的重大需求，并培养一批脚踏实地的"仰望天空"的优秀人才。同样，西安交通大学还与陕西省政府合作，共建了陕西工业技术研究院。该院利用政、产、学、研、用集一身的优势，通过协同创新，突破数项行业核心共性技术，来推动陕西省技术创新与区域经济发展。上海交通大学积极与地方政府合作，推动社会主义文化传承创新。比如，在国家有关部委的支持下，上海交通大学整合校内多学科资源，开展国家区域规划与城市发展研究、海洋战略发展研究，舆情、媒体与社会发展研究等；在上海市政府的支持下，成立国家形象研究中心等。还有广州、东莞、中山、珠海、佛山等市政府分别与四川大学、华中科技大学、电子科技大学、北京邮电大学、北京理工大学等高校签订了 23 项协同创新合作项目。一些高校与广东 100 多个专业镇进行合作伙伴双向选择，开辟了高校服务地方经济的新途径。三峡大学等 11 所高校同地方政府组建三峡地区灾害与环境协同创新中心。协同创新中心将努力汇聚创新要素资源，形成协同创新攻关机制，积极构建地质灾害、水工程安全高效运行和生态环境三个协同创新平台，着力解决三峡地区灾害与环境的重大科学问题和关键技术难题，推动科技成果转化和产业化，建设面向地方和行业重大战略需求的人才培养基地和科学研究中心。广东省已与全国 50 多所高校、科研院所建立长期合作关系，建立了 20 多家研究院、研发基地、国家重点实验室和工程中心分支机构等技术创新平台，在 21 所高校成立了办事处，与 18 所高校组建研究院。

（四）国际协同创新

国际协同创新模式就是高校、科研院所或企业主动同国外的高校、科研院所或企业进行合作，目的是同国外先进的技术、知识对接，利用国外先进的知识技术优势，实现利益最大化的目标。

例如，清华大学主动同剑桥大学、麻省理工学院组建低碳能源大学联盟，积极应对气候变化；西安交通大学发挥其在电介质材料领域的优势，通过与德国于利希国家研究中心的实质性合作，高起点建设一流的学术中心——国际电解质中心，吸引和培养国际一流人才，产生一流的学术成果。

四、校企合作与校企协同

（一）校企合作与校企协同

1. 校企合作

人们对校企合作有不同层面和不同方式的实践探索和理论思考，国内外研究机构与学者对校企合作也有不同的解释。广义地说，校企合作是指教育机构与产业界在人才培养、科学研究和技术服务等领域开展的各种合作活动。美国国家合作教育委员会的解释：合作教育是一种独特的教育形式，它将课堂学习与在公共或私营机构中有报酬、有计划和有监督的工作经历结合起来；它允许学生走出校门，到现实世界中去获得基本的实际技能，能增强学生确定职业方向的信心。校企合作也称为校企合作教育，是一种以市场和社会需求为导向的运行机制，是学校和企业双方共同参与，优势互补，紧密合作，以培养学生的综合素质、职业能力和就业竞争能力为目标，利用学校和企业两种不同的教育资源和教育环境，采用课堂教学与学生参加实践有机结合、理论与实践有机结合、课内与课外有机结合等方式来培养适合生产、建设、管理、服务第一线的应用型人才的教学模式。

2. 校企协同

校企协同意为共同工作，当协同这一概念引入教育系统中就出现了协同教育一词，高校与企业之间的协作关系被称为校企协同。校企协同是一个包括校内、校际、校企、校地以及跨境合作等多元主体的协同体系，其本质属性是校企合作教育的创新，目的是提升学生的实践能力和创新能力。

校企协同不同于一般的校企合作教育，校企协同是培养集实践型、应用型和创新型能力于一体的人才培养模式。校企协同强调以各自为独立主体，基于各自的目的和目标，使双方的优势资源要素协调互补。通过功能优势互补、资源共享，为学生的实习、实训，直接面向工程实践，了解产品研发的前沿知识提供了机会和途径。校企协同教育以现代教育思想理论为理论指导，其中的各要素共同对受教育者产生积极、正面的影响，实现了教育效果最优化。

（二）人才培养模式与人才培养体系

1. 人才培养模式

人才培养模式是指以现代教育理论、教育思想为指导，按照特定的培养目标和人才培养规格，采用相对稳定的教学内容和课程体系、管理制度和评估方式，实施人才教育过程的总和。人才培养模式实际上就是人才的培养目标和培养规格以及实现这些培养目标的方法或手段。

2. 人才培养体系

体系泛指一定范围内或同类的事物按照一定的秩序和内部联系组合而成的整体，是不同系统组成的系统。人才培养是指对人才进行教育、培训的过程。人才培养体系是由人才培养目标、课程、教学和实践等一切跟人才培养有一定联系的子系统组合而成的一个完整的培养体系。

（三）创新型人才与创业型人才

1. 创新型人才

我国从 20 世纪 80 年代中期开始倡导培养创新型人才或创造型人才以来，有关创新型人才培养的研究成果、学术理论不胜枚举。但对什么是创新型人才，学术界一直存在争议。具有代表性的有以下几种观点。

创新型人才是指富于独创性，具有创造能力，能够提出问题、解决问题，开创事业新局面，对社会物质文明和精神文明建设做出创造性贡献的人。这种人才一般基础理论知识扎实、科学知识丰富、治学态度严谨、勇于探索未知领域，并具有为真理献身的精神和良好的科学道德。他们是人类优秀文化遗产的继承者，是最新科学成果的创造者和传播者，是未来科学家的培育者。

创新型人才是指具有创新精神和创新能力的人，它是相对于不思创造、缺乏创造能力的比较保守的人而言的，这个概念与理论型、应用型、技艺型等人才类型不是并列的。实际上，不论是哪种类型的人才，皆须具有创造性。

我国教育界主要是从创造性、创新意识、创新精神、创新能力等角度阐释创新人才。本书中提到的创新人才是指在拥有一定本专业知识基础上具有创新意识和创新精神的人才。

2. 创业型人才

从经济学角度出发，创业型人才是当今社会的稀缺资源。创业型人才指一群有着强烈的创业意识，能够承担一定创业风险，对商业机会有着敏锐的嗅觉，并为此投入知识和技能且配置相关资源来为消费者提供产品和服务，为社会及个人创造价值和财富的人才。总的来说，创业型人才应具备以下特点：具备坚韧性和顽强的意志与毅力；具有崇高的理想与高尚的道德；具有高度的责任心、奋斗精神和奉献精神；有为全社会谋福利的崇高境界和价值观。另外，创业型人才还要具有自强不息、敢为人先的精神品质以及坚实的思想基础和理论基础。

第二节　新建本科院校校企合作协同创新实施动力

目前大部分的高校还没有真正将工作重心放在提升创造能力上，也没有将操作重心放在实质性的培育组建和机制体制改革上。与国外的高校相比，我国高校在创新能力上还是稍显不足。笔者就其存在的问题从以下几个方面进行重点分析。

一、协同创新中心发展中存在的问题

（一）学科设置有待优化

基础学科、特色学科、支撑学科共同构成了一个大学的学科体系，它们之间存在着相互联系、相互制约、相互促进的关系。学科体系的发展情况是一所高校

真实实力水平的体现，同时反映了该校未来科研综合发展潜力和是否具备尖端科研的工作能力。高校的学科建设应该以学科之间的相互融合为主要目标，形成一种可持续发展的良性循环状态，从而产生"学科协同效应"。但是，当前高校的学科建设要么过于封闭，要么盲目地设立过多的无关学科，缺少学科之间的相互交融与协作，缺少协同创新，从而导致出现了发展失衡的恶性状态。

从学科专业设置角度看，目前高校仍然存在设置结构欠合理的问题，尽管有部分学科专业研究与教学已涉及技术领域，但由于传统的研究思维根深蒂固，导致这一问题短时间内很难有突破性的改变。科学研究与人才培养的最终目的是要满足社会需求，这要求我们在进行人才培养的同时注重适应社会经济的发展趋势。除此之外，在学校转型后的学科与专业的建设中也应该顺应社会的发展需求，真正做到与时俱进。

（二）协同创新同质化有待改进

我国高校协同创新体组建的过程中出现了协同单位同质化的现象，这其中包括两个方面：一是研究单位的同质化。我国本学科领域高校之间、科研院所之间强强联合，从表面上看确实是避免了同行间的竞争，但是这种大合作、大协同存在今后实践活动的隐患，如在资源分配和利益分配上会引起更多的问题与冲突。二是产业和企业单位的同质化。有的协同创新体吸纳了本行业同类型合作企业，从表面上给人一种产业化前景一片大好的错觉，但由于企业对一些新的技术成果具有一定的专属占有性，导致高校与企业的合作无法真正达到一定的深度，也无法具有长久性。协同创新单位同质化不仅不能真正推动实现冲击世界一流的目标，反而从一定程度上加剧了我国科技分散、重复、低效等问题。

（三）培育工作盲目化需要解决

有些高校把协同创新理解为延续已有的科研工作，把已有的资源进行简单的整合拼凑；有些高校把协同创新与传统意义和形式上的产学研合作混为一谈；有些高校进行了全校的大动员和大协同，对整个学校进行了全范围的大规划。一些高校仍然可以沿用自己做得好的技术平台的创新方式，在此基础上力争获得更多方面的支持与鼓励。同时，我们也大力支持一些有条件的高校设立校级协同创新计划，有选择性地开展实质性的培育工作，不断深入地了解协同创新。

（四）管理机制有待完善

科技创新的重要保证是科技管理的机制体制改革。为了促进科学技术的研究，一些高校进行了许多尝试，无论在管理横向课题上还是奖励绩效津贴上，无论在评定教师职称上还是考核科研工作量上，无论在制定科技特派员的政策上还是支持教师创办企业的突破上，陆续出台了一些试行政策，并且在一定程度上取得了较好的表现，但就我国当前的基础水平来说，与国家的要求还具有较大的差距。因此，改革的任务还应该更加具体和有效，政策的制定还应该更加灵活和完善。从目前的态势看，高校、科研院所、企业三者之间基于利益驱动的自愿协同创新尚未完成，需要在政府的干预下才能真正达到突破性的效果。

二、协同创新的运行机制构建

协同创新涉及多元利益主体，由需求引导、政府主导，以高校为主体，整合多元力量，因而需要一个有效的运行机制。高校协同创新的具体运行机制构建如图4-1所示。整个运行机制分为以下三个层面。

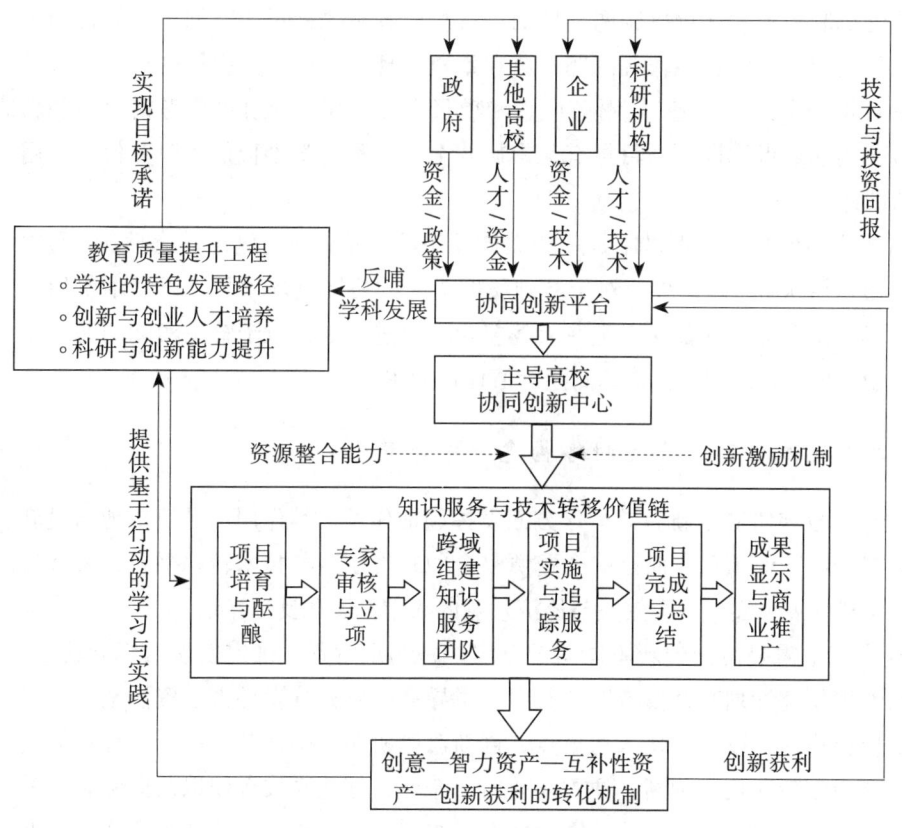

图4-1 高校协同创新的有效运行机制和驱动力

（一）引导层面：通过问责机制调控协同创新主体的行为

引导层面即顶层设计，由政府主导，通过协同创新项目布置、章程管理、监督及问责机制构建，从最高层面引导协同创新体系有效运转。政府的引导作用具体体现在以下几个方面。

首先，组织和评估协同创新主体高校（或科研院所）的项目或方案是否对接国家战略、面向科技前沿和社会发展、企业发展的重大前沿需求，具有前导性、紧迫性和战略价值。

其次，过程监管和服务。政府的引导作用不是一个短期行为，而是贯穿整个协同创新过程始末，是一个宏观面上的监管和服务，以确保协同创新运作良好，消除各种组织障碍，平抑协同创新主体高校在跨领域、跨界资源整合中的摩擦和运作成本。

最后，通过问责机制调控协同创新行为和各个主体间的关系。问责机制涵盖过程监管机制和绩效评价机制两个层面。过程监管主要针对协同创新主体行为是否存在超越规则和暗箱操作等问题，重在章程管理（考察行为主体的行为及交易关系是否符合章程的界定）、财务监管和项目审计。绩效评价主要考察协同创新目标有无实现或者协同创新目标有无螺旋式上升，重在学术价值、服务价值、用户价值的评价。

需要指出的是，问责机制是一个立体动态的体系，重过程（动态性）、重内涵和实质（层次性）。例如，对于基础研究为主的协同创新项目，以学术价值为评价内容，采取标杆评价法，重在寻找差距，促进发展；对于解决实际问题为主的协同创新项目，以用户价值和商业价值评估为主。

（二）主体层面：价值网络构建与资源整合

主导高校在协同创新有效运作方面发挥领袖作用。其作用不是简单地通过套期获利来经纪产业项目，而是一个资源整合的知识创造与技术转移平台，最终反哺高校学科发展，实现社会效益与经济效益的双重发展和良性互动。

这客观上需要协同创新主体间健全组织，制定章程，确定发展目标和愿景，安排与部署研究计划和开发方案。其中，主导高校要充分发挥人才资源整合优势与组织协调作用，以项目切入为重点，创新激励机制，构建共享平台，促进面向需求的知识创新和技术创新，注重与政府、企业、其他高校合作以及国际合作的组合互动，协同实现技术转移，推动社会化与国际化进程，深化知识合作和商业化能力，为企业、社会以及其他公共组织的发展做出贡献。

具体而言，由协同创新牵头高校成立协同创新中心，中心成员包括其他高校成员、科研院所成员、企业成员以及其他成员构成的协同创新利益相关者。由协同创新中心引领，集合技术转移相关者构成"价值共同创造体系"，以项目为抓手，以激励机制创新和共享平台构建为接合部或枢纽点，整合各方资源，利益互动，增强学校与政府、学校与企业、学校与专业协会的合作力度，在智力支撑、项目共建、人员培训等方面进行全方位的产学研互动，从而促进人才、创意、资本三方的有效融合。

同时，协同创新能够反哺学科发展，为学科发展提供资金支持，最重要的是通过协同创新重塑大学人才培养理念。协同创新的人才理念就是在人才培养过程中汇集多方力量、汇聚多种手段，以人才培养模式的创新促进教育质量的提升，注重全人教育和人的全面发展，以知识创新和实践创新为先导，通过多学科的交叉融合，推动复合型人才培养，以高水平的科学研究提升人才培养层次和质量。

（三）运作层面：知识服务与技术转移价值链构建

从国外高等教育实践看，无论斯坦福大学的"硅谷园"还是剑桥大学的"卡文迪许实验室"，都从来没有曲意迎合所谓的社会发展，去追求"短平快"的项目，而是以创造多元需求为己任，整合多元力量，打造人才培养、学科发展、科学研究为一体的创新体系。

根据教育部、财政部《关于实施高等学校创新能力提升计划的意见》，对面向产业发展的共生问题，高校以其天然学科优势，联合骨干企业、科研机构及其他高校，建立多学科融合、多团队协同、多技术集成的重大研发与应用平台，形成"政产学研用"融合发展的技术转移模式，一方面通过知识创造增加全社会的知识存量，另一方面通过产学研合作实现知识创新与技术创新，为产业结构调整、行业技术进步提供持续的支撑和引领，使高校真正成为国家技术创新的重要阵地。

对于面向区域发展的重大需求，高校可打造特色学科与区域特色经济的双螺旋耦合结构，支持地方政府围绕区域规划发展特色经济。同时，通过与企业、科研院所等开展多种形式的协同研发，构建高校知识服务平台，持续推动高校服务方式从粗放式向内涵式转变，实现成果转化多元化和强辐射态势，拉动区域产业结构升级和新兴战略产业发展。

三、协同创新运行机制的驱动力

(一) 资源整合能力与方式

协同创新主体高校的资源整合能力体现在依托相关高校的优势特色学科,以项目对接与耦合为纽带,开展互补性合作,凝结创新资源,锻造优秀创新团队,营造持续创新的组织氛围和学术环境,培养、催生拔尖的创新人才,使高校逐步成为引领和主导国际科学研究与合作的前沿阵地。

主体高校的资源整合能力取决于以下三个方面。

第一,主体高校的影响力。主体高校自身的资源承载力和影响力决定了其能否获得协同创新计划的支持,能否获得相关协同创新参与者的认同。按照"扶强"的要求,高校要检视自身的资源能力,超前布局,选择适合自身的发展道路,强化优势学科,以优势学科带动整体学科发展和学校影响力的提升,从而在高等教育资源竞争日益激烈的态势下赢得先机。

第二,主体高校的吸引力。按照"扶持"原则,主体高校要检视特定学科是否具有一定特色和吸引力,领军人才或研究团队是否具有一定优势和吸引力。高校可以考虑错位发展,发展交叉与融合的学科、产学研紧密结合的学科,以高水平差异化的科学研究支撑高质量人才培养,增强学科在特定细分领域的竞争力,从而提高高校的吸引力。

第三,主体高校的凝聚力。协同增效取决于高校的凝聚力。凝聚力不只是把不同参与主体聚合起来,而是通过有效的组织、分工、内部挖潜,对协同创新资源优化重组。协同创新必须以面向科技前沿和社会发展前沿为导向,以研究资源的现实状况为基础,反对协同创新过程中的虚构情形。另外,必须强调协同创新对外部市场环境、战略转型、技术变革、组织与流程再造、研究方式转变等一系列变化的影响,强调协同创新的适应性,这样才能从根本上提高协同创新的执行力。

协同创新资源整合与配置方式至关重要,协同创新资源整合与配置有以下四种方式。

第一,在并列型的协同创新资源整合方式中,每一项协同创新成员的职责都彼此独立,它们都单独构成一个流程的出口与入口。

第二,在流程型的协同创新资源整合方式中,所有协同创新成员的职责共同形成创新活动的内部流程,因此这一内部流程的开端即流程的入口,末端即流程的出口。

第三，网络型的协同创新资源整合方式中存在一个具有总结性的职责，这一职责由协同创新主导高校承担，其余分工与职责都为这一职责提供输入。因此，其余职责即流程的入口，总结性的职责即流程的出口。

第四，混合型的协同创新资源整合方式中存在几组相互衔接的职责和分工，形成几组内部流程，每一条内部流程都存在一个资源投入的入口和出口。

（二）激励与自我约束机制

外部的问责机制有助于协同创新方明确各自的职责，理顺参与方与其流程上下游环节的关系，明确参与方在流程中的角色与权限，消除由于职责设置或者职责界定的原因所导致的流程不畅、效率低下等现象。另外，必须从协同创新参与方如何为协同创新创造整体价值角度，建立和创新激励机制，以激励参与方的创新激情和首创精神。激励机制包括以下三个层面。

第一，知识与技术分享。协同创新设置的初衷定位于解决现实重大技术难题，如果创新成果不以用户为导向，解决参与协同创新方的技术困境，就会抑制其对协同创新的参与热情。同时协同创新不是对知识的搜寻以及资源的交换，而是将多样化的组织或者个人整合到一个统一的网络中，在实现群体目标的同时，实现协同创新参与方自身的目标。掌握着高端技术或关键知识的协同创新主导高校会通过自身的影响力对整体知识创新和技术创新的发展方向与速度做出调控。与此同时，基于协同创新主体的多样性与独特性，协同创新成员之间的同侪评价以及知识的互补性对创新结果的质量控制起到了巨大作用。因此，建立知识和技术分享机制对吸引和凝聚协同创新参与者具有十分重要的作用。

第二，投资回报。企业是一种以营利为目的的法人实体，企业参与协同创新的内驱力是从创新中获利，因而应该明确投资风险和投资回报方式，包括投资收益、技术入股、股权激励等。协同创新的优势就在于通过组织间关系将组织边界之外的分散性创新资源有效地汇聚与整合，从而创造出超额利润或者关系租金。在这种的情况下，协同创新主体间的界面规则和治理模式尤为重要。因此，协同创新主体间合作要依法进行，协同创新章程尤为重要，是明确协同创新各主体间责任、权利的法律保障。

第三，使命感召。协同创新不仅要求各创新主体间的横向协同，还需要纵向沿时间维度的持续协同，切实改变临时合作、应急研究、追求短平快的隧道视野，不断优化以学科交叉融合为导向的高校资源配置模式，形成创新长效机制，实现稳定持续创新。创新是一个高投入、失败概率高的活动，而且科学研究难以量化，特别是一些基础性、前沿性的创新项目需要经过长期精心的培育和探索，因此需要各协同创新参与方特别是主导方摒弃隧道视野，自觉构筑抵御各种商业戾气侵蚀的屏障，通过愿景引导、使命感召、文化熏陶、自我主导、行为自律，促进协同创新主体在更高层面上从事创新活动。

四、协同创新中心发展的机制

协同创新中心建设的核心是要对高校进行一系列的变革与创新，即通过对原有体制机制的变革与创新，打破那些存在于高校与其他创新主体之间的原有的体制壁垒，从而推动各创新主体之间的资源共享，也就是说各创新主体要联合在一起，攻克重大科研项目的难关，尽量在重点领域取得更加具有突破性的成果，进一步提升高校教育质量，最终实现人才、学科、科研三足鼎立的局势。体制机制改革的主要内容有以下四个方面。

（一）管理机制

协同创新中心现有的组织管理机制主要有以下三种：理事会领导下的中心主任负责制、委员会制和"双总负责制"。第一种模式中的最高决策机构是理事会。理事会的主要责任是做好中心的发展规划，建立一支优秀的人才队伍，更多地筹措资金，做好人事任免等决策。中心主任人选是由理事会研究决定的，中心主任要做好中心具体事务的执行，包括建设维护协同研究平台以及做好协同创新中心的行政服务工作。第二种模式中的最高决策机构仍然是理事会。理事会的权力有重大事项审议、人事任免、财务报批等。在理事会下设有发展咨询委员会（主要负责日常学风维护、发展咨询以及学术研究评议）、运行管理委员会（主要负责组织、管理、协调中心内部的重要事宜）、监察审计委员会（主要负责审计财务和审议预算）。

上述两种组织管理机制的共同点是先由理事会统一规划方向、对重大问题进行决策，然后各项具体工作由中心主任或各委员会实施执行，还设有专门的HR部门、人才培养以及科研管理等职能办公室，以配合各项具体工作的执行。另外，各个中心组织架构建设的侧重点也各有不同，有的特地设立专门的职能部门，主要负责平台建设，还有的会把知识产权管理办公室单独列出，以便更好地服务各创新主体。

（二）人才使用机制

协同创新中心聘用人才的方法是固定岗位与流动岗位相结合进行评估。固定岗位包括兼职人员、专职人员，其中专职人员包括行政工作人员、科研团队以及实验辅助人员。流动岗位包括开放基金承担团队、访问学者等。协同创新中心的人员实行聘任制，对聘任的人员采用"流动不调动"的准则，中心岗位工作和人事关系联系不紧密、相对分离。在聘期内，聘任人员的人事关系依旧保留在原工作单位，只是与中心签订一份聘任合同。

不同类型的协同创新中心是有差异的，因此对科研人员进行评价需要根据中心的类型制定相应的评价标准。以工科院校牵头的协同创新中心或者工科院校参与组建的协同创新中心为例，科研评价的主要内容应该是科研的产出，其中考核重点应该着眼于科研成果的转化和成果的应用，重点关注研究成果对经济社会发展所做的实际贡献，以技术推进和市场牵引为导向，以技术创新和集成水平、知识产权产出以及经济效益、社会效益等要素为主要评价指标，考核科研专著以及发表的论文等。

（三）科研管理机制

在协同创新中心的科研管理中，可以运用"平台主任—PI—科研人员"的模式。按照研究目标，由中心设置一些科研方向或平台，每个科研方向或平台的管理由主任负责。每一个科研平台都由几个科研团队组成，用"PI"负责制对团队进行管理。"PI"是协同创新中心按照研究计划和创新任务聘任的高水平的专家。"PI"可以按照研究的需要，把科研岗位需求反馈给协同创新中心，让协同创新中心从参与协同创新中心单位的人才资源中选取，或者面向社会公开招聘。

科研人员的考评方式包括团队考评和个人考评。首先是协同创新中心对团队进行考核，其次是团队对成员进行考核。考核方式是年度报告进展与聘期目标考核；"PI"必须做到每年都向所在的研究平台汇报工作，也就是提交本年度的工作总结以及下年度的工作计划。在"PI"提供的工作计划基础上，各研究平台的主任要确立本平台的工作计划，向协同创新中心主任委员会汇报并上交计划。在聘期结束之后，协同创新中心组织采取分级分层的方法实施考核评价。

（四）企业参与机制

企业需要建立与不同的创新合作主体的稳定、长期、持久的合作关系，这些创新合作主体有相关企业、上下游企业、高校、政府、研究机构、中介机构等，合作方面可以是信息沟通、资源共享、技术合作等。为了使自身的创新能力不断得到提高，企业还要不断提升与创新合作主体在文化、服务、研发、市场、产品、技术等领域的协作交互程度，充分发挥双方在协同创新网络中的角色匹配作用，实现创新伙伴之间信息、技术、知识、人才等资源的共享与溢出。比如，企业可以出资金和设备，高校或科研机构可以出技术和人才，使创新主体之间协同开展多形式的技术合作；也可以采取技贸股份合作、合资合作经营等多种方式，加强和其他企业之间的协同创新。

正是由于协同创新模式不同，其带来的优势和适应性也不同，所以企业不能拘泥于形式，而要根据自身实际的研发能力、战略性组织结构、内外组织环境、知识空间距离、技术等多个因素确立不同的协同创新模式，并且要综合运用多个协同创新模式，从而实现创新能力的自我突破，形成新的创新优势。

第三节　新建本科院校校企合作协同创新人才培养实施保障

一、完善校企合作协同创新人才培养体制保障

（一）校企合作协同创新人才培养的政策保障

国家应出台有利于促进校企合作协同创新人才培养的制度。对于在校企合作协同创新人才培养中表现优秀的企业给予奖励和政策支持，如税收、资金、财务、人员等方面的优惠，切实保护企业的利益。对于未履行校企合作义务的企业给予一定的惩罚。例如，政府应尽快制定企业参与校企合作的税收减免政策的具体实施办法，并在对教育捐赠实施免税的基础上允许把企业教育捐赠款的一部分用于抵扣企业所得税，以提高企业向高校捐赠的积极性。政府和行业可以共同制定企业参与校企合作的实施细则，明确企业应承担的具体义务和责任，确定相关的奖励措施，并加大政策的执行力度，还可以在行业内部制定相关政策和措施支持企业参与校企合作，如评价、审核参与校企合作的企业的资质，并规定获得资质的企业在实训基地建设、企业教育培训资金、参与教育相关活动等方面可得到优先支持。对于开展校企协同教育效果显著的高校，给予相应的表彰和大力支持。

以上政策的执行都必须配合监督管理，采取有效的措施和方法对校企协同政策执行程度进行检查，确保校企合作政策的实施能够达到预期的效果，这对加强和改善校企合作的宏观调控，促进校企合作的健康发展具有十分重要的意义。校企合作过程中涉及的政策范围较广，既有宏观政策，也有具体政策；既有针对学校的政策，也有针对政府和企业的政策；既有行政政策，也有经济政策；等等。

国家应统筹考虑，依据校企合作的特点完善有关政策，采取必要的措施对校企合作的开展进行支持和规范，将校企合作涉及的各个方面、各项内容有机地协调起来，形成一个协调一致、高效互动、互利共赢的政策保障体系。

（二）校企合作协同创新人才培养的法律保障

我国政府应制定专门的校企协同教育法规，对校企合作各方的权利和义务进行明确规定，进一步明确校企合作中学校和企业双方的权利、义务和关系，以维护校企合作各方的合法权益。在这一法规框架下，各级政府应该根据当地实际情况健全校企合作的管理机构、制度体系和运行机制，加强对校企合作的指导和协调。

校企合作相关法规的制定应充考虑到高等院校的基础作用，实现高等院校人才培养与企业需求的无缝衔接。对于高校参与校企合作的项目给予一定的经济补助和优惠政策，建立鼓励教师参与企业实践的制度，并对在企业实践中有突出贡献的教师进行嘉奖。高校应根据社会的发展方向和市场的需求，主动与企业在学生实习、专业设置与课程开发、就业和职工培训等方面开展合作。高校应建立"双师型"教师培养机制，定期委派专业教师到企业实践，并制订学生和教师到企业实习、实践的可行性计划。对于实习期间产生的合理费用学校应全部承担。因校企合作需要购买的图书、设备等应纳入学校财产并由学校统一管理。高校有责任对参与校企合作的职工进行能力范围内的职业技能培训和继续教育。高校组织安排学生实习应严格遵守国家有关法律法规，为学生实习提供必要的实习条件和安全健康的实习劳动环境。学校应当加强对实习学生和实践教师的职业道德教育和安全教育，为实习学生统一办理意外伤害保险。

我国政府应明确规定企业参与校企合作，接纳高校学生实习、教师实践的责任和义务。尽快对现行的相关法律法规进行完善，为校企合作营造外部条件。规范企业行为，并努力促使企业参与校企合作的行为逐步成为企业的自觉行为。应充分发挥企业在校企合作中的作用，从企业需求出发，在保障企业应有权益的基础上对企业与高校开展校企合作的内容和形式进行规定。对积极配合校企合作的企业给予税收优惠和经济补偿。企业有获得合作院校各方面详细信息的权利。学生实习、教师实践不得干扰企业正常的生产秩序，并要求学生及教师应尽量避免不必要的资源浪费，为企业节约成本。另外，保障学生实习期的安全是企业和学校共同的责任。对于学生在企业实习期间为企业营造的利润，企业应给予一定比例的报酬。企业不得以任何理由对前来实习、实践的师生不管不顾。

（三）校企合作协同创新人才培养的经费保障

随着经济和社会的发展，政府、企业及高校设立校企协同教育专项资金，凸显出促进校企合作的重要作用。我国各级政府可以从财政支出中设立校企合作的专项资金，为校企合作的顺利达成和正常运行提供基本保障。此外，还可以通过捐赠、资助、奖励、基金等形式广泛吸纳社会资本，降低校企合作各方的成本，以鼓励企业与高校开展协同教育。各级政府还应对校企合作专项资金的使用进行严格的监督和管理。在政府财政投入有限的情况下，高校也应通过设立校企合作专项资金，支持校企合作活动的开展。高校可与地方政府开展合作项目，设立校企协同教育基金，为参与校企合作的教师和学生提供费用上的支持。高校还可以利用社会力量，争取各类私人和团体捐助，如成立各地校友基金会、企业家基金会等。可以转换社会力量的捐助方式，将其捐助投入校企协同教育中。企业提供经费是校企合作的重要保障。我国政府应鼓励企业设立校企合作专项资金，以支持校企合作的开展。企业可以为合作办学的高校提供教育奖学金、助学金，为实习的学生和实践的教师提供适当的劳动报酬。

（四）校企合作协同创新人才培养的体制保障

借鉴国外校企合作成功的经验，要全面深入开展校企协同教育，首先从政府层面建立校企协同教育决策委员会，主要由政府相关部门、高校、企业和第三方服务管理机构的相关领导组成。该委员会的主要责任是制定规划和目标，协调各方资源和利益，检查和推进协同教育工程的进展，属决策性机构。

在高校和企业层面建立校企合作委员会是十分必要的。该委员会主要由各院系分管领导和企业的校企合作专门负责人组成，主要负责高校与社会、高校与企业的沟通与联系，促进校企合作的深入开展。该委员会有利于节约人、财、物、信息和时间成本合作有利于及时了解校企双方的需求，有利于社会资源的有效利用，从而实现校企合作各方利益的最大化。该委员会属于执行性机构，要求校企双方承担社会责任，积极组织学生实习、教师实践培训，为实习学生和教师培训提供实训场地、设备设施，安排指导人员，进行安全培训。校企合作委员会充分将高校的人才、信息以及科研优势和企业的设备等资源协调整合，使双方共同进行技术攻关、新产品开发、人才培养等工作。

二、明确校企合作协同创新人才培养中各参与者的作用

（一）政府的主导作用

校企协同教育的根本目的是为国家培养高素质的人才。要想使校企合作人才培养健康、顺利地进行，政府就应该扮演好相应的角色，确立其主导地位。由于政府有组织优势、资源调控优势、公共管理优势，所以应建立政府主导的校企管理体系，统筹高校与企业的资源。政府通过统筹规划校企合作培养模式，保证其制定培养目标、确定培养方向、协调校企利益等的准确无误，从而保障校企合作的顺利进行，确保人才培养质量。政府应成为学校和企业之间合作办学的管理者、规范者和评价者，主要对校企合作的过程进行管理，并规范其流程、评价。鼓励企业参与到人才培养中，并建立有效的校企合作评价体系。政府的督导不仅可以使校企合作顺利进行，实现双方的预期目标还可以督促那些不积极参与校企合作的高校和企业承担其相应的责任。除此之外，政府应建立一套相对完整的校企合作评估、激励办法，制定科学有效的评价指标和符合标准的评价程序，对校企双方进行全方位的监督、管理以及评估。

（二）行业的指导功能

行业组织可要求企业在本区域内的行业组织登记，参加相应的行业组织。行业组织是本行业职业资格标准的制定者和认证者。行业组织还应协助政府收集最新的相关岗位的就业信息，调查劳动力的现实状态、适任地区，从而为高校的专业设置和学生的职业选择提供明确的方向。基于其构成特性，行业组织应该密切关注产业结构和岗位需求的变化，促进政府、企业和高校之间的合作，减少资源浪费，提高教育质量。行业组织既可以协调政府实施各项政策法规，又可以将高校、企业方面的信息反馈给政府，既可以向高校提供指导服务，协调高校和企业在教学安排上的矛盾，又可以对他们进行监督和评估。

行业组织作为企业的指导者，有动员所属企业参与校企协同教育的功能。对于那些没有足够能力承担人才培养任务的中小型企业，行业组织也可以有针对性的给予一定地帮助和指导，通过彼此之间的联合以及依靠大型企业的帮助，参与校企合作，保证行业的良好发展。行业组织有责任运用自身的地位优势，发挥其指导作用，协助政府办好校企协同教育。

行业组织在本行业中有着举足轻重的作用，受行业内所有从业人员的认可，代表了该行业的共同利益，由此自然而然地就对本行业的归属企业产生了一种约

束力。因此，行业组织可以使本行业的相关企业统一按照相关的章程开展校企合作。行业组织在本行业内起到了政府行政层面上起不到的作用，是政府行政支持的有力补充。行业组织负责指导企业内部校企协同教育的许可、咨询、考试及监督，包括审查及确认培训企业的资格，缩短与延长培训时间，制定结业考试条例，组织与实施期中考试、结业考试。

我国国家级各专业的教学指导委员会均有行业组织参与，行业组织可以作为本科院校各专业的行业代表，在专业布局、课程体系、评价标准、教材建设、实习实训、师资队伍等人才培养的多个方面发挥重要的指导作用。行业组织通过指导加强专业建设，规范专业设置管理，更新课程内容，调整课程结构，探索教材创新，遵循教育规律和人才成长规律，推进本科院校的教育教学改革工作，构建适应经济发展方式转变和产业结构调整要求、体现现代化教育理念、校企协调发展的本科院校教育课程体系，促进学生全面发展，培养符合社会经济发展需要的合格人才。

（三）企业的参与地位

在校企协同教育过程中，企业的利益主要体现在两个方面。首先，企业通过参与人才培养过程把产业部门对人才的要求直接反映到教学培养计划中，从而获得企业需要的人才。人才是校企协同教育的动力和核心，企业参与是以获得企业满意的人才为出发点的。其次，企业参与到校企合作中，希望在新产品的开发、技术改造、员工培训以及科技咨询等方面得到高校的支持。

新建本科院校的人才培养不仅仅是通过课堂教学就能完成的，也不是只靠实验室就能完成的。虽然各级政府为改善学生实习、实训环境，解决大学生实习、实训困难的问题，加大了投入的力度，高等院校均建立了各类校内实习、实训基地，这些基地在人才培养过程中发挥了重要的作用，但是很多校内基地面临后续设备更新与改造的困难，所需经费学校难以承担。而纯消耗性实习、实训存在的问题很多，除了经费之外，学生缺乏实践环境的锻炼。从实验设备而言，校企合作的教育模式可以节约各种仪器设备的费用，从而降低人才培养的成本，更重要的是可以为人才培养提供真实的技能实践和训练的环境场所。

现代化、规范化的企业不仅要能创造利润、对股东承担法律责任，还要对员工、消费者和环境负起相应的责任，这种责任要求企业必须超越把利润作为唯一目标的传统理念。企业文化也要与时俱进，要符合现代经济的发展规律，把握现代社会发展脉搏，强调在生产过程中以人为本的原则，以及每个员工对社会发展的奉献精神。参与校企合作是企业履行社会责任、体现社会价值的重要途径。

（四）高校的主体地位

培养社会需要的合格的人才是高等学校服务社会的重要职责。在人才培养过程中，高等学校处于主体地位，是校企协同教育的积极倡导者和实践者。应建立以高校为主体的董事会制度和校企合作委员会制度。董事会可以吸收企业资深专家、社会知名人士、商业界代表等以董事的身份参与校企合作，以加强高校、企业、社会三方的沟通与交流。董事会可以通过定期召开董事会议和不定期召开常务会议，听取参与校企合作相关单位和部门的工作报告，并提出建设性的意见。对于高校而言，为了适应现代社会知识经济的飞速发展，为实现高校的人才培养目标，开展校企协同教育是培养适应社会发展的人才的必经之路。

高校在校企合作过程中应发挥积极主动的作用。但是，由于人才培养规格不同、在创新型国家战略体系中所处的位置不同、实现职能的侧重点不同，所以研究型大学、应用型高校与高等职业院校在开展校企合作时也应采用不同的方式。研究型大学为了使科研成果服务于社会，多开展以科研为主要目的的校企合作时人才培养；应用型高校应以培养应用型人才为主要目的，多开展以培养学生实践能力为主要目的的校企合作人才培养；高等职业院校应以职业教育为背景，多开展技能培训，开展以培养学生的动手能力以及创业能力为主要目的校企合作人才培养。

第四节　新建本科院校校企合作协同创新实施支撑

一、高校在协同创新中的角色定位

科技创新是提高社会生产力和综合国力的战略支撑，必须摆在国家发展全局的核心位置。要坚持走中国特色自主创新道路，以全球视野谋划和推动创新，提高原始创新、集成创新和引进消化吸收再创新能力，更加注重协同创新。《国家中长期教育改革与发展规划纲要（2010—2020年）》中明确指出："充分发挥高校在国家创新体系中的重要作用，鼓励高校在知识创新、技术创新、国防科技创新和区域创新中做出贡献。"这不仅肯定了高校在国家创新体系中的地位和作用，也指出了高校在国家创新体系中发挥重要作用的途径和方法。我国本科院校要在积极提升原始创新、集成创新和引进消化吸收再创新能力的同时，同科研机构、企业开展深度合作，积极推动协同创新。

（一）高校是协同创新的责任主体之一

协同创新的主体有狭义和广义之分。狭义的协同创新主体是指企业、高等院校和科研院所；广义的协同创新主体不仅包括企业、高等院校和科研院所，还包括政府和中介机构等特殊主体。高校是现代社会的重要机构，也是协同创新的责任主体之一。基础教育对认识世界、对经济发展和社会进步具有巨大的推动作用。高校的学术基础和浓郁的创新氛围有利于原始创新。高校具有宽广的国际视野和信息源，是创新的肥沃土壤，宽松而浓郁的学术氛围有利于创新，具有其他组织不具备的创新优势。高校作为校企合作协同创新实践活动的行为主体，凭借众多的学科、资深的学者、精良的设备、宽松的环境等众多优势，能够肩负起协同创新的重任。

21世纪初，美国威斯康星大学校长查理斯·R.范梅斯（Charles. R. Vanhise）深刻认识到高校除了教学、科研以外，还有第三个职能，即社会服务。高等学校肩负着人才培养、科学研究和社会服务三大职能，是国家创新体系的执行主体，在国家创新体系建设中发挥着举足轻重的作用。根据《国家中长期科学和技术发展规划纲要（2006—2020年）》的设计，建设技术创新体系，要求产学研结合，在大幅度提高企业自身技术创新能力的同时，建立科研院所与高等院校积极围绕企业技术创新需求服务、产学研多种形式结合的新机制；建设知识体系要求以建立开放、流动、竞争、协作的运行机制为中心，促进科研院所之间、科研院所与高等院校之间的集合和资源集成，特别是发展研究型大学，努力形成一批高水平的、资源共享的基础科学和前沿研究基地；建设区域创新体系，要求发挥高等院校、科研院所和国家高新技术开发区在区域创新体系中的作用，加强科技创新对区域经济社会发展的支撑；建设科技中介服务体系，要求充分发挥高等院校、科研院所和各类社团在科技中介服务中的重要作用。由此可以看出，高校是国家创新体系的重要主体，在国家创新体系的各个方面都发挥重要的作用。在我国协同创新战略推进过程中，作为科技第一生产力和人才第一资源的重要结合点，高等院校在协同创新过程中具有特殊的地位。高校具有多学科优势，可以为协同创新的高新技术和科研成果转化提供智力支撑。同时，高校还在关系国民经济命脉和国家安全的关键领域掌握真正核心技术，这有利于协同创新实践活动的深入开展。高校通过和企业、科研院所合作，可以拓宽筹措资金的渠道，改善办学条件。高校、科研院所和地方政府合作，可以为本地经济社会发展培养人才。教师通过承担课题研究，进行科学研究，可以提高理论水平和专业能力。高校学生通过科技开发和社会实践，能够提高综合素质和实践能力。总之，高校在协同创新实践活动中不是靠边站可有可无的"副手",而是协同创新实践活动的责任主体,起到了非常重要的作用。

(二)高校是协同创新活动的重要联系纽带

高校、企业、科研院所、政府、中介结构等都是国家创新体系中协同创新的行为主体,高校与科学研究、生产劳动的紧密结合使高校成为协同创新的联系纽带。

在知识经济时代,生产劳动的智力含量不断提升,科学技术成为生产发展的基础和生产力的决定因素。在这种情况下,促进高等学校与科学研究和生产劳动相结合,已成为世界各国的共识。《中华人民共和国高等教育法》第十二条规定:"国家鼓励高等学校之间、高等学校与科学研究机构以及企事业组织之间开展协作,实行优势互补,提高教育资源的使用效率。"协同创新是企业、高校、科研院所、政府和中介结构等根据发展战略目标,为了迎接激烈的市场竞争,抓住新的机遇,加快技术创新,实现共同愿景,争取最佳利益,提高综合优势,结合彼此的优势资源,建立一种优势互补、风险共担、利益共享、共同发展的正式合作关系。在这个稳定的合作关系中,高校起到了协同创新的重要的纽带作用。一方面,高校与企业、科研院所根据协同创新的需要,共同建立实验室、工程研究中心或研究院,通常侧重于应用基础研究的研发平台设在高等院校,这样可以保证大型仪器实验装备和科技创新人才的共享,降低协同创新的成本;另一方面,高校利用自身科研创新优势全方位服务于社会,高校与科研院所、地方政府合作,实现高校服务地方经济的新途径,促进地方经济社会的发展。此外,高校根据协同创新的需要,整合高校和地方资源,采取校地共建、一园多校的大学科技园模式。建立研发平台、孵化平台和产业化基地,以促进研发和科技成果的转化。在上述协同创新实践活动过程中,高校是企业、科研院所之间的联系纽带,为促进产学研协同创新战略的实施起到了至关重要的作用。如果没有高校的纽带作用,协同创新战略目标就不可能如期实现。

(三)高校是协同创新中高技术生产和科研成果转化的强大生力军

高校是我国培养高层次创新人才的重要基地,是我国基础研究和高技术领域原始创新的生力军之一,是解决国民经济重大科技问题、实现技术转让和成果转化的生力军之一。高校是培养和造就高素质创新人才的摇篮,更是产生创新知识、推动科学技术成果向现实生产力转化的重要力量。高校作为知识经济时代知识创新的主要生产者和创造者，直接作用于现实生活的结果，一方面是充分发挥人文学科发达和学科交叉渗透的优势，通过智力集成和创新思维对国家重大需求和市场需求做出积极的回应，满足国家和社会的需要；另一方面，富有创新意识和活力的高等学校着眼于国民经济和社会生活的重大科技问题，凝聚知识，创新技术，成为经济增长和社会发展的发动机。

19世纪，德国经济迅速崛起，以柏林大学为代表的一大批创新导向、"研学"协同的创新性大学发挥了举足轻重的作用。当今美国之所以成为世界经济、科技中心，以"产学研"协同方式服务于美国先进制造业的麻省理工学院、服务于美国信息产业的斯坦福大学等一大批世界一流大学功不可没。美国的"硅谷"科技工业园就是以斯坦福大学和伯克利大学发展的。与美国"硅谷"同样享有盛誉的北卡罗来纳"科学三角区"是由北卡罗来纳大学、北卡罗米纳州立大学和杜克大学构成的。美国的波士顿科研中心是以哈佛大学和麻省理工学院为基础构成的。这些依托著名高校和研究机构发展起来的高新技术产业区通过高新技术成果转化，有力地推动和引领了美国科技创新的发展，成为知识经济时代大学现实生产力的示范区。

在我国，高校同样是高新技术生产的重要力量。我国高校凝聚了一大批高水平的科学家和学科带头人，成为协同创新的主阵地，在基础研究和高技术前沿领域取得了许多创新性成果。在哲学社会科学方面，高校研究人员贡献了80%的研究成果，为理论创新做出了重大贡献。此外，高校的校办科技产业是科研成果转化为生产力的重要途径。高校科技产业的发展必然会带动国家高新技术产业的发展，培育新的经济增长点，推动产业及技术的高新技术化，促进行业和经济的发展。在我国协同创新战略推进过程中，高校作为协同创新责任主体之一，在高新技术生产和科研成果转化方面起到关键性作用。高校具有科技研发的雄厚实力，在科研人才、科研设备、筹集科研经费等方面，高校都具有无与伦比的优势。高校在协同创新战略中起到研发主力的作用。

二、高校在协同创新中的战略重点

作为协同创新责任主体之一，高校坚持有所为、有所不为的原则，在协同创新中有五大战略重点。

（一）前提是观念更新

观念或思想观念主要包括信仰、理性、价值观念等部分，其中价值观念最重要，它是精神文化的核心，是社会成员用来评价行为、事物以及从各种可能的目标中选择合意目标的准则。总体上，观念支配和调节着一切社会行为，并内化为

一定的社会制度。因此，从观念层次上创新就能推进制度创新

以高校为实施主体，大力推进高校与高校、高校与企业、高校与科研院所以及国外科研机构的通力合作。积极探索适应不同需求的协同创新模式，积极营造有利于高校、企业和科研院所之间协同创新的环境和氛围，努力培养有创新意识并善于协同创新的人才，这些必将从整体上推动国家创新体系的优化，而实现这一目标，最大的障碍就是观念上的障碍。因为根据协同创新战略的总要求，我们要瞄准"国家急需，世界一流"的目标，实施跨学科、跨学校、跨部门、跨行业、跨区域等实质上的合作。这些首先需要高校有开放性的世界眼光，要有观念的先进性。如果高校以本学科、本院系、本校为中心，局限于狭隘的学科、单位发展需要，没有从战略的高度看待协同合作的重要性，处处斤斤计较个人、单位甚至小团体的利益，患得患失，是不可能实现协同创新目标的。因此，高校要突破的最大的阻力就是观念上的保守。

目前，高校还没有形成协同合作的良好氛围，大部分教师和科研人员仍然固守自我隔离式、相对封闭的研究氛围，每个人都固守自己的"一亩三分地"。要实现协同创新，首先需要高校教师、科研人员乃至学校管理人员要更新观念，要从"小富即安、封闭落后"的思想中解放出来，要从在传统的学科体系中寻找课题资源解放出来，要从在传统的教育系统内部寻找课题资源解放出来，将"国家需求、市场需求"纳入高校科研课题的视野，从全社会的角度来谋求科研的跨越式发展。就协同创新中校企合作而言，目前高校的科技开发政策过分注重校办科技企业的发展，并把校办科技企业作为科技成果转化的主要形式，忽视了与企业的合作研究。另外，高校教师的聘用制度和评价机制偏重于科研成果导向，承担企业课题的成果很难纳入科研成果系统中，这从某种程度上反映了高校在协同创新战略中观念上的保守。要实现高校、企业和科研院所协同创新，高校必须打破原有封闭的观念，要以开放的心态积极同企业、科研院所进行合作，全面提升高校的协同创新能力，实现合作共赢。

（二）关键是机制创新

按照系统论的观点，"机制"是指一个系统中各要素之间相互作用、合理制约，从而使系统整体良性循环、健康发展的规则、程序的总和。协同创新合作的作用机制关系是指协同创新组织的内部结合方式和要素关系，它不同于主体关系，反映的是协同创新组织的内部结合机理。任何一种协同创新都是一种复杂的系统，包含若干个子机制。作用机制关系描述的就是这些子机制之间的内部工作方式。就目前来看，使现有的系统在充分发挥各自比较优势的基础上，共享信息，整合

资源，协同创新，需要在机制上解决五个方面的问题：一是动力机制；二是利益分配机制；三是资源共享机制；四是绩效评价机制；五是政策导向机制。

动力机制就是促使高校协同创新活动兴起的原因，是保证高校参与协同创新活动积极性的重要因素之一。利益分配机制是高校、企业和科研院所协同创新利益关系的反映。据对高校、科研院所的调查，影响双方合作的主要因素中，权益分配不当的占49%，其他因素占25%，人际关系不协调占19%。可见，权益分配合理与否直接影响着双方合作的顺利进行。利益分配必须解决好三个问题：一是有关技术成果的归属和享用的问题；二是有关利益分配的方式问题；三是成果定价问题。高校由于院系之间壁垒森严，导致院系之间、学校之间、院所之间资源不能共享，不能够发挥应有的效益。权益分配还要坚持三个原则：一是平等性原则，即高校各主体在创新体系中的地位是平等的，只有这样，才能保证协同创新机制长期稳定地发展，才能实现利益最大化；二是公平性原则，即在利益分配过程中要兼顾效益的公平原则；三是协商性原则，即各方应该在考虑自身利益的基础上充分照顾其他主体的实际情况，本着互利共赢的指导思想，通过充分的讨论协商决定利益的分配方案。协同创新的一个重要任务就是实现各方资源共享，使高等教育资源达到最大的社会效益。此外，绩效评价事关价值取向，不同的绩效评价制约着协同创新的方向、协同创新的目标和协同创新的力度。在绩效评价上，要坚持公正合理的评价机制，坚持多元化的评价方式，要切实解决好高校、企业、科研院所和教师之间的信任问题。要积极完善教师评价体系，注重论文的原创性和解决国家重大需求的贡献度。政策导向机制是保证高校积极参与协同创新的一个因素。高校决策部门要积极制定相关决策，鼓励高校教师积极参与协同创新活动。例如，经费策略和奖励策略可以激励高校教师积极投身协同创新实践。就高校决策导向机制而言，要通过资源整合，加强高校课程体系建设，实现人才培养的深度合作；要通过教材开发，强化师资培养，实现隐性知识显性化；通过组建高校人才数据库，重视人才联盟，实现高校人才产学对接；通过科学的人才认证，构建能力综合评价体系，实现人才的全面发展。

（三）途径是跨学科研究

学科是高等学校的基本法宝，是高等学校进行科学研究、人才培养、学术组织设计及学位授权审核、相关统计的基本依据。学科主要是指分类后的知识体系，也有对一定的对象就某一门类的知识体系、相关方法、规则进行训练之义，以便使学习者在某一学术领域遵循共同的学术标准与规则，并使之成为一种制度，起到规范作用。一个学科之所以成为一个学科，就在于它有自己独特的范式。范式有观念层面的，也有社会建制和社会运作层面上的，学科建设就要在这两个层面上进行范式建构。《辞海》中认为学科有两种基本内涵：一是指学术分类，即一定的科学领域或一门科学的专业分支，如自然科学中的物理学、生物学，社会科学中的历史学、教育学等；二是教学科目，学校教学内容的基本单位，它是依据一定的教育理论组织起来的科学知识体系。

跨学科研究就是通过跨越以往分门别类的研究方法，综合两个或两个以上学科（或专业领域）的信息、数据、技术、工具、观点、概念、理论等，实现对问题的整合性研究。跨学科研究是一种全新的研究方式，涉及学科的多样性，是跨多门学科，再由多门学科的综合、协同、交融组合而成的，而不是把各个学科并列在一起形成一个多学科知识的大拼盘。它涉及科学、技术、教育、经济、社会、思维、传统习惯等多方面极为复杂的综合性问题，因而本质上是一种全面系统的革新。国外的研究表明，跨学科研究在拓宽高校学生知识面、促进思想交流和拓展学术视野方面是行之有效的。同时，跨学科研究可以大大提升高校的原始创新和集成创新能力。跨学科研究为高校的协同创新活动提供了一种交流和对话的模式，有助于高校的创新实践活动。目前，我国高校学科门类众多，但由于高校及其科研管理体制的局限，高校学科与学科之间、学科与学院之间壁垒森严，科研活动中"单打独斗"以及"各自为阵"的现象较为突出。虽然近些年高校中开始展开跨学科或跨学院的合作，但这些均为表面形式上的合作，没有进行任何实质性的跨学科研究。高校要真正进行协同创新，必须首先应该打破学院和学科之间的藩篱，突破原来学科之间固有的思维和模式，运用多学科、多领域的思维方法来研究本领域的问题。学校应鼓励各学院站在更高的高度，更多地关注学科边缘和交叉地带，并综合多学科研究方法寻找更多的创新基点。

现阶段重大的理论问题和现实问题研究所需要的学科结构、知识结构、资源配置、时间投入都不是一个人能胜任的。当今社会发展日新月异，社会发展中的问题越来越趋向交叉综合，而这些问题又是不以学科来划分的。解决当前经济社会发展中重大综合问题往往需要跨学科研究，因此必须改变传统的"单兵作战"形式，形成跨学科合作研究与团队协作意识。高校要面向国家战略主题和区域重大需求，着力建设一批跨学科岗位，推动跨学科研究和人才培养。《国家中长期教育改革和发展规划纲要（2010—2020年）》指出："促进高校、科研院所、企业科技教育资源共享，推动高校创新组织模式，培育跨学科、跨领域的科研与教学相结合的团队，促进科研与教学互动，与创新人才培养相结合。"可见，要实现国家教育规划目标和协同创新战略，必须充分认识到跨学科研究的重要性和紧迫性。

（四）基础是平台建设

创新平台主要是指创新基础设施以及创新过程中不可或缺的要素：人才和前沿研究成果的可获得性；促进理念向创造财富的产品和服务转化的法规、会计和资本条件；使创新者能收回其投资的市场准入和知识产权保护。协同创新平台在遵循"整合、共享、完善、提高"原则的基础上，通过创新资源和要素之间的有效汇聚和融合，突破创新主体之间的合作壁垒，充分释放技术人才、资本、信息、技术等创新要素的活力，实现各主体的有效协同、深度合作和价值创造，从而引领创新。

目前，我国新建本科院校内部科研组织模式以"高校—学院—系（所）"为主，科研管理体制比较僵化，活力不足，其科研组织模式也较为单一，高校之间、高校与科研院所之间、高校与企业之间缺乏协同创新的动力和合作机制。目前，国家提出建立协同创新的机制，构建协同创新平台，力图使这些协同创新中心能加强高校内部科研机构和教学机构的合作，提升科研机构和教学机构协作水平，提高高校人才质量，通过信息资源整合和平台共享，加速科研成果转化。

协同创新平台的构建主要遵循以下几个基本原则：一是开放、共享、互利原则，即打破高校各创新主体之间的壁垒，通过研发人员的合作和交流，促使各创新主体之间技术的学习与转移，也促进平台内部和外部之间的资源交换，最终实现互利、共赢和共同发展的良好局面；二是利于技术创新原则，即要求平台各要素之间、要素与外部环境之间进行资源的交换和互动，最终实现最大限度的耦合；三是风险共担原则，通过参与协同创新平台建设的合作者的共同努力，减少创新活动的不确定性；四是组织结构柔性、弹性原则，采取扁平结构，缩短信息沟通的通道和时间。高校协同创新平台作为支撑协同创新活动的重要载体和核心力量，将在整个协同创新体系中发挥重要的作用。

新建本科院校协同创新平台主要包括以下几个方面：一是高校研发子平台，主要包括重点实验室、工程研究中心和中试平台等；二是高校人才培养平台，其职能主要包括资源整合和成果转化；三是产业化子平台，主要采用市场化经济运作的形式，达到营利的目的；四是公共服务子平台，通过高校间的资源共享实现资源优化配置，提高高校创新能力，促进高校高水平建设。根据近年来国家有关部门制定的目标，协同创新平台建设注重以下四个方面：面向科学技术前沿和社会发展重大问题；面向行业产业经济发展的核心共性问题；面向区域发展的重大需求；面向我国社会主义文化建设的迫切要求。这些均要求高校能在协同创新平台建设中有一席之地，要利用高校已有的基础，汇聚多方资源，大力推进高校与高校、科研院所、行业企业、地方政府的合作，探索建立适应不同需求、形式多样的协同创新模式。

（五）保障是配套政策

新建本科院校的协同创新，需要国家相关政策的支持。从国家层面来看，高校、企业和科研院所等协同创新需要组织管理制度、人事管理制度、人才培养模式和评价机制等方面的改革。近年来，教育部、财政部提出了通过系统的改革设计，建立综合改革实验区，着力推动八个方面的改革：构建科学有效的组织管理体系；探索促进协同创新的人事管理制度；健全寓教于研的拔尖创新人才培养模式；形成以创新质量和贡献为导向的评价机制；建立持续创新的组织模式；优化以学科交叉融合为导向的资源配置方式；创新国际交流与合作模式；营造协同创新的文化环境。这八个方面的体制机制改革同样需要相关的配套政策的支持。

为了保证协同创新的顺利推进，新建本科院校也要进行相关的配套改革。例如，校内资源配置、评价体系不应该按院系所的总量来分配，对特区性、单科性、教研结合型单位的考核要根据其学科的特点、发展定位进行考核；对研究型、教学和研究结合型、教学型单位应该从资源配置、组织方式、考核等方面进行分类指导，充分调动并发挥校内各部门的创造性和主动性。同时，高校要形成科学的科研成果质量评价制度。

目前在我国新建本科院校教师评价体系中，评价科研成果时重视论著，轻视应用，成果署名只有第一作者才有效。这种管理制度过于简单化，不仅不科学，还挫伤了教师和科研人员从事合作研究的积极性，严重阻碍了科研的联合攻关。当前应注意两个方面的配套策略：一是注重评价的针对性，即对成果的社会认可度、市场前景等进行综合评价，进一步完善和健全学科评估体系与业绩考评制度，更加注重社会和同行的认可，正确处理学校考核与学院考核、业绩的数量考核与质量考核、指标定量考核与整体综合考核、个人考核与团队考核、考核指标的统一性和多样性之间的关系，建立和完善科学合理的分层次、分类别的人员考核机制。根据不同学科的特点逐步提高国际同行考评的权重，建立一套客观公正的评价体系。要建立以人为本、科学合理和符合科研活动规律的科研经费使用效益考核体系，考核注重投入产出效益。建立课题经费预算、执行、决算管理机制，理顺以课题负责人为核心的人力资源配置秩序。要深化人事制度改革，优化学术评价机制，拓展人力开发资源，利用信息化服务平台，逐步建立适应现代大学发展要求与人才全方位发展需要的人事制度和支撑保障体系，构建和谐、有序、宽松向上的人才环境。

三、积极推进协同创新与高水平本科院校建设的建议

积极推进协同创新，促进我国高水平大学建设，这既是国内外建设高水平大学的规律使然，也是建设创新型国家对我国高等教育提出的现实要求。实现协同创新与高水平大学建设是一个浩大的系统工程，我们需要利用顶层设计的理念，从系统与全局的高度，对协同创新做出规划与设计，打破学科之间的藩篱，冲破校企之间的围墙，整合科技协同创新资源，联合教育科技产业资源，做到资源相济，互通有无，充分发挥多方主体的优势，最终实现协同创新的健康与持久发展。

（一）着眼于协同和引领，大力加强协同创新的顶层设计

协同创新是政府、高校、企业等创新主体本着利益共享、风险共担、共同发展的原则，利用各自的优势资源和创新能力，进行技术开发和技术创新的活动，以求达到 1+1＞2 的效果。但在市场经济条件下，协同创新的各方是作为一个个鲜活的利益主体进行合作的，在合作的过程中必定要追求自身利益的最大化，这种各自逐利的行为势必会阻碍协同创新合作的顺利进行。且协同创新本质是合作，合作就必定要有合作的规则，如果规则不完善，就会打击合作各方的积极性，使合作各方产生矛盾，最终导致合作的破产。总的来说，阻碍协同创新顺利进行的因素主要有以下四种。

1. 机会主义行为

机会主义行为是指信息的不完整或歪曲的透露，尤其是指旨在造成信息方面的误导、歪曲、掩盖、搅乱或混淆的蓄意行为。在协同创新过程中，机会主义行为主要表现为：①"搭便车"行为，即合作各方希望以最小的投入获得最大利益的投机行为。协同创新中的"搭便车"行为使合作各方消极地等待投机的机会，导致合作只能维持较低的产出水平，且"搭便车"行为必定会使合作的某一方为利益受损，或利益分配不公，从而挫伤合作方的积极性。②道德风险问题，即合作方中一方为了本方利益而违反双方事先的约定，从而导致另一方的利益受损。道德风险问题提高了交易成本，降低了制度效率，从而严重阻碍协同创新活动的有效进行。

2. 利益分配不均

协同创新涉及的组织类型多种多样，这就直接形成了一条复杂的价值链。各个组织以前管用的那种"埋头苦干"，竭尽所能实现利益最大化的指导思想在协

同创新体系中已经"寸步难行"——无法实现"共赢"。通常协同创新各方在合作前就会对利益分配方式有各自的预期，为保证合作顺利进行，各方须在合作前就对利益分配的各项细则达成协议。然而，合作各方各自处于不同行业、不同系统、不同领域，对合作利益的分配所持观点迥异，因此常常产生矛盾而难以协调一致。产学研合作中的利益分配困难具体表现在科研成果转让过程中的技术价格确定、成果的归属权问题及知识产权问题、共建实体的各方投资比例与利益分配问题等方面。

3. 技术转让困难

协同创新最终的成果以技术或科技的方式得以展现，要想使协同创新的成果最大化，就必须转让这些技术，使其得以开发与运用，而技术的转让一般是通过转让知识产权的形式进行的。在现实的合作中，协同创新各方对技术成熟与否认定不一及知识产权归属不明确等问题造成了技术转让的困难，这直接影响了协同创新的深度、广度与效率。例如，企业方以能否生产出实现其经济目的的产品为判断技术是否成熟的标准，而研发方主要考虑某研究能否获得新的理论突破等。原属产权、后续改进成果的权属及技术价格等方面的问题也加剧了技术转让的困难。

4. 风险分担机制缺失

协同创新合作中的风险主要来自两个方面：一是技术成果成熟度的不确定性带来的技术风险；二是产品市场预测不准确带来的营销风险。现阶段，我国没有适合产学研创新利益和风险分担的责任机制，往往是根据投资金额来确定风险分担的额度。一般来说，协同创新的模式是企业出资金，高校和科研院所出人才和设备，这样一来，资金筹措、投资效益的不确定性所带来的风险全落在了企业的身上。资金风险分担机制的不合理，一方面会挫伤企业的积极性，另一方面会制约合作的进一步深化。

以上这四个方面是制约协同创新顺利进行的核心因素，还有很多其他方面的因素也不同程度地制约着协同创新的发展。为了解决这些制约因素，促进协同创新的健康发展，我们需要运用顶层设计的理念，以系统论、控制论和协同论为理论依据，以顶层优先、系统构建、精炼简明、为行为原则，以协同创新为核心目标，进行法律法规系统的宏观设计，管理系统的中观设计与配套系统的微观设计，以期各个子系统、任务单元的科学设计与执行有助于实现协同创新这一总目标。

首先，需要进行法律法规系统的宏观设计。按照新制度经济学的交易费用理论，国家法律体系的完善可以大大降低交易的费用，促进交易的有效进行。对于协同创新也同样如此，如果缺乏法律层面的明确规定，合作各方就在上无规则可循或疲于应对各种纠纷，这会大大阻碍协同创新的顺利开展。因为我国开展协同创新的时间还比较短，与协同创新相关的法律法规体系存在着不全面且分散的问题。例如，目前我国还没有一部关于协同创新的专属法律法规，而《中华人民共和国促进科技成果转化法》《关于促进科技成果转化的若干规定》等政策法规中关于协同创新合作的内容又比较笼统，可操作性不强，难以用来解决协同创新中实际存在的如知识产权归属、各种利益冲突和纠纷等问题。因此，我们要通过立法程序，制定具有前瞻性、战略性及科学性的法律法规，并进一步研究和制定其他的配套法规，为我国协同创新的有效开展提供良好的法律保障。

其次，需要进行管理系统的中观设计。第一，组织管理设计。在我国，协同创新开展的时间还较为短暂，且市场经济的发展还较不完善，政府有责任也有义务担当协同创新活动的引导者与组织者。而目前政府有关协同创新的职能分散于科技部、财政部、教育部等多个部门，一方面存在着职能缺失问题，另一方面又存在着职能交叉问题。所以，有必要建立由政府、高校、企业等多个协同主体参加的组织管理机构，对协同创新活动进行领导与协调，并开展相关的研究活动，为协同创新提供组织保障。第二，资金管理设计。协同创新的项目一般具有投资大、周期长、风险高的特点，不容易获得银行的贷款支持，而企业限于投资的动力与实力，投资的力度也是十分有限的，因此，资金不足是制约协同创新顺利进行的关键因素。政府一方面要加大财政投资力度，设立协同创新专项基金，对技术水平高、市场前景好的项目进行资助，另一方面要拓宽融资渠道，如通过提供补贴、财政担保等形式，鼓励银行、保险、证券等金融机构参与到协同创新中来。此外，我们需要建立对协同创新资金的监督与管理机制，健全项目经费的报账制度、内部管理制度，以确保协同创新运行过程中资金的有效使用。第三，项目管理设计。协同创新活动大多是以项目为载体的，项目管理的好坏直接关系着协同创新成效的大小。因此，政府部门要加强对协同创新项目的动态监控，一方面应建立健全专家咨询机制，积极引入第三方评估，建立评估与评审专家库，完善专家的遴选、信用和问责制度，提高项目评估的科学性与客观性；另一方面应加强对项目的验收管理，以资源的投入与利用效率、项目产生的自主知识产权成果以及项目应用推广价值等为指标，对协同创新项目成果进行验收，同时给予相应的奖励或惩戒，从而达到有数约束协同创新活动的目的。第四，中介服务机构管理设计。健全的中介服务机构，可提高科技市场竞争的公平与公正性，可最大限度地减少政府与企业的直接接触，避免寻租和腐败的滋生。因此，政府要推进和完善以各类中介服务机构和行业协会为载体的创新服务体系。例如，加强科技孵化器、技术和产权交易所、信息服务中心、专利商标事务所和资产评估事务所等中介服务的网络化建设，使它们在从技术开发、产业化生产到市场化推广的各个环节中发挥特有的功能。此外，还要建立中介服务机构的信用评价体系，改善企业与中介服务机构间信息不对称的状况，通过整合社会服务资源，使中介服务机构提供规范化、专业化的服务。

最后，需要进行配套系统的微观设计。第一，信誉管理设计。要想解决协同创新过程中合作主体的机会主义行为问题，一个有效的办法就是构建一个针对协同创新合作主体的信誉档案或信誉库，对违反合约或者有损合作伙伴利益的企业、高校等合作主体给予不良记录，将信誉进行等级分类，并以数据库的形式将等级结果向社会免费提供。一方面，通过建立信誉档案，政府可以按等级对合作主体分类管理，如对于信誉较低者，限制其申报协同创新的有关项目；对于信誉较高者，在资金申请方面给予优先等。另一方面，信誉档案建立可以加强协同创新主体的诚信意识，使其自觉约束自己的行为，从而提高协同创新的合作效率。第二，产业集聚区设计。协同创新的产业集聚区通常包括科技园、创新产业群、高新技术开发区、科技孵化器等组织或机构。国外发达国家的发展经验告诉我们，产业集聚区的建设能有效促进协同创新的发展。但是目前，协同创新集聚区的创建还不是很普遍，仍有很多省市没有建立合适的协同创新合作基地或集聚区，这制约了协同创新的发展。因此，政府应该加强产业集聚区的建设，如可以为协同创新产业集聚区提供土地价格方面的优惠，或通过税收政策对落户产业集聚区的企业给予优惠以吸引企业落户集聚区等，促进产业集聚区的发展。第三，人才培养与流动设计。人才为协同创新提供源源不断的智力支持，是影响协同创新顺利进行的核心因素，因此人才的培养与流动也是协同创新配套管理的重要内容。政府部门一方面要利用协同创新过程中高校与企业的优势资源加强人才的联合培养，另一方面要通过制定相应的政策，打破高校较为死板的人事制度，完善挂职锻炼或企业进修等制度，促进高校教师向企业的流动，也要通过为企业科研人员的进修与培训提供便利条件等促进企业人才向高校的流动。只有这样，创新的源泉才能随着人才的流动得以流动，并在流动中碰撞出智慧的火花。

综上所述，机会主义行为、利益分配不均、技术转化困难和风险分担机制缺失等问题是阻碍协同创新顺利进行的主要因素。为了克服这些因素，也为了引领协同创新活动的发展，人们需要运用顶层设计这一先进的设计理念，进行法律法规系统的宏观设计、管理系统的中观设计与配套系统的微观设计，以最终实现协同创新这一总的设计目标。

（二）打破学科之间的藩篱，努力促进跨学科协同创新

一所新建本科院校的教学、科学研究和社会服务三大社会功能发挥得如何，直接反映出该校的整体办学水平，而这三大功能的基础则是学科建设。可以说，学科是大学的基本元素。而高水平的学科是培养高素质创造性人才的根本，是推动知识创新、推进科技成果向现实生产力转化的基础。因此，没有高水平的学科，就不可能有高水平的大学。

科学是内在的统一体，它被分解为单独的部门不是由于事物的本质，而是由于人类认识能力的局限性。实际上科学中存在着由物理到化学，由生物学和人类学到社会科学的连续链条，这是任何一处都打不断的链条。学科能出现是因为人们的认识能力存在局限性，人们为了研究方便，将知识进行了人为划分。这种划分虽然有一定的局限，但深化了人们对客观事物的认识。然而，随着人类认识的深入，各学科的外延不断扩大，有走向汇合、实现贯通的趋势。

这种学科之间的原有藩篱逐渐模糊的现象的出现一方面是学科自身发展的需要。著名科学家钱伟长认为，自然界、人类社会和思维是非常复杂的，可以被看作一个广泛而又普遍联系的连续体。对此进行的科学认识也应该是连续的。人类为了研究方便，将其分成许许多多的不同学科，每一个学科在整个连续体认识过程中都只占一个具体的位置。但是在对这个连续体的认识过程中还有许多空白位置等待填充。从科学发展的内在逻辑上说，进入20世纪以来，现代科学发生了伟大的变革。但自20世纪中期以来，这场变革出现了明显的"饱和"现象，如粒子层次的研究、核裂变的应用，后来发展较为缓慢。绝大部分学科单凭本学科的力量向纵深发展已经有些力不从心。在这种情况下，人类强大的科研能力又不能被丢弃，于是人们就横向转移，继而纵向推进，跨学科应运而生，而且发展势头十分迅猛。这一现象的出现。

另一方面是解决经济、社会和科技问题的需要。随着人类社会的发展，人们面临的科技、经济和社会问题越来越复杂，大至核威慑、战争、民族矛盾、宗教冲突、环境污染等全球性问题，小至社会治安、劳动就业、政策与法律等，这些问题都是多要素、多层次、多学科的复杂性问题，几乎涉及自然科学、社会科学和人文科学等多方面，解决这些问题需要综合运用多门学科的知识，需要各学科的专家通力合作与联合攻关。

研究型本科院校是开展跨学科与跨学科研究的主要阵地。而在我国，由于传统观念、理论、体制根深蒂固的影响，跨学科研究和跨学科教育都处于单学科体制的边缘地带。虽然20世纪90年代以来的院校合并使许多不同学科类型的高校

合并，学科专业数量增多了，但由于学科没有实现实质性融合，跨学科和交叉科学研究难有立足之地。即使如此，不能说我们没有认识到跨学科建设以及交叉科学研究的重要意义，不少重点大学设置了几十个甚至上百个研究所或研究中心，但其中绝大多数挂靠在院系，是既无办公用房又无日常运行经费的"虚体"，更缺少跨学科研究的有效保障机制。迄今为止，大学对跨学科研究采取的都是"权宜之计"，缺乏长远的战略规划和系统性改革思路。因此我国大学跨学科研究不同程度地存在着职权模糊、队伍不稳、方向多而杂、投入少而散等问题。

因此，为了更好地建设新建本科院校，我们需要从思想、外部环境和微观改革等几个方面共同努力，使跨学科协同创新在高校得以全面贯彻与落实。

首先，要从思想上确立跨学科协同创新的理念。确立跨学科协同创新的理念，就是要在人才培养的整个过程中突破传统学科专业之间的壁垒；在更高的层次上加强学科专业之间的的有机联系；着眼于知识的整体化和综合化，努力在有限的时间里从知识的内在统一性和相对完整性的角度掌握和运用最有效的知识，而不是从零散的、被人为切割成支离破碎的学问中去研究细节。

其次，要为大学跨学科协同创新提供良好的外部环境。第一，鼓励和实施更多的学术创新政策，以促进跨学科协同创新，消除制约跨学科学术活动的开展的各种障碍，确保跨学科协同创新的直接参与者、利益相关者等在投入、贡献与收益之间的适当平衡等。第二，探索和推进跨学科协同创新的资助模式。鼓励资助科学问题而不是资助某个学科或者学校，支持若干所大学和多个学科之间共享教学科研设施，采取灵活预算和多机构合作的资助模式，优先支持跨学科协同创新的计划，细化跨学科活动的项目设计与评估标准，以鼓励真正的跨学科研究。第三，探索和推进跨学科协同创新研究成果的评价机制。设立评价委员会，采用符合跨学科协同创新特性的评价标准，如知识获取广度与深度、参与跨学科活动的程度、对新兴领域或学科的贡献以及对社会实际问题的意义等。第四，构建大学跨学科专业化社会网络。设立专业协会，组织举行定期会议与发行出版物，识别跨学科合作伙伴，奖励认可跨学科研究人员，鼓励出版相关专辑及特刊。

最后，大学要勇于探索与实践跨学科协同创新的各项微观改革。第一，调整优化专业设置。借鉴世界一流大学的学科设置经验，在学科优化的过程中打破传统的"文理分家、学科分立"的学科壁垒，整合现有院系资源，实现专业综合配置。例如，按照一级学科宽口径的方式培养高层次的人才，以学科发展为基点，构筑分化有径、综合有序的高校学科组织构架，组建跨学科的院系和研究机构，调整设立交叉学科院系；扶植比较成熟的跨学科专业发展成为独立的系或学院，从整体上增强跨学科的专业实力等。总的来说，就是要在学科发展的过程中找准学科发展的有效增长点,因地制宜地设置跨学科专业,积极扶植弱势学科,缩小各学科之间的差距,促进工、管、文、理等各学科之间的合作、交叉和渗透,从而为跨学科协同创新创造知识基础。第二,建设跨院系、跨学科的公共科研平台。跨学科协同创新总的来说就是综合运用自然科学、社会科学和技术科学的观念、理论和方法来解决某一具体问题。所以,要为跨学科的协同创新提供一个公共科研平台,通过公共科研平台建设实现人、财、物等科研和技术资源共享,使协同创新的活动得以开展。在平台建设过程中应以科研项目带动平台建设,以研究任务推动平台发展,以跨学科重构共享体系。第三,加强跨学科教师团队建设。教师是跨学科协同创新的人才基础和主力军,所以,教师团队跨学科建设的好坏直接关系到整个跨学科协同创新活动结果的好坏。因此,一方面,我们要提高教师自身跨学科的知识水平与理论素养,如在选聘教师的过程中要优先挑选那些有不同学科背景的教师,或为教师提供机会参加不同学科的进修或培训。另一方面,我们要积极推进跨学科教师的交流与合作,鼓励教师走出自己"学术圈"的思想禁锢,为教师的交流与合作创造机会与条件,如定期开展学术报告会,邀请不同学科的教师对同一问题进行讨论、交流或者举办一些学术沙龙等集体活动,使不同学科的教师建立私人感情,为其学术交流打下基础。

总之,跨学科协同创新既是21世纪科技发展的重要突破口,也是高水平大学建设的必然之路。我国大学只有在充分认识这一趋势的基础上,为大学跨学科协同创新提供良好的外部环境,调整优化专业设置,建设跨院系、跨学科的公共科研平台,加强跨学科教师团队建设,从而打破学科之间的藩篱,才能顺应时代的潮流更好地建设高水平的新建本科院校。

(三)冲破校企之间的围墙,积极推进校企全面战略合作

高校与企业是协同创新活动中必不可少的两个关键主体,如果缺少或弱化任何一方,协同创新的价值与效果都会大打折扣。因此,我们必须要冲破校企之间的围墙,积极推进校企全面战略合作。校企合作有着深刻的理论意义与实践意义。

第一,校企合作是促进经济社会发展的"原动力"。现代科学技术和经济社会发展的主要特点是知识与经济紧密结合,经济的增长主要取决于知识的大量生产、快速传播、及时吸收和有效应用。同时,知识和科技被转化为生产力的周期逐步缩短,科技发展和经济发展成之间是螺旋上升、双向推动的关系。现代科技和经济的这种固有的特点,要求高校与企业必须合作,共同发展高新技术及其产业。因为只有两者密切合作,充分发挥高等院校在人才和科技方面的优势以及企

业在资金和设备方面的优势，使双方的资源得到最佳的互补和配置，才能最快地将科学研究的成果转化为技术、产品、商品直至占领市场。正是在这个意义上，高校与企业的合作是促进经济和社会发展的"原动力"。

第二，校企合作是高校职能拓展的"牵引力"。随着知识经济的到来，如何在激烈的竞争中立于不败之地，是所有高校需要思考和解答的问题。为了求生存、求发展，高校必须要向外界寻找支持，其中企业就是重要的提供支持的对象。因为，一方面，高校可以依靠企业的信息，特别是对人才需求的信息，调整人才培养方案，使其所培养的人才适应社会与市场的需要，提高毕业生的就业率；另一方面，高校可以依靠企业提高科研与教学水平，高校与企业的科研合作不仅使高校的理论得以运用与检验，为广大的教师提供科研的机会与平台，而且使高校能够及时了解企业的现实需求、困惑与最新的发展动态，从而为高校的科研与教学提供鲜活的素材。

第三，校企合作是现代企业生存发展的"磁场力"。校企合作通过将企业产品研发的迫切需求、科技成果的市场转化能力与高校高素质的人才资源、大量的科技成果进行整合，可以帮助企业成为技术开发与创新的主体，推进企业科技创新的跨越式发展。企业与高校的合作，特别是与高校中的一些经济管理类学院的合作，可以帮助企业有效地诊断管理中的一些问题，并提供有关规范管理针对的各级员工的培训，协助导入科学正规的管理体系。企业与高校的合作可以把企业对人才的要求直接反映到人才培养的过程中，并且通过合作，企业形象和文化得以宣传，这有利于吸引优秀学生到企业就职，最终有助于企业构建高素质的人力资源结构。一方面，企业通过与高校的合作可以对学校的有关实用性研究成果、后勤产业项目、基础建设项目进行投资，甚至直接投资办学院、办专业，并根据投资的大小取得相应的回报，另一方面，高校还可以为企业的投资经营行为提供信息、咨询、研发的支持，从而可以有效拓展企业的生存空间。企业通过与高校的合作，借助高校丰富的科技文化内涵、强大的文化传播和渗透能力以及高层次文化研究人才，可以提炼出鲜明而有影响力的企业核心文化另外，企业与高校的人员的交流和相互学习可以对整个企业的学习气氛产生积极的影响，有助于企业学习型组织的建立。所以，校企合作是培育和发展企业文化的有效途径。

在我国实际的校企合作中不乏成功的案例，但总的来说，我国的校企合作还未冲破校企之间的围墙，校企合作还存在着诸多问题。从宏观层面来讲，缺少配套的政策措施。例如，至今还没有制定权威、完整的校企合作的准则和指导原则；还没有建立专门的校企合作的协调机构，负责设计、考核、监督和推行校企合作活动；还没有成立专项的基金对校企合作项目予以资助等。从微观层面来讲，一方面存在着校企合作内容狭隘、层次较低的问题，如目前我国的校企合作主要局限于订单培养、共建基地、顶岗实习等方面，内容简单，形式单一，缺乏深入的合作与交流。另一方面存在着"四种隔离"，一是目标隔离，高校的研发体系中是以成果、知识为导向的而不是以商品、市场为导向的，脱离企业的实际需求；二是人员隔离，高校与企业的研发人员分属不同的法人单位，很难被真正联合；三是经费隔离，我国研究开发经费的控制主体是政府，企业和高校的技改和攻关项目的经费大都来自不同的政府部门，各自独立，很难被整合；四是成果隔离，由于高校游离于企业之外，来自企业的科研任务少，成果转化难，共性技术、关键技术创新不够，相当多的科技成果在实验室诞生后，只是在各种级别的鉴定会作为展品。

从字面上来看，校企全面战略合作主要涉及高校和企业双方，但高校和企业在校企合作中都有各自不同的利益追求，因此需要政府发挥主导与协调作用，提供相应的政策和措施鼓励、引导和促进校企之间的全面战略合作，为校企合作保驾护航。所以，要想解决校企合作中存在的问题，政府、高校和企业需要针对各自的问题改革创新，从而促进校企全面战略合作的实现与健康发展。

首先，政府在推进校企全面战略合作中应发挥主导作用。第一，制定与完善相应的政策法规。一方面要修改和完善已有的相关法律法规，如《中华人民共和国职业教育法》等；另一方面要制定专门针对校企合作的政策法规，明确高校和企业在校企合作中的主体地位，确定双方的法定权利与义务，为校企合作的良性发展提供法律保障。第二，制定和完善校企合作的管理制度。政府要在广泛听取行业、企业、高校的意见的基础上，研究制定有利于建立平等、互信、双赢的校企合作关系的指导性文件，对企业资质、校企合作协议、校企合作洽谈、合作协议审批、校企合作保障、校企合作监督等提出可行的要求，做好校企合作的推动者、过程的监督者、成果的评估者和利益的协调者。第三，加强对校企合作资金方面的政策支持，如成立专项的基金对一些校企合作的科研项目进行专项资助；对参与校企合作的企业给予减免税额等优惠，鼓励企业参与到校企合作中来；或是成立校企合作的基金，对成果显著的校企合作项目、在校企合作中有突出贡献的个人（企业负责人、高校教师）给予一定金额的奖励；等等从而对校企合作产生一定的激励作用。第四，鼓励和扶持校企合作中介机构的建立。高校和企业是两个独立的主体，双方的沟通与交流往往存在着信息不对称与信息不完全的问题，所以那些专门为校企合作服务的中介机构十分有必要。鉴于我国中介机构的发展还不成熟，政府有必要对中介机构的成立与发展给予政策上的扶持与引导，帮助它们尽快成长，发挥其应有的作用。

其次，企业要树立正确观念，变"被动"为"主动"。长期以来，我国大部分企业习惯于通过扩张来提高企业效益，以粗放型的发展方式为主要发展战略。企业处于以市场换技术的低水平发展阶段，其自主创新的愿望不足，对技术仍存在"重引进、轻吸收"的惯性。这也是一直以来校企合作中企业略显被动的原因。在近几年我国倡导建设资源节约型、环境友好型社会的背景下，在劳动力成本不断上升的现实背景下，企业要充分认识到今后的发展之路依赖于科技的进步与创新，科技的进步与创新依赖于人才与知识的占有，而企业通过校企合作是可以向高校寻求到这种支持的。只有让企业充分认识到校企合作对自身的好处，才能真正让企业在校企合作中变"被动"为"主动"。企业不仅要有校企合作的理念，还要将这种理念贯穿于企业的实际活动中。例如，研发部门要有专门的科室与人员负责与高校的沟通与联系，一方面可以和高校一起进行科研攻关，另一方面可以通过高校解决企业研发人员的继续教育问题，使他们及时了解学术界的最新理论动态，及时更新自己的知识与理论储备。再如，就是人力资源部门也可以有专人负责与高校的沟通与交流，一方面，企业可以委托高校培养自己所需要的人才，即所谓的"订单培养"模式，抢占人才的先机；另一方面，企业可以依靠高校的资源，解决各部门员工的培训与进修问题，提高企业员工整体的知识素养。

最后，高校要全力支持校企合作。第一，以企业的需求为导向设置专业和课程。高校根据企业的需要参与企业的市场分析、发展规划、产品开发、人员培训、技术攻关等方案的制定和实施，从而了解和把握企业对人才的需求，及时调整和改革课程设置，使专业设置和课程安排反映经济现代化和社会信息化的时代特征，使人才培养与企业的生产方式、设备条件、管理模式、技术改造相适应。第二，实行"弹性"的学习制度。由于条件限制，学生的实践训练时间和质量得不到保证，这严重影响了教学质量和学生动手能力的提高。实行在校学习与工作实践交替进行的"弹性"学习制度，可以使学生能够自主选择专业、课程、学习方式和学习时间，工学交替、半工半读、分阶段完成学业的方式可以使理论与实践更加紧密地结合起来。第三，为教师参与校企合作搭建平台。例如，高校可以通过申报课题的形式，鼓励教师加强与企业的合作与交流，对校企联合攻关的课题给予帮助和支持；以高校可以利用学校的品牌向企业界进行项目征集，然后以竞标的方式将项目落实到各个教师身上，为教师与企业的合作牵桥搭线；高校也可以为已有的科研成果申请专利，然后通过举办类似成果展销会的形式，邀请企业参加，将教师已有的科研成果引入企业，将其转化为生产力，使其发挥应有的功效。第四，建设德才兼备的"双师型"教师队伍。现在社会越来越强调人才要具有实际动手的能力，相应地也要求高校的教师不仅要懂得理论，也要提升技能方面的素质。高校一方面可以完善教师聘用制度，从企业引进一批生产和服务第一线的高级技术人才充实教师队伍，并通过他们培养年轻教师，提高年轻教师的技能水平；另一方面可以建立专业教师定期轮训制度，支持教师到企业进行工作实践，重点提高教师的专业能力和实践环节的教学能力，以尽快培养出一支"双师型"的教师队伍。

总的来说，校企合作是促进经济社会发展的"原动力"，是高校职能拓展的"牵引力"，是现代企业生存发展的"磁场力"所以，政府、企业、高校等多方需要共同努力冲破校企之间的围墙，从而实现校企之间的全面战略合作。

（四）整合科技协同创新资源，努力构建协同创新战略联盟

战略联盟（Strategic Alliance）的概念最早是由美国 DEC 公司总裁简·霍兰德（J. Hopland）和管理学家罗杰·奈格尔（R.Nigel）提出的，指由两个或两个以上有着共同战略利益的企业或特定事业和职业部门，为了实现共同开发或拥有市场、共同使用资源以及加强竞争优势的战略目标，通过各种协议、契约而实行的优势互补、风险共担、生产要素水平式双向或多向流动的一种合作模式。

产学研战略联盟（协同创新战略联盟）是指包括企业、高校或独立设置的科研单位、政府、金融机构在内的产学研合作主体，为了实现某一或某些战略性目标而建立的相互协作、相互支持的伙伴关系。

1. 整合科技协同创新资源

（1）构建协同创新战略联盟有着深刻的理论基础。协同理论认为所有系统可以被分为若干个子系统，在一定条件下，各子系统为一个共同目标而自行组织起来，通过相互间的扬长避短，可产生"1+1>2"的协同效应。产学研协同创新战略联盟就是基于这一理论，通过战略联盟实现企业与高校等主体的资源共享以及研发风险或成本的共担。企业与高校等主体在保持自身独立性的同时，通过战略联盟的方式建立较为稳固的、长期的合作伙伴关系，进而通过相互之间的优势互补实现特定的战略目标，最终实现战略主体与社会总体的目标。

（2）构建协同创新战略联盟有着丰富的现实基础。第一，协同创新战略联盟是提高国家创新能力和综合竞争力的迫切需要。在经济全球化的背景下，创新已经成为当今社会进步和经济发展的主要驱动力，而自主创新能力是衡量一个国家综合竞争力的重要指标。产学研协同创新战略联盟可以整合科技协同创新资源，构建科技创新大平台，并且能够通过对国民经济建设中的重大技术难题进行联合攻关帮助国家掌握自主核心技术。因此，协同创新战略联盟是提高国家创新能力

综合竞争力的重要途径。第二，协同创新战略联盟是促进企业技术创新和技术成果转化的必由之路。企业成为技术创新的主体，即投入主体、研究开发主体、利益分配主体和风险责任承担主体，是知识经济时代赋予企业的历史使命。企业借助协同创新战略联盟可以有效地扬长避短，提高自身的技术创新能力。并且协同创新战略联盟的建立，一方面有助于技术双方深度接触与了解，为双方建立牢固的信任关系提供条件；另一方面通过合同、协商、股份制等形式使技术双方存在一定的责、权、利关系，并使双方成为风险共担、利益共享的命运共同体，这些最终为科技成果的转化奠定了良好的基础。第三，协同创新战略联盟是高水平大学建设的必然选择。众所周知，高等院校的三大职能是教学、科研与社会服务。高校作为协同创新战略联盟的一员，可以有效地利用这一平台优势和资源优势，提升教学质量，培养复合型科技人才；可以直接参与科技成果的研究与探索，将理论通过科研与实践相结合；可以跳出象牙塔，面向社会，真正实现服务社会这一宗旨。并且国外高水平大学的建设经验也向我们证明了协同创新战略联盟有助于高水平大学建设，是高水平大学建设的必然选择。

　　多年来，在党中央、国务院的高度重视和有关部门的大力推动下，我国产学研协同创新取得了令人瞩目的成绩，攻克了一批产业技术难题，实现了产业的技术进步与优化升级。但是不能否认的是，目前我国的产学研协同创新还存在着诸多问题。第一，科技资源分散，整合意识不强。科技人才资源、科技经费资源、科技成果资源等科技资源分散、不集中，政府和企业、企业和企业、企业和科研机构之间没有相互联动、达成共识、形成合力，缺乏整合集成、优化配置资源的意识。出现这种局面，关键原因是合作主体在思想上还没有真正建立起科技资源优化配置的概念，往往盲目而为，其主要弊端是投入不足与结构分散，进而严重阻碍科技协同创新资源体系的正常运行。第二，产学研合作层次低，尚未形成真正意义上的战略联盟。有调查数据显示，我国目前的产学研合作主要以获取资源为主，企业大多是为了从高校获得技术解决方案，高校为了从企业拿到科研经费，合作多停留在"小作坊模式"。合作的组织形式松散、随机，行为短期化、形式化，多数产学研合作各方未能从"技术交易"层面的合作关系发展至"战略联盟"的共生关系。第三，产学研合作的利益机制缺失，阻碍了协同创新战略联盟的建立。协同创新战略联盟迟迟不能被有效建立，一个很重要的原因就是缺乏良好的利益分配机制。产学研合作各方作为利益主体，肯定是要追求自身利益最大化的，如果没有健全的共同投入、成果分享和风险分担机制，再加上合作协议对责、权、利界定不清，在合作过程中难免会出现矛盾，这会导致合作很难深入进行，甚至导致合作的失败。

综上所述，协同创新战略联盟是政府、高校、企业等多个主体参与的联盟，能否使各主体在战略联盟目标方面达成共识、为各主体的合作创造有利条件、切实保障各主体合作过程中的利益等，直接关系着协同创新战略联盟能否发挥其应有的作用。

2. 加强协同创新战略联盟的建设工作

根据我国产学研合作创新的现实情况，我们需要从制度和文化两个层面加强协同创新战略联盟的建设工作。

（1）从制度层面来讲，主要有五方面。①要完善协同创新战略联盟发展所需的相关法律法规。目前，我国有关产学研协同创新战略联盟的法律法规还不完善，还没有一部专门的法律来协调产学研协同创新的合作关系，这就会导致战略联盟遇到一些实际问题的时候，难以从法律层面得到保障。因此政府有必要从法律层面对协同创新战略联盟中涉及的产权问题、成果转让问题、利益分配问题、合约问题等予以明确规定，使战略联盟的各方在履行自己义务、行使自己权利的同时保护自身的利益，促进协同创新战略联盟的持久发展。在这一方面，我们可以向发达国家学习，如美国在1980年就颁布了协调产学研合作关系的《贝耶—多尔法案》，它明确了高校知识产权的归属和利益分配机制，为高校知识产权的出售和转让提供了制度保障，大大促进了技术转移工作。

②加强科技信息资源的开发与利用。科技信息资源是指具有价值和使用价值、与社会活动相关的各种科技、贸易、生产方面的资料、消息等，是反映科技政策、动态和成果等的重要信息资源。如果战略联盟的各主体间不能共享科技信息资源，战略联盟将因缺乏合作基础而不复存在，在这一点上，科技信息资源可以说是建立协同创新战略联盟的重要基础。所以我们要充分利用基于网络的信息服务平台，通过多单位、多部门的共享与协作，有计划、有步骤地整合政府、企业、高校等主体的科技信息资源，并且通过使科技信息资源数字化、建立信息资数据库、免费向社会公开等方式提高科技信息资源的传播和利用效率，为协同创新战略联盟的建立奠定良好的信息基础。

③完善高校科技创新评价体系，将协同创新战略联盟绩效纳入评价指标。协同创新战略联盟的建立有助于高校教学、科研和社会服务三大职能的发挥，是建设高水平大学的必然选择。但我国高校目前以科研经费、科技成果（论文、著作、获奖、知识产权及其他）、学术兼职等为考核指标，缺乏对产学研合作绩效、技术服务绩效的考核，这不利于协同创新战略联盟的建立。因此，我们要改进对高校科研人员的考核与评价标准，突出产学研合作的联动性，将协同创新战略联盟

绩效纳入新时期高校科技创新评价体系中去，引导和激励高校科研人员因参加产学研协同创新，防止出现参与产学研协同创新的科研人员受制于传统单一的评价体系而在高校被边缘化的现象。

④鼓励多方融资，为协同创新战略联盟提供资金支持。科研项目的研究需要大量的资金支持，特别是一些大型的科研项目需要大量的人力和物力，具有开发成本高和开发周期长等特点，如果不能在资金方面得到保障，这些项目很难得以开发和运作。因此，很难可以通过政策鼓励银行等金融机构参与和支持协同创新战略联盟的发展，如为协同创新的项目提供专项的资金支持和利息优惠政府也可以对参加协同创新的企业给予税收方面的优惠，进而刺激企业加大对协同创新战略联盟的资金投入；政府还可以通过设立协同创新基金，对符合要求的协同创新项目给予资金支持，对成果显著的协同创新项目给予奖励，以推动协同创新战略联盟的发展。

⑤促进风险投资等中介机构的发展。国外的经验告诉我们，中介机构不仅有咨询服务功能和担保功能，还能及时回收对科技研究的投入成本，监督转让双方履行转让协议或合作。中介机构是整合科技协同创新资源的媒介和桥梁，是协同创新战略联盟的支撑。政府应当为中介机构的发展提供宽松的政策环境，并完善中介机构的服务功能。例如，风险投资机构可以为协同创新战略联盟提供风险资本以及孵化中小企业等相关增值服务，从而有助于加快科技成果向生产力的转化和高新技术企业的发展，所以我们要通过为风险投资机构提供相关的政策指导和税收优惠，鼓励其参与到协同创新战略联盟中来。

（2）从文化层面来讲，我们要积极推进协同创新战略联盟的文化建设，为协同创新战略联盟打造和谐的软环境。协同创新战略联盟有着多方主体，每个主体都有其独特的组织文化，如政府追求社会公平，企业追求利润最大化，高校崇尚真理等。战略联盟主体能否在文化层面上彼此适应和认同，能否建立基于信任的合作文化，在很大程度上决定着战略联盟的发展与走向。

这是因为，协同创新战略联盟的各个主体都是一个个鲜活的利益主体，按照经济学中的"经济人"假设，他们都是追求自身利益最大化的。虽然我们通过法律法规、契约、合同等形式明确了各方在共同投入、成果转让、风险负担、利益分享等方面的权利和义务，但在现实的合作中，仍然会出现大量的法律法规、契约、合同等硬性制度无法预期和明确的情况。一旦发生这样的情况，如果各个联盟主体都积极寻求自己的利益最大化，就势必会损害其他合作伙伴的利益，而一旦利益不均，战略联盟就面临着破裂和解体的威胁。这时如果各个联盟主体在文化上彼此适应和认同，建立了相互信任的价值观和行为模式，将在很大程度上避免联盟主体之间道德风险和逆向选择行为的发生，从而使协同创新战略联盟得以长期存在和持续发展。

文化相似的组织比文化差异较大的组织更容易合作。但是过分强调文化的相似性，也会削弱组织学习的动力，且组织文化同化也是不现实的，而联盟主体彼此之间的文化抵制又会导致联盟的解体。因此，恰当的方式是战略联盟的合作各方互相尊重和理解文化差异，建立有效的沟通协调机制。互相尊重、求同存异是选择合作伙伴的基本前提。在合作过程中，各方主体需要相互借鉴和吸收对方的优势，不断加强组织学习，提升自身的竞争力，实现自身文化水平的提升。各种文化在联盟中相互渗透，最后形成合作伙伴能够认可的创新文化，这种文化既融合各种文化特色，又有鲜明的目标特征，能够确保联盟各主体有统一的、相互信任的文化基础。

综上所述，整合科技协同创新资源，构建协同创新战略联盟是提高国家创新能力和综合竞争力的迫切需要，是促进企业技术创新和技术成果转化的必由之路，也是高水平大学建设的必然选择。我们需要从制度和文化两个层面采取措施来促进协同创新战略联盟的持续发展。

（五）联合教育科技产业资源，促进人才培养协同创新

协同创新是政府、高校、企业等主体结合自身的优势和劣势，通过开展合作与交流，以期产生 1+1 >2 的效果。一般来说，提起协同创新，人们通常想到的是对科技的协同创新，而忽视了协同创新还可以用于人才的培养。通过联合教育科技产业资源进行人才培养的协同创新，可以为科技的协同创新提供更多更好的人力资源与智力支持。

人才培养的协同创新也可以被称为产学研合作教育，是一种以培养学生的全面素质、综合能力和就业竞争力为重点，利用学校和企业两种不同的教育环境和教育资源，采取课堂教学与学生参加实际工作有机结合的形式，培养适合不同用人单位需要的、具有全面素质和创造能力的人才的教育模式。它的基本原则是产学合作、双向参与，实施的途径和方法是工学结合、定岗实践，要达到的目标是全面提高学生综合素质，满足市场经济发展对人才的需要。

1. 人才培养的协同创新的价值意义

知识经济时代的到来使知识和人才的不足成为社会的一大矛盾。而联合教育科技产业资源，进行人才培养的协同创新，对于解决这一矛盾具有重要的价值。

第一，协同创新的人才培养是我国经济长期、持续、稳定增长的必然选择。

我国正在调整优化产业结构，大力发展新型工业，高新技术将得到广泛的应用，这就必然导致对技术型、应用型等人才的需求量越来越大，这种复合型人才的需求是否能得到满足将直接关系到国民经济的发展情况。而协同创新的人才培养正是将生产、教学、科研紧密结合，从而提供社会所需的具有实践能力和创新精神的技术型、应用型人才。可以说，协同创新的人才培养顺应了经济社会发展的需要，为经济的长期、持续、稳定增长提供了不竭的人才支持。

第二，协同创新的人才培养弥补了学校教育功能的不足。理论联系实际以及在实践中学习，是人才培养过程中必不可少的重要环节。高校在培养人才过程中的优势在于可以系统地向学生提供理论知识，但缺少对知识的运用和实践环节，也缺乏对技术进行创新的条件。因此，高校要独立完成人才培养过程，在教育功能上是有缺陷的。而通过人才培养协同创新，使企业等的一些校外资源为人才培养所用，可以达到学生在校内课堂和企业生产现场两种教育环境中进行协同培养的效果，从而弥补高校的教育功能缺失。

第三，协同创新的人才培养有助于解决我国的结构性失业问题。结构性失业主要是指劳动者的技能、经验、知识结构与可供的职位空缺不相适应而导致的失业。出现这种失业有很多原因，其中包括信息不对称导致高校培养的人才脱离市场需要。一直以来，我国高校存在着严重的为教育而教育的关门办学倾向，封闭式的办学体制使高校与企业、市场存在着信息不对称的问题，人才的供给方和需求方之间没有建立畅通的沟通渠道，使高校培养出的人才脱离企业、市场的需求，出现了很多毕业生找不到工作和企业招不到所需人才的结构性失业问题。协同创新的人才培养本来就是一种面向企业、面向市场的人才培养模式。人才的联合培养可以打破高校关门办学的格局，使信息渠道更加畅通，使高校了解市场的人才需求动态，及时调整教学内容，提高人才与市场需求的匹配程度，改善大学生的就业状况，缓解结构性失业的问题。

2.我国的产学研协同创新人才培养存在的问题

和国外相比，我国的产学研协同创新人才培养开展的时间并不长，虽然我们进行了积极地探索，取得了一定的成绩，但还是存在着诸多问题。

第一，国家和教育行政主管部门重视不够。国家缺乏从宏观层面上调动高校、企业和学生等产学研合作教育积极性的政策法规。目前，国家对产学研合作教育虽然有指导方针及原则，但尚无可操作的政策法规条文进行引导与调控，缺少税收、信贷、职称、奖励等方面的调节手段，没有形成政府、高校、企业协同运作的人才培养网络。且政府部门尚没有专门的机构对协同创新人才培养进行管理，而高校又受制于教育行政部门的管理束缚，不能灵活地开展协同创新的人才培养活动，制约了协同创新人才培养的深入与持续发展。

第二，高校缺乏对协同创新人才培养的执行力。首先，我国高等教育目前仍处于卖方市场，市场意识、竞争意识尚未真正建立，学校未能实现真正意义上的开放办学；其次，当前我国高等教育处于结构调整的主要时期，高校领导者重点考虑的是学校归属与升格、扩大办学规模，向上争取重大建设项目经费等问题，无暇关注人才培养的协同创新问题；最后，由于教育经费投入不足，高校要拿出较多的经费开展产学研合作教育也是非常困难的。

第三，企业缺乏参与协同创新人才培养的动力。一方面，在市场经济的浪潮中，企业经营面临着国际市场、国内市场的竞争压力，自身的生存与发展问题是企业领导者要考虑的首要问题，而人才培养的协同创新又不能给企业带来直接的利润，所以企业很难将产学研合作教育列入企业的议事日程中；另一方面，国内大批的企业实际上走的是消化吸收外来技术的道路，企业经营中重视营销和售后服务，尚未把技术开发与技术创新落实到操作层面，更不用说关心教育，关注人才的储备与培养，这也是企业参与产学研合作教育热情不高的原因所在。

综上所述，人才培养协同创新涉及政府、高校、企业等不同合作主体，涉及分属于不同场域教育科技产业资源的优化与整合，涉及教学、实践和科研三位一体方式的统一与结合。但是这种合作、整合与结合不可能自行发生，需要我们在明确协同创新人才培养模式的基础上，建立与完善相应的制度体系，以推进人才培养协同创新人才培养模式的健康发展。

3. 探索与实践多元化的人才培养协同创新

（1）探索与实践多元化的人才培养协同创新模式

一般来说，影响协同创新人才培养的因素大致可以分为两大类：一是办学条件和师资水平；二是人才培养模式或教育方式。在办学条件和师资水平相对不变的情况下，人才培养模式是影响协同创新人才培养的核心问题。

结合国外的发展经验，总的来说，协同创新人才培养有以下五种模式：一是校校协同创新的人才培养模式。依托各自的优势特色学科及优势学科群，开展高校与高校之间的协同合作。通过共同承担大型科技攻关项目、互聘师资、共享课程和实验室资源等途径，充分释放人才、资本、信息、技术等创新要素活力。二是校所协同创新的人才培养模式。依托科研院所优质创新团队和优质科研资源，瞄准国家相关重大战略需求和世界科技前沿，围绕国家重大基础研究、战略高技术研究、重大科技计划和国家重大专项工程，整合科技队伍、科技资源，共同构建优质资源平台，营造一流的学术氛围，建立优质资源共享、协调合作的体制机制，开展相关理论和技术研究合作的科研协同创新。三是校企（行业）协同创新的人才培养模式。依托高校与行业结合紧密的优势学科，充分发挥行业特色优势和地域优势，选择具有全局性、战略性的重大工程，集中力量组织攻关，突破关键核心技术，服务产业升级转型和结构调整，从而探索建立多学科融合、多团队协同、多技术集成的重大研发与应用平台，大力开展工程技术人才培养的协同创新。四是校地（区域）协同创新的人才培养模式。结合区域发展的重大需求，高校与自身所在区域内的政府机构、重点企业、科研院所共建科学技术研究院、产业技术研究院、行业研发中心和研发基地，促进科技资源向行业企业和社会开放。构建多元化的成果转化与辐射模式，带动区域产业结构调整和新兴产业发展，在此过程中为学生提供创新实践机会，促进高校学科交叉型、复合应用型创新人才培养模式的形成。五是国际交流与合作协同创新的人才培养模式，依托国际交流合作平台，与国外先进高校和机构开展合作，在工程师跨国企业实习、国际化课程、国际化师资、工程教育学科与专业认证、联合培养学位项目、国际交换生、短期游学项目等方面开展国际合作，提高工程教育的国际化水平，培养具有国际视野和国际交往能力的工程创新人才。

（2）建立与完善人才培养协同创新的制度体系

第一，制定和完善人才培养协同创新的法律法规体系。政府通过制定人才培养协同创新相关的法律法规，一方面可以解决人才培养实际运行中的利益分配问题，保护合作各方的合法权利，另一方面，合作各方也可以依赖法律法规通过契约的方式建立协同创新的长效机制，为长久稳定的合作关系提供信用保障。政府可制定《高等学校教学实习和社会实践保障法》，对社会各用人单位在人才培养中应承担的责任和义务进行法律层面的规定，并赋予承担产学研合作教育任务的企业应享有的权利，如税额减免等，明晰企业在人才培养协同创新中的权、责、利，以鼓励企业积极参与人才培养的协同创新。

第二，建立与完善人才培养协同创新的管理体系。从政府方面来讲，为保证人才培养协同创新的有序进行，各级政府应设立相应的组织管理协调机构，例如组织由企业、高校、科研院所和政府有关部门参加的人才培养协同创新指导委员会，对人才培养协同创新进行指导与协调，及时排除合作中出现的问题，以推动人才培养协同创新活动的健康发展。高校要积极与外界进行人才培养的合作与交流，成立专门的机构负责与政府、企业、行业等主体的沟通与协调工作，真正把人才培养协同创新落到实处；高校要改革教师考核与评价制度，将人才培养协同创新作为重要的考核内容，以鼓励教师把注意力更多地集中在人才培养的协同创新上。

第三，构筑与优化人才培养协同创新的平台体系。人才培养的协同创新最基础的工作是构筑企业与高校之间人才培养的支撑平台。支撑平台是人才培养协同创新的载体所在，是人才培养活动得以开展的基础。因此，我们一方面要积极拓展校外人才培养平台，高校要依托与企业长期合作的基础，把原有的实习实践基地的功能进行扩展，从单纯的输送学生到企业实习，转变到为企业全方位培养创新人才。另一方面，要整合校内高水平学生实践平台，高校不仅要充分发挥企业优势，瞄准和跟踪行业企业最新科技发展来打造实践平台，而且要依托学校高水平科研平台，形成向学生开放的机制，使学生受益。

综上所述，联合教育科技产业资源，进行人才培养协同创新是协同创新的进一步深化，可以为我国经济的发展提供不竭的人才支撑，弥补学校教育功能的不足，缓解结构性失业的现实问题。我们需要开拓视野，超越传统的校企联合模式，构建校校协同、校所协同、校企协同、校地协同、国际合作协同等新模式，为人才培养的协同创新提供法律和管理保障，构筑多方位的平台体系，以促进人才培养协同创新的持久与健康发展。

第五章 凸显内涵式发展特色：新建本科院校校企合作协同创新人才培养模式

内涵式发展已经成为国际名校积聚竞争力的战略手段。国际高等教育发展的历史经验表明，内涵式发展不是单纯地迎合社会发展需求，而是积极融合社会发展需求的过程，因而需要坚实的实践载体。

第一节 新建本科院校校企合作协同创新理论概述

一、协同创新的内涵、要素与特征

协同创新最初由工商组织把学者哈肯提出的协同论（synergetic）应用在企业新产品研发和组织内部人员优化方面。随后随着企业组织管理的日益复杂，企业面临的竞争态势也已经由"零和博弈"向资源互赖、"双赢—多赢"演变，传统金字塔型组织框架和职能型组织运作机制已经成为禁锢企业快速反应的障碍，协同创新已经突破企业边界向跨资源整合的多边协作体系演变。特别是在当代，随着"众包"（crowdsource）思想日益被企业接受并成为企业竞争的利器，塑造有形组织的无形边界，已经成为工商组织的当务之急。组织应该具备良好的可塑性，随时可以吸附或者内嵌在一切有价值的体系中，敏捷地适应外部环境，攫取资源，而不是像孔武有力的恐龙，一旦环境变化便轰然倒下。这种"虚者实之，实者虚之"的组织形态正是"众包"时代孕育的组织特征。

协同创新意味着资源和要素突破创新主体间的壁垒，遵循价值链原则进行有效汇集和布点，充分释放彼此间在"人才、智慧、资本、信息、技术"等创新要素的活力而实现深度融合与合作，把创新的主导权释放到价值网络的每个节点上，形成一种全新的价值驱动、分配模式与结构。

高校协同创新是以面向科技前沿和社会发展前沿需求为导向，集结"政产学研用"多方创新主体,围绕涉及国家核心利益的重大战略性前瞻性问题、产业发展中的普适性问题、区域社会经济发展的焦点问题以及文化传承中的创新议题,开展深度合作。赵德武认为协同创新是个立体概念,它不仅仅是技术层面的合作,更是贯穿战略理念;也不只是单纯的科研组织形式,更是科研创新的新形态。

由此,全面解构"协同创新",需要把握以下特征:

首先,高校协同创新是一种"拉式"创新行为,不是被动的"推式"创新行为。高校创新以面向国家战略需求和社会发展亟待破解的困局为导向,以国家战略需求以及关系国计民生或企业发展的重大技术难题为协调创新的客体。

其次,高校协同创新主体涉及"政产学研用"等多方力量。以高校为主体,政府为主导,企业、社会、科研院所(及其他高校)、国外研究力量等为主要参与力量。

最后,协调创新的主导权释放到价值网络的每个节点上,形成一种全新的价值驱动和分配模式与结构,因而"高校资源整合能力(由高校的影响力和吸引力决定)"以及"价值分配和激励机制"是构建协同创新体系的抓手,是协同创新的主要驱动力。

二、协同创新中心指导

(一)指导思想

按照"国家急需和国内一流"的要求,为了国家亟待解决的重大战略性问题、科技尖端领域的导向性问题以及与国家和人民有关的重要社会公益性问题能够得到更好的解决,要创造一流的创新气氛,汇聚一流的创新团体,培育一流的创新型人才,稳固一流的创新成就,为国家的重大需求服务,一步步地形成"中国特色""在世界排行一流"的新型办学模式,加快创建一流的新力量和新优势。

(二)参与范围

创建协同创新中心的根本前提是需要有参与进来的企业和在长远目标下形成的优良合作,这是由中心的定位确定的。协同创新中心的构成单位是高等教育学校、部分重点企业和科研院所,这些组成单位是协同创新体的重要核心,作为协同创新的密切合作关系层,组成单位拥有对如何建设规划协同创新中心、协同创新中心往哪个方向发展、协同创新的学术评价等方面的决定权,同时要担负建设协同创新中心的基本责任。高校、企业和科研院所间以密切合作形成人才和创新的优势、以需求的牵引来显示产业的急切需要、以创新发展的成果快速转换成产业发展的现实动力，处于紧密合作的各个关系层单位之间形成耦合螺旋式发展，"理论""技术"和"市场"三者相互驱动、相互促进、共同发展，从而形成很好的良性循环。核心层之外，在对外开放以及流动原则指引下，部分行业内的有关企业以及科学研究院所汇聚于协同创新中心，相互学习彼此特长，并合作开展有关的协同创新工作，而协作层就是由这些企业和科学研究院所构成，加入协作层有多种方式，可以以个人名义加入，也可以以团体和单位的名义加入，但建设协同创新中心的基本职责不是由协作层单位来承担的。

协同创新中心的基本组成部分是核心层，在此基础上补充加强形成了协作层，两者组成了协同创新体的圈层组织结构，行业产业中亟待解决的重要技术问题成为两者的纽带，相互补充、协调发展，如图5-1所示。

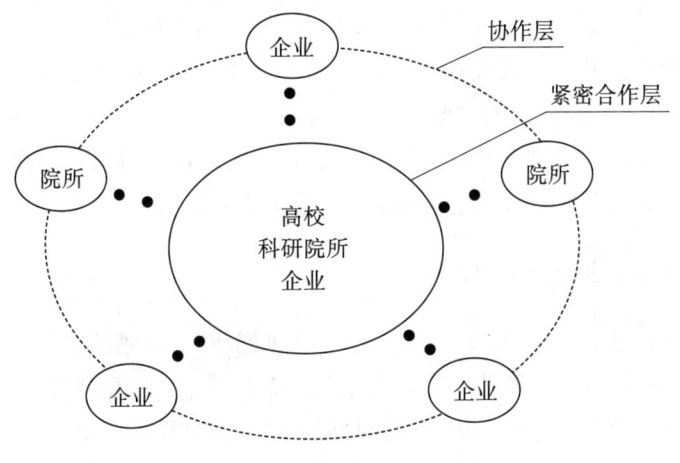

图5-1 协同创新概念模型

（三）类型及发展目标

协同创新中心的创新项目主要根据科学技术前沿、文化传承创新、行业产业、区域发展等标准划分为以下4类。

1. 面向科学技术前沿的协同创新中心

以"追求卓越、促进交叉、国际接轨、世界一流"为建设宗旨，建设具有国际重大影响的学术高地，汇聚一流人才和培养拔尖创新人才，推动国际科技合作与交流。主要建设目标：产出国际学术界公认、具有重大科学价值的原始创新成果，引领该领域前沿的部分新方向和新兴学科；汇聚形成国际化的高水平科研团队，培养出具备国际化视野、杰出创新能力的科研人才，人才培养水平为国际一流大学和顶尖科研机构认可；开展具有国际重大影响的学术交流活动，主办或承办该领域国际顶尖学术会议、学术期刊，与国内外一流的大学、科研机构建立实质性的合作，成为全球杰出科学家访问、交流最为活跃的中心之一。

2. 面向文化传承创新的协同创新中心

以"传承文明、创新理论、咨政育人、服务发展"为建设宗旨，服务重大决策的国家智库，推动文化传承创新，引领我国人文社会科学发展和理论创新。主要建设目标：紧密联系与人民群众密切相关的热点难点问题及党和政府关注的重要现实性问题，把多个学科的知识和技术汇聚在一起，开展整体性、战略性、导向性和先进性的综合研究，提出具有目标性、现实性、可操作性的政策层次上的建议，积极引导社会舆论，为国家经济社会发展、党和政府科学决策提供有力的智力支撑；为建设社会主义文化强国目标的实现做贡献，把推进社会主义核心价值体系的建设作为重中之重，推出一批传承人类文明、弘扬中华优秀传统文化、社会主义所倡导的先进文化要求的标志性成果，努力传播普及中华民族的优秀传统文化，提升全民文化素质，推动中华文化走向世界。

3. 面向行业产业的协同创新中心

以"支撑传统、引领新兴、产学融合、贡献重大"为建设宗旨，研发我国行业产业前瞻与共性技术，推动产学研用融合发展的转化，培养高端行业产业人才。主要建设目标：紧密围绕国家传统产业转型升级和战略新兴产业培育的重大需求，以重大创新任务为牵引，产出重大技术装备、重大技术体系以及系统解决方案，支撑引领行业产业技术进步作用；促使多个学科知识和技术的交叉与融合，促进新兴学科的出现和发展。依托的主体学科迈进了国际先进行列；与该领域的大中型骨干企业、科研院所联合建立多个团队共同合作、多种技术集成发展的科研应用平台，创立高校与行业产业之间互融互通的技术方面的创新模式，产业获益明显，社会贡献突出，自主发展能力强劲。

4. 面向区域发展的协同创新中心

以"政府主导、区域急需、创新引领、影响突出"为建设宗旨，推动区域创新发展，促进区域重大成果转移和辐射，集聚和培养创新人才。主要建设目标如下：紧密围绕区域创新发展的重大需求，以区域重大创新任务为牵引，产出一批具有重大带动和影响作用的创新成果，促进区域传统产业的改革发展，加快实现新兴产业的进一步发展，加快社会建设的进一步完善，给地方政府提供可靠的战略性指导和相关服务；多范围地吸纳服务区域内有创新发展潜质的优秀人才和强大的创新力量，培养大量满足区域企业需求的高端实用型人才，促进学科交叉融合，培育新兴学科，形成特色鲜明、国内一流的学科体系；充分发挥地方政府作用，广泛集聚区域创新资源和要素，形成政府主导、依托高校、产学研用紧密协同的技术创新与成果转移新模式，产业获益明显，区域贡献突出，自主发展能力强劲。

（四）重点任务

1. 构建面向重大需求的协同创新模式

建立协同创新中心的基本条件和前提是，以国家急切需求为导向，以重大创新任务的全面完成为目标开展协同创新工作。协同创新中心的建设必须从承担并完成对国家、行业企业、区域的进一步有效发展有重大影响的协同创新任务开始，研究设计中心到底应该如何建设以及如何发展，要清楚地知道各主要的协同单位在资源方面的贡献、任务担当和政策支持，全面完善协同创新中心的组织管理与运行方式，构建以需求为牵引、问题为导向、各具特色、满足重大任务要求的协同创新模式。

2. 探索先进的协同创新机制

深入贯彻落实十八届三中全会精神，把协同创新中心建设作为高校深化机制体制改革的试验田，以重大协同需求为导向，加速推进和完善高校人才教育、人事管理、相关资源分配、科研组织管理、创新文化形成及国际交流与合作的全面改革，构建并逐步促进更加高效的协同创新机制的形成。要因地制宜，做好顶层设计，抓住主要问题和突出矛盾，整体、协调、系统推进各项改革，努力突破阻碍高校协同创新的内在制度性瓶颈。要打破高校、企业与科研院所等创新主体之间的体制壁垒，充分利用部分企业、高校、科研院所等不同创新主体在基础技术和前沿技术研究以及社会公益等方面的众多优势，创造充满活力和具有先进制度的协同创新氛围。

3. 构建三位一体的协同创新能力

始终以科研、学科、人才"三位一体"为宗旨与准则，付出更多的努力提升"汇聚和培育高端创新人才的能力、需求指导下的多种学科相互交融发展的能力、有组织的科学研究能力"。围绕重大需求和重大任务，把一流的人才和团队、具备优势的学科及发展平台、优质的科研资源和科研条件整合起来。最大程度发挥科技创新的进步对培养人才和建设学科的积极作用，促进科研创新成果转化为教育教学资源和现实生产力，加快新兴学科和交叉学科的创新发展，培养一流创新型人才。充分展示出以学科为基础、以人才为核心、以科研为支撑的建设思想，增强高校综合创新能力，推动高校发展方式的转变。

4. 建立相对独立、高效、开放的运行方式

协同创新中心是依托高校和协同单位管理的相对独立的运行实体，在人、财、物等方面按照有关规定享有自主权。建设发展协同创新中心的责任主体是协同单位及其依托的高校，依托高校与协同单位也是协同创新中心机构决策和管理的构成要件。协同创新中心应该建立高效的内部管理机制，科学、合理地配置创新资源，处理好与校内院系、现有基地和平台以及外部机构之间的关系，扩大人员的互聘、合作与交流，加强成果和仪器设备的共享，建立切实的开放机制，形成相对独立、一定规模的科研实体，支撑高校的学科发展和人才培养。

5. 开展高水平、有组织的科研创新

在协同创新重大需求的引领下，制定发展的详细规划，确定创新目标和实施路径，增强有组织的创新能力。建立以质量和贡献为导向的科技创新绩效管理模式，将人员选聘、资源配置、科研评价、人员激励与重大任务创新贡献紧密结合起来，明确各团队的任务、职责和产出。注重原始创新和重大创新成果的集成，体现成果的重大性、整体性和标志性。注重产学研用的紧密结合和解决国家重大需求的实效，将社会评价作为协同创新中心绩效评估的重要依据。注重国际创新资源的引进和利用，提高国际合作的层次与水平，增强协同创新中心在国际上的影响力。

三、协同创新中心实施的程序

根据国家有关部门相关计划的的基本要求，前期培育、评审认定、绩效评价等组成了协同创新中心的组织实施程序。其中，评审认定过程又可分为形式初审、专家初审、会议答辩、综合咨询和领导小组审定5个阶段。

（一）前期培育

在计划实施的原则下，要把共同确定协同创新的方向、组建协同创新共同体、氛围建设与环境创新、汇聚要素和资源创新等放在重要位置，一步步地构建协同创新崭新的平台与机制。

1. 规划并确定协同创新方向

要想确定协同创新方向，就要首先考虑国家科技发展的尖端领域以及国家、各行业产业的重大需求，并与地方高校实际的特色和优势结合起来。再者，为了防止纯粹的研究项目的出现，选择方向时应该遵循针对性、前瞻性和战略性的原则，科学研究要具备广度与深度，要体现出国家与社会的需求，要充分体现多种学科互相交融的特点。

2. 创建并组合协同创新体

为了各协同创新体能够实现强强联合，要以高校为主体，积极主动地与校外优势力量建立长久的联系。创建实质性而不是形式上的协同组织管理机构，并与协同创新体的优势、特色与能力紧密结合，协同创新模式和类型的选择要与实际相符合。制定全面的实施方案与路线，明确各方面的责任，做好明确具体的分工，创建协同创新崭新的平台与机制。

3. 汇集并整合创新要素与资源

协同创新特有的汇聚作用要得到有效的发挥与利用，要充分整合利用国家、各行业的各项有用资源，主动吸收接纳各省市、广大企业和国内外各主体的投资与支持。在与一些创新要素（基地、资本、平台、成果、信息、仪器设备等）进行整合的过程中，要把人才作为一切要素与资源的核心，培养协同创新的新特色与新优势。

4. 构建并保持创新环境与氛围

为了建立有利于协同创新以及解决国家、地区重大需求问题的长远有效的机制，要紧密联系协同创新的目的与任务要求，全面系统地设计体制机制的改革与创新，完善人员录取与测评的方法，在学生的培养机制上进行创新，创建能够整合资源、共享成果、把组织管理和创新有效结合起来的制度体系。

（二）评审认定

协同创新中心的认定，要突出高水平、高标准、宁缺毋滥的原则。评审实施细则如下：根据一定的规模和数量，国家每年组织一次对不同类的中心进行择优选择；国家将会对通过评审认定的"协同创新中心"提供政策和经费上的支持，进而发挥协同创新的引导作用、聚集作用。

（三）绩效评价

以往，协同创新中心的绩效评价，总是用实现的成果、发表的论文以及获得的奖赏作为标准。如今，协同创新中心绩效评价坚持以贡献作为主要标准，着重评价3个方面：一是建立多元化的考核评价体系，采取不同领域、不同类型的人才评价方法，评价人才的创新能力、综合素质和文化传承能力；二是以科研活动对协同创新中心项目的开展及技术进步等的实际贡献率为标准评价科研质量；三是评价协同创新中心对地方产业的实际和直接贡献率。质量评价体系的构建要素和内容如图5-2所示。

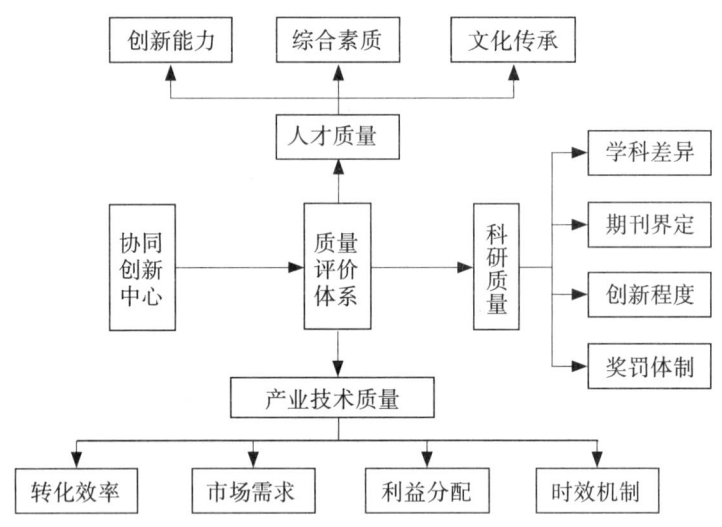

图5-4 质量评价体系的构建要素和内容

（四）保障措施

1. 强化高校主体责任，处理好中心建设与高校整体发展的关系

这就要求高校站在整体发展的高度规划、设计本校的协同创新工作。一方面，协同创新中心建设涉及高校诸多领域，不是仅靠院系、中心主任、院士、著名教授能够完成的任务，必须要从学校层面进行统筹和推进，要成为当下高校的"一把手"工程；另一方面，协同创新中心的建设需要各方面的团结协作，它并不是一个孤立的事件，高校的其他学科及人员必然会受到影响。所以，必须让协同创新中心的示范带动作用得到充分而有效的发挥，必须及时地做好协同创新中心的

改革经验、改革成果乃至失败挫折等的总结和转换工作，必须推动高校的整体改革而不是局部改革，改革的"红利"要让更多的师生共享。

2. 推动体制机制改革，增进高校改革自主权

高校应抓住良机，推进体制机制改革，这是对高校众多领域进行重新评价和系统科学变革的过程，体制机制包括激励机制、合作机制、人才培养机制、评价机制和竞争机制等。为了能够更好地形成地方高校"进位赶超"的不断发展变化的长效机制，地方高校一定要整装待发，不能错过进一步推动深层次体制机制改革的难得契机。政府和高校要给予协同创新中心相对独立的人事制度改革与管理的自主权，切实增强高校作为创新主体的活力与动力，深入推动科技资源的开放共享、合理流动与高效利用，加快促进各种创新力量的深层次融合汇通，努力完善教育与产业、科技、人才、项目等多方面、多层次的协同机制，为协同创新战略的扎实推进提供坚实的支撑。

3. 落实专项经费支持，提高经费使用效益

为协同创新中心提供经费支持的有中央财政专项资金、地方财政资金、行业部门和企业投入资金以及高校自筹资金等，高校和协同创新中心应统筹规划各项经费，科学、合理地安排使用。高校协同创新经费要实现灵活性和合理性的双重标准。中央财政按照分类支持的原则，结合不同类型协同创新中心的特点，确定协同创新中心在建设周期内的中央财政专项资金预算控制数，并分年度下达。在财政部、教育部规定的范围内，协同创新中心可自主安排使用中央财政专项资金。财政部、教育部将加强对资金使用管理情况的监督检查，并根据检查情况动态调整中央财政专项资金额度。各依托高校、协同创新中心及协同单位要建立健全专项资金管理责任制，完善内部控制机制，确保资金使用规范、安全、有效。

第二节　国内外新建本科院校校企合作创新人才培养模式

伴随着我国的高等教育由精英化教育到大众化教育的转变，教育体制也在不断地进行改革和深化。为了适应社会发展的需求，我国高校逐渐形成多种人才培养模式。通过国外的高等教育的经验我们可以看到，校企协同培养人才是世界各国，尤其是经济发达国家的教育改革与发展的主要趋势，是教育与产业经济相结合、培养应用型人才的有效途径。在我国，自改革开放以来，高等学校的校企协

同人才培养模式已经形成多种平台、多种模式共同发展的态势。企业与高校只有共同参与到人才培养中，才能改善当前高校毕业生在校学习理论与工作实践脱节的教育状况。校企协同的人才培养模式已成为教育改革及理论研究的热点。校企协同是培养复合型、应用型、高素质专门人才的主要路径。我国部分高校已经开始在一定程度上开展了校企协同的人才培养模式。有些高校已经在这一方面取得了显著的成就，但大多数高校在校企协同人才培养的过程中仍处于初级阶段，没有更深层次的发展。很多高等院校并没有意识到构建长效稳定的校企协同创新创业人才培养体系的重要性。只有构建符合人才发展规律的校企协同创新创业人才培养体系才能培养出适应社会发展的各类人才。

一、国内外校企协同培养人才现状

（一）国外校企协同培养人才现状

近年来，校企协同创新创业人才培养体系已成为世界主要国家进行高等教育改革与发展的主要趋势，尤其是经济发达国家和地区更将其作为教育与企业经济结合、培养高水平人才的有效途径。德国、美国、英国、法国等国家在校企协同人才培养上的实践探索和理论研究已形成比较固定的模式，积累了很多可以借鉴的经验。例如，德国的"双元制"模式、美国的"合作教育"模式、英国的"三明治"模式等。

1. 德国校企协同培养人才现状

德国经过多次的高等教育改革，逐渐形成了"教育同科研、生产相结合"的办学理念，政府积极参与并倡导校企协同人才培养，建立起多个校企合作研究中心，比较有代表性的有 E.ON 能源研究中心和新材料模拟研究中心。这种校企协同的研发模式集基础研究和应用研究为一体，以科研带动教育与生产，优化配置了高校的学术资源，将其有效地转化为生产力。

德国校企协同人才培养采用的是"双元制"教育模式，其中的一元是指学校，主要职能是传授与职业有关的专业知识；另一元是指企业，它的主要任务职能是向学生提供职业技能方面的专业培训。这种教育模式下的学生具备双重身份：在学校是学生，在企业是实习生。学生在学校接受的理论教学与在企业接受的实践训练的教学时间比约为1：2。学生实践操作能力的训练是实现培养目标的关键，理论教学的目的是为实践教学打下前期的理论基础，是解决实践教学过程中为什么这样做的根本。德国的"双元制"教育模式中政府处于监管的地位，学校、行业主管部门和生产单位实行三重负责制。在德国，政府出台相关教育政策后，学校和企业都会主动、积极地参与，对于那些不参与校企合作培养人才的企业，政府会通过税收政策等方面手段对其进行调控，同时企业对学校所培养学生的满意度决定了政府对学校的财政支持程度，促进企业与学校间的合作。

2. 美国校企协同培养人才现状

现阶段美国的"合作教育"由企业和学校合作，共同对学生实施教育。学生的教育计划由学校和企业共同制定，学校根据教育计划安排学生的在校学习时间和学习课程，企业根据教育计划安排学生的校外实习时间和实习项目，这个时间的比例通常是1∶1，最后学生的成绩由学校和企业根据在校和实习的表现共同评定。学生通过这种教育方式获得了学分、薪酬和实习的机会，企业通过学生的实习，对学生进行了充分的考察，从中可以选择自己需要的新雇员。

美国在1962年就成立了国家合作教育委员会，第二年在其推动下又成立了合作教育协会。委员会和协会负责协调全美1000所院校合作教育工作，所实施合作教育的学校均设有自己的合作教育部。美国从最早的1958年颁布的《国防教育法》到2006年颁布的《卡尔·伯金斯生涯与技术改进法》都是美国校企合作能够有序、规范、高效进行的必要保障。

3. 英国校企协同培养人才现状

英国的校企协同教育模式叫做"三明治"式教育，学生先在企业实习一年，然后在大学完成三年制的理论课程，毕业后再到企业实习一年，这是针对专科学生设置。对于一些高等工业院校，他们则采取"薄三明治"的培养模式，规定大学前三年的每一个学年为两个学期，学生第一个学期在校学习理论，另一个学期在工厂接受实际训练。第四学年为三个学期，学生在学校学习并取得学位。

英国在实施校企协同人才培养的过程中，重视发挥企业的积极性，保证企业全程参与高校的办学过程，包括制定教学计划、课程改革、专业设置、教师培养和学校管理等。企业人员在一些相关教育机构中任职并直接加入学校的领导班子，企业与学校共同建立校企协同人才培养制度，为学校提供实习实训设备和场地。企业参与对学校的评估工作以及制定职业资格标准。高校则十分重视社会调查，根据社会、企业需求设置专业。高校严格按照行业协会和企业制定的标准进行教学，把职业知识融入课堂教学中。学校开设工作经验课程，定期组织学生到企业参观，并选派教师到企业学习。

4. 法国校企协同培养人才现状

法国的校企协同人才培养属工程师教育，可以追溯到18世纪。学生在校期间，随着学习的不断深入，会以工人、技术人员、见习工程师等身份多次到企业实习，主要目的是学习和掌握工程技术知识，进行工程训练，开展应用研究，了解企业运作过程，从而养成专业的工程素质。

法国的高等院校与企业的联合主要体现在教育培养、研究开发、人员培训以及交流等方面。高校邀请企业界和经济界人士直接参与人才培养模式的确定、专业设置、教学内容与教学方法的确定以及实习实践环节的制定等方面的工作，以最大限度的满足企业的需求。高校的科研课题主要包括工业界的基本理论研究、企业直接委托的研究以及与企业联合开展的研究。高校的研究人员大多在高校与工业企业和法国国家科研中心合办的实验室里，与企业的工程师和研发人员共同从事研发工作。工业界为高校提供大量的经费支持，帮助高校开展研究工作。高校和企业双方的负责人进入双方的领导机构，参与重大事宜的决策与管理工作。高校和企业双方的员工也分别到对方兼职，企业的高级管理干部和工程师到高校任课，高校的教师到企业讲学，为企业开办继续教育。这种校企协同人才培养模式使校企双方共同受益，极大地调动了高校和企业双方的积极性。

（二）国内校企协同培养人才现状

1. 国内校企协同培养人才的模式概述

校企合作模式作为一种新兴的教育模式引起了国内许多学者和专家的兴趣，他们以不同的视角和方法对校企合作教育模式进行了深入的研究。学者们根据校企合作目标导向的不同，将校企合作模式分为人才培养型合作模式、研究开发型合作模式、生产经营型合作模式和总体综合型合作模式；根据校企合作的主体作用不同，将校企合作模式分为企业主导型校企合作模式、高校主导型合作模式、共同主导型合作模式；根据校企合作层次高低，将校企合作模式分为浅层次合作、中层次合作和深层次合作。还有一些学者对校企合作模式进行了详细的归纳和总结，把校企合作模式分为为一体化模式、高科技园模式、共用模式、中心模式、工程模式、无形学院模式、项目组模式、包揽模式、政府计划模式、战略联盟模式。

2. 校企协同培养人才存在的障碍

我国虽然开展了多种形式的校企合作，但是许多学校和企业对自己在合作中该做什么、怎么做还存在疑惑，在决策时也比较迷茫。部分学者指出目前我国真正意义的校企合作并不多，一些地方把校企合作仅停留在口头上，主要是由政策、收益等方面的不足造成的。在当前市场经济条件下，企业采取自主经营，并追求经济效益以取得生存与发展为，这与学校在经营管理上存在一定的差异，也在学校和企业之间设立了一道强大的障碍。此外，政府缺乏有力的财政、政策和一系列法规的支持和约束，这都使校企合作缺乏依据，也得不到保障。

3. 校企协同培养人才相关的政策法规

近年来，教育立法开始受到重视，国家已经出台了一系列相关的法律法规。2010年制定的《国家中长期教育改革和发展规划纲要（2010—2020年）》首次提出了"建立健全政府主导、行业指导、企业参与的办学机制，制定促进校企合作办学法规，推进校企合作制度化"的任务和措施。但是，对于如何推进和加强校企合作，在相关的政策和法规条例之中还没有形成体系的内容，只是零星地分布其中，对校企协同的推动作用不大。迄今为止，国家还没有出台正式的关于校企协同的政策和法规，难以保护学校和企业双方的利益。

二、国内外校企拔尖创新人才培养模式

（一）国外校企拔尖创新人才培养模式

1. 课程革新模式

第一课堂是培养人才的主战场，"课程"是第一课堂的重要承载形式，课程的设置在很大程度上影响着学生的修习范围及效果，进而决定人才培养的质量。国外高校在探索拔尖创新人才培养模式的历程中，将课程的革新作为探索与改革的突破口。课程革新较通用的方式是对课程进行一定类型的划分，再以特定形式组合，学生在适当的范围内必修或选修相应类型课程，墨尔本大学与筑波大学实行的是两种具有代表性的课程改革方式。

墨尔本大学设置了"新生代学位课程"（新生代学位指文学、生物医学、商业、环境、音乐和科学六大类本科学位），即以学位的不同划分了相对应类别的课程。学生在校期间至少需要修习一个类的课程，需同时保证25%比例的其他类课程的学习。

筑波大学建立了独特的学群制度，课程以群的形式组合而成。本科阶段的学群数为9个，分别为人文·文化学群、社会·国际学群、人间学群、生命环境学

群、理工学群、信息学群、医学群、体育专业群、艺术专学群。每个学群又分为不同的学类，每一个学群中包含的知识很全面，学生也能修习其他学群的课程。这种课程设置方式打破了现有的学科划分僵局，以综合化教学方式促进学生的创新能力及素质全面发展。

2. 实践体验模式

培养优秀学生，仅依靠课程学习无法达到"培优"目的，"实践"与"体验"已被广泛认可，实践对人才培养更有效已成为认知趋势。实践以科研、项目、竞赛为主流，而将实践精神落实得更加深入的是学研产。

（1）科研、项目、竞赛

美国率先给予学生参与科研、项目的机会，"本科生研究工作机会计划"（UROP）、"独立活动计划"（IAP）、工程类"大挑战学者计划"（GCSP）、"本科生科研学徒计划"（URAP）等种类丰富的计划为学生提供了大展拳脚的舞台。各国纷纷借鉴，科研不再是教授们的专利，学生也能有参与其中的可能。比如，克卢日·纳波卡技术大学（Universitatea Tehnică Din Cluj-Napoca）、布加勒斯特理工大学（Unniversity of Bucharest）都十分关注研究和训练。

在实践与理论联系越来越紧密的今天，已经无法把"实践"与"课程"划分得清楚。美国内华达大学里诺分校（University of Nevada, Reno）为机械类新生开设了一门独特课程"MECH 15"，要求学生完成10个由易到难的项目制作，最后参加机器人大赛，以达到学生在项目实践中学习、创新的目的。富兰克林欧林工程学院（Franklin W. Olin College of Engineering）面向新生的"综合课程块"将两个学科领域的知识融于一个统一的项目中，四年的课程包括基础知识、专业化知识以及转化知识都融入到各种等级的技术课程和项目实践中。在本科阶段，学生面对真实的客户需求，以团体的形式承担一个长达一年的实际项目。

德国部分高校颁布"大学生科研津贴制度"鼓励和支持学生参与科研活动。

新加坡国立大学（National University of Singapore）机械工程系设置了创新课程，提供了小组项目设计及制造、参加海外工业实习项目等的机会。

英国许多高校开设的"独立研究"模块课程，无专任教师开展课堂教学，只要求学生自主选择感兴趣的课题，自行决定学习方式和时间，在规定的时间内完成学习任务（写一篇6000字的论文）。一名教师辅导数位学生，以见面或网络的形式给予指导和协助。

（2）学研产

自服务社会成为高等教育的第三大职能之后，人们从没停止过拉近高校与社会的距离，"学研产"成为两者之间的桥梁。生发于国外的学研产在业界扩张的领域更为广阔，加州硅谷无可争辩地成为学产研的旗帜，全球各地高校也纷纷建立起了形式各样的诸如孵化器、合作研究中心、科技园、实验室等产业，也显示出高等教育对这个理念的认同，作为欧洲闻名的科学园区，英国剑桥科技园、苏格兰硅谷和伦敦以西M4号走廊都是高技术集聚区域，是学研产的集中体现。

以项目合作、产品研发为主的学研产形式。在芬兰，高校、企业与研究机构之间的合作项目比例之高在整个欧洲所有国家中处于榜首。瑞典通过设立科研基金，鼓励企业和大学、大学和大学之间合作，他们相当明智地认识到大学需要慎重选择研究内容，避免研究重复，增加合作的成果。丹麦的大学、科研机构和企业之间一直保持着良好的合作关系，企业一般都为在校学生提供了在企业实习的机会，一些企业的研发部门也设在大学内。美国西北理工大学（Northwestern Polytechnic University）的在校生人数与专业相较其他高校可以说十分迷你，但其依托硅谷优越的科技环境和人文环境，把培养各类设计人才作为自己的主打品牌，形成了从机械和工程项目到计算机软件设计的系列产品，从而构建了自己的办学特色。

以工学交替为主的学研产形式。美国辛辛那提大学（University Of Cincinnati）选取实践性较强的专业开展合作教育，又称为职业实践计划。实践时间与教学时间通常是3个月，第一学年全部为教学时间，从第二学年开始学生被分为两组，交替进行教学与实践环节，为期两年，第四学年全部为实践环节。滑铁卢大学（University Of Waterloo）、莫哈克学院（Mohawk College）等采取一年三学期的形式，不同专业的产学合作教育实施形式、要求时间各异。其中，滑铁卢大学本科教育实行五年学制，每学年三学期，分为学术学期和工作学期，两者交替进行。每学年至少有一个学期（4个月）是纯工作时间，本科期间共有8个教学学期、6个工作学期，没有寒暑假。每个学生完成一个工作学期之后，用人单位会向学校反馈学生的表现，并给出评估报告。

3. 合作培养模式

面对竞争激烈的外部环境，高校从企业联盟中得到灵感，使"联合培养"之风越发成为潮流。各高校之间暂时抛开竞争的关系，选择交换生或提供"第二校园经历"等方式开展合作办学。

北欧各国高校之间采取的合作方式主要是本科生、研究生、教学科研人员之间的交换培养与交流，在课程标准方面，协调制定统一标准并互相承认学分等。国家及高校鼓励学生到国外进行课程学习及做毕业设计（论文），通过设立多种基金、奖学金等方式大大提升了北欧国家高校及的创新力和竞争力。

新加坡国立大学在全球有30多个合作项目，同38个国家签署了交换生协议，每年选派超过1600名学生，学校每一学期把20%的大学生送到国外进行交流，同时开展暑期课程或全球性的夏令营项目。其建立了6所海外分校。在校期间，学生有一年时间在合作学校学习专业课程以及创业课程，并在当地公司实习，这类项目目前只在生物科技、商业、计算机、工程学和药学等领域实施。剑桥大学与麻省理工学院也采取了合作办学的强强联合模式，互派教师、学生，通过远程视频授课。

（二）国内校企拔尖创新人才培养模式

1. "第一课堂"模式

拔尖创新人才培养的"第一课堂"模式指学生所接受的课堂教学，重点在于课程的设置。我国高校拔尖创新人才培养的"第一课堂"模式主要借鉴了国外大学的成功经验，通常采取"通识模块+学科大类模块+专业模块"的课堂体系。

（1）培养方式

第一，单一形式。单一形式人才培养方式以学科大类或专业试点形式为主。采取这种模式进行人才培养可以以自身学科优势为依托，凸显学科特色。在试点班或实验区中，各高校的人才培养目标是通过学科大类形式培养基础扎实、知识面广的拔尖创新人才，如南京财经大学财经类专业；福建农林大学农林生物科学类、工科类、经济管理类"创新试验班"；深圳大学电子信息类专业；南京信息工程大学应用气象学专业；广西师范大学电子信息类专业等。

第二，复合形式。跨学科复合形式的拔尖创新人才培养突破单一学科专业限制，学生通过跨学科复合形式的培养，使学生不仅具备单一学科领域知识，还能成为掌握多技术、具有交叉学科背景的人才。采取复合形式进行人才培养的高校有齐齐哈尔大学，山西大学、中南大学等。齐齐哈尔大学数学非师人才培养模式创新实验区设立了"金融数学与金融工程"非师范方向；山西大学"初民试验班"，开设了"生物+化学+环境""政治+经济+法律"两个试验班；中南大学开设了"矿物资源加工利用与生物提取技术矿物加工"专业。

（2）时间安排

采用"第一课堂"模式的高校，规定本科期间前部分为不分专业的通识教育，后半部分则进入专业培养。具体时间段的划分各有不同，有"2+2"，如南京财经大学会计学院、山东大学泰山学堂等；有"1+3"，如复旦大学复旦学院等；有"3+1"，如深圳大学电子信息类专业、成都信息工程大学电气工程学院等；有

"2.5+1.5"，如电子科技大学光电信息学院、浙江工业大学公共事业管理专业等；有"1.5+2.5"，如浙江大学竺可桢学院、湖北大学楚才学院等；有"2.5+0.5+1"，如长沙理工大学土木工程专业等；有"2+1+1"，如沈阳师范大学国际商学院、重庆理工大学电气信息类专业等。

（3）课程安排

课程体系是"第一课堂"的重要承载形式，在通识教育加专业教育基础上对通识与专业教育范畴内的课程模块进行不同类别、层级、形式的划分。通识模块一般包括必修与选修课程两大类，其中必修课是指公共基础类课程，选修课则为"核心课程+基础平台"的通识类课程。学科大类模块是指学科专业基础类课程，部分高校将此模块划归到通识模块中，学生根据兴趣及能力选择相应的专业基础课程。专业模块即专业方向的课程，是在学生确定专业后所修习的课程。

根据类别，课程体系设置分通识与专业课程，进而分别开设必修与选修课程。比如，西南石油大学实行五模块课程，即公共必修、公共选修、专业（大类）基础课、专业选修课、实践教学；天津商业大学设置了公共基础课、学科基础课、专业基础课、专业课、专业选修课（根据不同专业及方向设置了课程模块）。

根据层级，课程体系分别设置了逐级递进式的通识课程与专业课程。比如，安徽大学采取的五模块课程体系，包括基础教育（公共基础课程）、学科基础教育（专业基础课程）、专业技术教育（专业课程）、专业特色教育（专业方向课程）、专业拓展教育（专业任选课程）；上海工程技术大学则以公共基础课（必修、选修）、学科基础课（必修、选修）、专业课（专业特色课、特色选修课）、实践课的形式开设课程。

课程以内容为重点，以形式为依托进行安排。重庆理工大学以平台的形式规定了公共基础、学科基础、专业技术、工程应用四大平台课程，每个平台中有不同模块供选择。湖北中医药大学中医学拔尖创新人才培育试验计划将课程模块设计为背景知识模块、中医课程模块、西医课程模块、拓展课程模块。安徽工程大学信息工程专业则以课程群（仪器仪表与过程控制系列；信号、信息处理系列；嵌入式系统系列）的形式设计课程，三个系列都包含了理论课、实验课、课程设计等。

2. "第二课堂"模式

"第一课堂"模式的实质为常规的教学过程，而"第二课程"模式独立于日常的学校教学活动，弥补了"第一课堂"拓展度不高、参与度不深的不足，通过课外参与项目、竞赛等方式培养实践精神，拓展创新能力。

（1）科研项目

模式以实际项目为牵引，学生通过参与具体的科研项目增强实践操作及创新能力，项目大多来源于导师课题，学生也可申请立项。《中共中央关于科学技术体制改革的决定》特别强调"基础研究、应用研究应当同人才的培养密切结合"，将科研引入本科的学习中，实行不断循环的构建—突破—重构过程，既扩大学生知识面，又有利于他们构建完善科学的知识结构。

我国在借鉴国外大学的暑期项目以及企业或组织合作项目的基础上，开展了"大学生科研训练计划（SRT）""国家大学生创新性实验计划"等，鼓励学生申请立项，完成自己的科研课题。借鉴国内外的成功经验，我国许多高校纷纷加入各科研项目的大军中，学生参与科研项目的观念被接受并不断向外辐射。比如，广州中医药大学针灸推拿学院采用个人—班级—社团的科研体系，并设立了院校两级的学生科研立项。长沙理工大学土木工程专业的学生在大二、三年级实行带项目实习，鼓励学生科研立项，参与试验计划项目。

（2）竞赛

竞赛参与模式以个人或团队为单位，通过科学系统的训练，以校内外各项竞赛为载体，经过个人努力及团队间的交流合作提升实践及创新能力。参赛的过程就是研究、探索的学习过程，调动学生积极性的同时，鼓励学生主动探索并解决问题。

上海师范大学信息与机电工程学院以参加电子竞赛为引领，设计了三级创新教育平台，开展了学生科技社团、科研活动以及区域性或全国性的各类科技竞赛。在新课程基础上组织培训，形成了迥异于课堂教学及实验环节的人才培养模式。在层层择优选拔及培养机制的影响下，"拔尖智力群体"产生。在榜样辐射下提升创新能力、竞争合作精神，形成了拔尖创新人才培养、学科发展、教材建设及课堂研究的良性循环过程。太原科技大学利用课外时间组织高年级优秀学生进行创新教育并参加各种全国性的创新竞赛，探索出了高质量创新人才培养模式。此外，广西师范大学电子信息专业、长沙理工大学土木工程专业、西安科技大学"智能机器人"创新实践班等都以学科竞赛为培养拔尖人才重点形式。

（3）综合实践。

参与科研项目或竞赛等是实践的初级或一般形式。经过多年的摸索与积累，不少高校形成了综合实践模式，以"第二课堂"为平台，更为有效地结合"第一课堂"的课程，实现两种课堂的全面对接，打破了原有的鸿沟，使学生从知识的修习到实际运用的过程更加通畅，效果更加显著。南京信息工程大学应用气象学专业的综合实践模式为"理论＋实践＋业务＋科研"，将课程知识学习、系列实践活动等有效对接，探索其特有的本科拔尖创新人才培养模式。浙江财经学院公共管理专业打造了"三位一体"的实训教学体系，注重学生感性认识培养、业务技能训练及综合创新素质的提升。安徽工程大学实行基础层、提高设计层、实际应用层与科技活动层四层次实践，从低年级的课程开始逐步进阶为科技活动、综合实验项目训练等。

3. 联合培养模式

"第一课堂"模式与"第二课堂"模式是以学校为单位各自进行的人才培养模式，而企业中的"联盟"观念也逐渐被引入高校，在单一的校内培养基础上，通过构建形式多样的合作培养模式，为学生提供不同的学习平台。"联合培养模式"主要有校际合作、校企合作。

（1）校际合作（第二校园经历）。

校际合作，即通过校与校之间的联合、交换使学生身处不同的学习环境，享受多种资源，经过共同的投入和努力，实现教学、科研和社会服务等大学职能的现共同发展。

学生联合培养的方式一般有跨校选课、学分互认；交换生项目；短期学术交流等。在时间上，有短期的夏令营、冬令营等，也有时间相对较长的"第二校园经历"，为一学期或多学期。与国外高校结盟、联合培养，有利于国内大学实施开放办学，而"第二校园经历"对学生感受丰富的学术文化、扩大学科视野、提升科研实践能力等都有益处。

校际合作的形式主要有国内合作及国际合作。

形式一：国内高校之间的合作。武汉工程大学、青岛科技大学、南京工业大学、河北科技大学等高校开展了本科生交换培养计划。山东大学与武汉大学签署校际合作框架协议，后与厦门大学、中山大学、兰州大学、吉林大学、天津大学、首都医科大学、哈尔滨工业大学、同济大学、中国海洋大学、中国政法大学等20所高校建立了合作培养关系。

《内地与香港关于建立更紧密经贸关系的安排》（CEPA）的签署，推动了粤港高等教育的合作发展，中山大学、华南理工大学、暨南大学、深圳大学、香港大学、香港理工大学、香港中文大学、香港科技大学等高校间建立了更为广泛的合作关系，实施联合培养及交换生等项目。

形式二：国内高校与国外高校之间的合作。哈尔滨工业大学"英才班"采取2+2或3+1方式，学生前2年或3年在哈尔滨工业大学学习，达到国外高校入学标准即可申请留学，研究生阶段可继续申请赴国外大学留学。东北财经大学与英国萨里大学（University of Surrey）合作成立了萨里国际学院，融合彼此的经验与优势,学生在毕业时获得中英双学位。沈阳师范大学国际商学院与美国堪萨斯州富特海斯州立大学(Fort Hays State University)推出了新型的"4+0"的合作办学模式。本科4年全在中国境内完成,毕业后获得国外大学的学士学位。

海外"第二校园经历"使学生能在较短的时间内开拓视野、丰富学习过程;对高校而言,校际联盟方式有利于实现资源共享,推动本国教育教学改革等。

(2)校企及校企社合作。

高校与企事业单位合作的形式主要为学研产式人才培养,具体可划分为以科研课题、科技攻关项目为中介的合作教育;以具体的实习或工作项目为中介的合作教育。

学研产式的人才培养主要以基地或科技园为平台,以科研课题、科技攻关项目为中介开展校企合作教育,将教学、科研及生产实践打造成贯通的链条,具体措施有建立联合实验室并模拟生产环境,建设校外人才培养基地及试点,聘请技术人员指导实践等。比如,上海工程技术大学与企业、松江区、长宁区等建立了学研产战略联盟,共建实验室、实践实习基地,并共同设计新兴专业;江汉大学创建了电工电子、机械设计、数学建模等6个创新实践基地。

"订单式"培养和"定向就业奖励工程"为校企合作的另一种形式。高校与企业在教学实践全过程中开展广泛合作,主要包括建立联合实验室、合作开展科技研发、工程技术人员双向交流等,有效利用企业优质资源,邀请企业为学校专业课教学提供典型案例,结合课程和企业实际到企业进行现场学习和实践等。武汉工程大学将实践教育贯穿于教育全过程,实施"订单式"培养,在教学目标、课程设置、教师配置、学生实习、毕业设计、奖学金设置、学生就业等方面与企业进行广泛合作。华北电力大学与国家七家特大型电力企业集团组建了"华北电力大学理事会",实施"订单式"培养。

上海紫竹科学园区、杨浦科学园区、闵行区委区政府、杨浦区委区政府曾提出了"三区联动"新型合作方式,是比科技园区、订单式培养更加综合的培养方式。其核心思想是"三区融合"(大学校区、科技园区、公共社区)与"联动发展",通过三区之间不同组合形式,形成了"园中校""一校一园""一校多园"及"一园多校"多种衍生形式,构建了如南京大学—鼓楼高校国家大学科技园、重庆市国家大学科技园、东湖高新区等。

"第一课堂"模式与"第二课堂"模式分别指课堂教学与课外实践,联合培养模式是两种模式的结合,包含教学环节,但又不限于此。拔尖创新人才培养的单一模式鲜见于高校,我国高校通常根据学校实际,有侧重地选择或组合多种模式,形成各显特色、异彩纷呈的多样化模式。我国高校拔尖创新人才培养模式的效果,人才培养模式在人才培养实践中的落实程度，拔尖创新人才培养模式的创新等还有待进一步研究。

三、国外校企合作模式经验启示

（一）国外主要校企合作模式

国外的校企合作很普遍，合作的形式也是多种多样的。在一百多年以前，美国的农业、矿业和军事工业是校企合作最早出现的领域。从19世纪中叶开始，美国企业陆续为大学开展大型的物理和工程方面的研究项目提供所需的大学资金和设备，大学作为回报则为企业提供服务和技术指导。美国成为校企合作的发祥地，其校企合作出现过多种模式，概括起来主要有"资金会资、合作研究、联合体、科技园、企业孵化、咨询服务"等。而英国历来是一个比较保守的国家，并不注重校企双方的联系与合作。随着历史的发展，19世纪下半叶英国的大学才逐步开始了校企合作联系，剑桥大学则是当时首先获得英国大学科研职能的高等院校。剑桥大学的达尔文率先创办了剑桥科学仪器公司，可以说是产学研合作的先驱。在英国主要有"合作教育、综合联系方式、科学园"等形式。总得看来，在英美两国，只要能促进经济发展、有利于社会大众的校企，合作方式都可以尝试与采用，校企合作很深入。

1. 基金会资助模式

基金会资助是英国政府推动和支持培养高水平创新人才，提高科学技术实力和校企合作的重要手段和支撑。高等教育创新基金会作为英国基础科学研究资助的重要部门，从成立之初就积极探索校企双方合作的交流资助与管理方法，帮助研发能力较弱的高校提高知识和技术转移的可能性，同时研究国际、国内的科技发展动态，制定科学合理的校企合作资助策略，及时调整资助模式。创新基金现已成为科技基金、教学基金以外的第三大基金，它鼓励企业投资于研发，国家可为企业提供相应的税收优惠，使地方发展机构更紧密地与高等教育创新基金的运作相联系，以确定基金确实完全集中在地区发展的优势上。

在美国，美国国家自然科学基金会（National Science Foundation, NSF）是美国国会1950年创立的一个独立联邦机构，主管国家科学基金。它重点资助基础科研和各科学、工程领域教育，其宗旨是"促进科学进步；提升国家健康、繁荣与福祉和保障国防安全"。NSF主要为研究者个人、团队、研究中心和高校基础研究项目提供资助。其中，对高校基础科研的资助额度占联邦资助总额的20%。NSF

每年大概有10,000个新的资助项目,每个项目的资助周期通常为3年,资助领域主要是数学、计算机科学和社会科学等。

2. 大学科学园区模式

英美从20世纪50年代开始纷纷将高新技术的研发中心设在研究型大学周围,形成了大量的科学园。到20世纪90年代美国科学园的数量已超过150个,达到世界之最。美国AURP(Association for University Research Parks)将"科学园"或"科技工业园"界定为:一是具有公立或私立的研究开发设施、高新技术或科学导向型企业、以支持服务作为其目的而开辟的土地或建筑物;二是拥有大学及其他高等教育、研究机构,是高等院校服务地方经济建设的窗口;三是作为高新技术成果转化的基地,支持新型风险企业的成长和促进经济发展;四是支持大学与入驻企业间的技术和经营转移,起到创新创业人才的培养作用。大学科技园的主要功能是依托大学、研究机构的智力、技术、设备、文化氛围等综合资源优势,与企业建立联系及沟通技术转让、交流包括风险投资在内的多元化渠道,它的发展模式将变为以下两种:第一,大学单一优势学科、专业科研主导产业模式,如美国利用犹他大学一流医学学科优势发展"仿生谷";第二,优势综合发展模式,如美国128公路区就是利用原有工业和科技基础再加上密集的智力优势发展起来的。

3. 具有联合协调功能的教学—科研—生产联合体模式

教学—科研—生产联合体模式以研究型大学为核心,以企业为组成单位,拥有共同的目标,依靠教学、科研、生产各环节的有机连续性,形成了较强的综合性攻关能力和制造能力,又被称为科研生产联合体或科学技术综合体。

美国从20世纪70年代开始有意识地创建联合体,20世纪80年代后联合体又有了进一步的发展。比较著名的区域性科学工业综合体有华盛顿—巴尔的摩科学工业综合体(以霍普金斯大学和西点军校为中心)、旧金山—帕洛阿尔托科学工业综合体(斯坦福大学为中心)、波士顿—坎布里奇科学工业综合体(MIT和哈佛大学为中心)、纽约—新泽西科学工业综合体(哥伦比亚大学等为中心)、洛杉矶—圣地亚哥科学工业综合体(以加州大学分校为中心)等。联合体的建立,可以实现几方面的整合:一是业务方面的整合,如联合采购、联合销售、避免无序竞争;二是品牌上的整合,通过与著名学府的合作,以品牌为纽带进行宣传;三是资产上的整合,对现有资源进行资产重组;四是科技攻关整合,组织各方力量,联合攻关。

4. 企业孵化器模式

企业孵化器模式，通过为初创企业提供生产研发空间以及基础设施服务降低创业成本并提高效率；通过提供一种合理分摊创业成本和创业风险的工具，为管理、技术、融资牵线搭桥，从而达到促进企业成长和发展的目的。其孵化过程从提出创意开始，经过实验室的研究、成果完成，再到外部资金的投资，直至公司成立。

该模式一般应具备四个基本特征：一有孵化场地，二有公共设施，三能提供孵化服务，四面向特定的服务对象——新创办的科技型中小企业。现在美国的各级政府对企业孵化器提供直接的资助和补贴、政策支持、地方立法和信息与网络等支持，甚至包括管理团队的建设、法律和知识产权的培养、战略伙伴的渠道搭建及信息咨询的服务。而英国企业孵化器的组成非常复杂，合作成员不仅包括政府、商会、大学，还包括私营和公立公司的经理、公立研发机构的代表、专业研究所和当局的代表等。为企业提供在内的包括孵化场所的建立、可行性研究、战略咨询、企业管理培训、技术专长等专业性服务以及融资帮助等。

5. 专利许可和技术转让模式

美国研究型大学作为技术拥有者，通过向企业发放专利许可及技术转让实现校企合作。美国1980年公布的《专利商标法修订案》针对政府资助的科研项目的专利权问题规定：一凡是受到政府资助的科研项目所产生的一切发明创造，不论是高校还是企业，之前是归政府所有的，修正案将其改为合同承包企业或津贴接受人所有；二大学、非营利机构和小企业，在进行政府资助研究项目的过程中所产生的发明创造，可以有选择性的保留发明权利；三在处理专利权的问题上，修正案将对津贴项目和合同项目一视同仁。显然，新规定有利于推动研究型大学的科技研发工作，促进创新型中小企业的发展，加强了校企合作，专利许可模式成为美国政府用来保障科技成果发明人权利的一种制度，也是鼓励企业家对科研进行投资的一种手段。

除专利许可外，技术转让是校企合作成果得以流动的另一个重要渠道。美国政府在技术转让中一直起着主导作用，早在20世纪初，美国政府就在农业领域成功实践了农业技术的转让、推广。为了促进大学和非营利研究机构向中小企业转让技术，美国政府还制订了财政援助计划，在促进中小企业技术创新中发挥了重要作用。联邦政府部门和地方政府甚至联合建立区域性的制造技术中心，向制造业中的中小企业提供技术支持和商业帮助，为中小企业、大学以及研发机构搭建合作平台，促进制造技术的扩散。最后，还通过税收、金融和政府优先采购等政策和措施鼓励技术创新和转让。

6. 教学公司模式

英国于20世纪70年代中期组建了非营利性的教学公司，其是一种集创业人才培养和提高企业竞争力为一体的特有教育模式，而非"产业模式"。教学公司的任务是出面组建高校和企业的科技合作项目，每个教学公司由高校、企业和项目经理三方组成。高校和企业一起申请教学公司项目的立项，这些项目必须针对生产实际中确实急需解决的问题，申请一旦成功，教学公司将给予资金资助。教学公司的非公司治理结构和半行政半市场的运作机制促进了多主体构建的组织从内耗走向内聚，从有磨无合走向无缝对接，最终促进了创业人才的培养和教学的有机结合。

1980年，英国政府提出"科技兴国"的战略口号，为校企合作搭建平台，制定相关法律，规定政府、企业和学校三方的责任和义务，并采取一系列的财政优惠政策。经过多年改革、调整，形成了以市场为导向的"官校企"合作实体制，注重人才的培养和使用，实现了合作模式的灵活性，合作项目的丰富化，资金来源的多样化。

（1）共同研究制度。1983年后，英国政府十分重视产学研联合或协作研究，大学的研究人员开始通过共同的课题或项目开展合作研究。政府也通过一定的制度和措施有意识地去引导和促进这种联合，使优秀的研究成果与日俱增，合作项目也逐年增加。英国政府还规定共同研究所产生的发明及专利为大学和企业所共有。包括共同申请的专利在内，凡与此共同研究有关的国家专利，合作企业可优先在一定期限内使用。

（2）委托研究制度。这种形式是指企业和政府部门将一个特定的研究项目委托给大学完成，并向大学支付报酬。接受委托的大学向企业部门提供最终研究成果，并以此协助企业拥有技术成果的知识产权。该制度下所取得的专利是作为国家专利，但委托者可在一定期限内优先使用。根据英国研究交流促进法有关规定，可以在国家所有部分不低于二分之一的范围内转让给委托者。

（3）委托研究员制度。这种形式是指英国企业的研发人员到大学及共同的研究机构，接受研究生水平的研究指导。通过理论学习提高研究素质和研究能力，并针对工作中产生的动态问题开展调查研究，为企业提供实践咨询服务，以便能在企业未来的研发活动中发挥更大的作用。

（4）共同研究中心。从1987年开始，英国一些大学相继建立了"共同研究中心"。其目的是推动与企业的合作，建立以企业为主体、市场为导向、产学研相结合的技术创新体系，培养企业需要的创新型科技人才，加快科研成果转变为现实生产力的步伐。英国政府也非常重视科学园区的建设。英国科学园区的建设具有自身的特色。

（二）国外校企合作模式创新的经验启示

1. 政府在校企合作中发挥着不可替代的作用

校企合作想要健康发展就必须降低合作风险，调动企业的积极性，增强合作的稳定性。各国政府需在校企合作的体制和制度上加以保障，制定政策措施和法律法规扶持校企合作的健康发展；同时不断加大国家财政对科研经费的投入力度，发挥统筹和引导作用，使校企合作成为培养高质量人才的根本途径和普遍模式。比如，在英国，政府通过制定科研经费、税收、人事、金融政策引导高等教育面向地方发展需要，吸引社会、企业投资高等教育的科学研究，促进双方互动发展。日本政府逐步确立了共同研究和委托研究两种主要的校企合作形式，成为当时校企合作的核心内容。后来，为了促进校企合作的发展，又实施了"官民共同研究"制度，起到了很好的效果。美国政府则成立了校企合作指导委员会，宏观地指导校企合作工作的开展，充分发挥了政府的组织优势、资源调控优势和公共管理优势，对教育与经济发展的现状进行调研，为确定培养方向和目标起到了关键作用。

2. 高等学校在校企合作活动中的主要参与为校企合作奠定了基础

在英、美等发达国家，市场经济已经发展了相当长的时间，市场意识深入人心，政府机构对高等学校的定位非常清晰，高校领导的市场意识非常成熟。这些国家的高校在与企业合作中表现出的主导地位以及积极参与政府合作政策的制定很好地印证了这一点。另外，这些国家推崇"以人为本"，着重强调教育投资是一种生产性投资，重视个人的技能和内涵，认为这些能给国民经济带来收益和回报。

3. 高校内部以及高校之间的合作与沟通非常紧密

一流大学的学科特色往往体现在不同学科的交叉上，多学科的交叉融合不仅有利于学科本身的发展，也能培养视野开阔的人才。各个学科的学术问题具有多元性和综合性，从不同视角分析和解决问题，能有效地激发创造力。美国为了鼓励学科渗透，建立专项经费，加快了科研成果的转化。英国为了更好地促进经济的发展,同一区域内的大学成立了大学联盟,把高校的资源集中起来帮助企业的发展。

第三节　内涵式发展下的国内新建本科院校校企合作人才培养改革

一、校企共同实施培养过程

(一)订单式培养

订单式培养指的是高校与企业签订用人合同,校企双方共同制定人才培养计划,有效利用高校和企业的优势资源,共同参与到人才培养过程中,实现人才培养目标,最终企业按照协议安排学生就业的协同办学模式。高校、企业和学生在订单式人才培养模式中均处于主体地位。三个主体在订单式人才培养的过程中应体现其主体地位,各尽其责。企业应以当前行业的发展现状为背景,结合企业的实际需求提出培养数量和培养规格的要求,并委托学校进行培养。在订单式人才培养过程中,校企双方应共同制定有针对性的联合培养方案,共同确定培养目标,应把当前行业发展的情况和高校的内在情况相结合,并以此为基础设置课程体系设置和教学计划。高校则根据共同制定的培养目标、课程体系和教学计划进行有针对性的人才培养。在学生毕业时一般由委培单位安排就业。

订单式人才培养模式莫过于"一班多单"和"一班一单"两种形式。"一班多单"是指一个企业的毕业生需求量比较少,但有多个企业需要该类型的毕业生,高校按照职业岗位相近原则,以职业岗位能力培养为主,采取一个专业对应多个企业订单的形式组建班级。如果一个企业的订单数量足以组建一个班级,企业的岗位要求都指向一个专业,这就形成了"一班一单"的形式。订单式人才培养模式要求相关专业学生自愿报名并进行考核面试,选拔合格的学生组成班级,参加企业实训基地的实训教育,经过培养和训练,使得这些学生在毕业时具备了企业正式员工的水平和能力。这样,学生在毕业后便能很快进入企业工作。

订单式人才培养模式要求高校和企业密切沟通,需要就招生与企业用人、专业设置与企业岗位要求、教学与生产经营实际需求等几个方面进行磋商与确定。订单式人才培养模式还需要企业对未来几年的发展方向、发展需求有明确的定位和准确的概括，否则订单式人才培养模式的学生不但不能促进企业发展，还会增加企业负担。

（二）校企协同教育资源共享

积极探索和推动校企协同培养模式，了解企业和市场的需求，搭建校企协同对接和沟通的平台，共同培养专业型、职业型的人才，实现资源共享。加强校企协同人才培养，有利于提升企业的技术研发实力，也有利于高校对高新技术产业以及大学生创业教育经验的研究。企业为高校搭建实习平台，高校成为企业的技术研发合作与人才培养基地，双方共同打造"合作、互动、共赢"的校企协同综合平台。同时这种校企协同教育可以通过集合双方各自优势来共同培养企业、社会所需要的人才，对企业与高校育才机制以及社会公益有着重大的意义。资源共享也使企业的科技创新以及企业求人、育人机制方面发展到了一个新的高度。

资源共享还包括校企共建实验室的形式。企业投入先进的设备和技术，高校则利用其得天独厚的实验教学条件和师资力量，实现资源共享。校企共建实验室使学生的培养和职工的培训相结合，优势互补，节约资源。校企可以根据实验内容和面对的群体不同建设不同层次的实验室。首先是面向低年级学生的基础实验室，主要开设课程实验及承担部分课堂教学任务，通过常规基础实验的训练，使学生掌握基本的实验理论、实验方法和实验技能。其次是为大学二年级以上学生设置的综合应用实验室，主要通过大量的开放型、新型实验项目和各种课程设计，培养学生对所学知识的综合应用能力。最后是为适应基础较好、动手能力较强、学习能力较强的学生进行创新设计和科学研究设置的创新研究实验室，向学生提供较完备的实验设备和开放的实验环境，结合项目培养学生的创新思维，激发学生发明创造的潜能。

对于具有雄厚师资力量的高校来说，拥有良好的实验条件、实训条件对学生的培养会有很大帮助。然而在大量的实训设备的更新、维护与保养过程中仅依靠高校自身的力量已经远远赶不上教学的发展速度，无法满足企业对人才需求的高度。目前，许多高校特别是应用型高校还难以建立起完整的实验、实训的平台。如果高校一直依赖相对落后的实验设备或仿真实训，容易导致学生实践能力与企业的实际需求脱轨。因此，聚集社会各界的力量，以技术服务和有偿培训服务换取实训设备资源实现资源共享是一种双赢模式。对于企业来说，技术是企业的重要命脉，优质的员工培训对提高产品质量和生产效率、设备的有效利用和维护都存在一定的好处。因此，与高校达成以实训设备换取技术服务和培训的资源共享模式合理地解决了企业的设备处置、员工岗前培训等一系列问题。

（三）高校冠名企业

高校若想使学生更好地利用实习实践的时间，真正做到将学生所学的知识运用到实践中并从中提高的能力就要与企业合作，高校可以选择与自己的部分专业需求相匹配并有一定技术基础的企业为自己提供技术和部分资金的支持，使该企业成为高校冠名企业，成为高校的一部分。要想使高校冠名企业成立教学工厂的校企协同形式发挥出最大功效首先要合理化企业的地位。其次要强化合作机构的组成，有关行会、相关企业、教育局、劳动局、高校等相关负责部门的代表组成培训委员会。最后要，完善教学管理，教学工厂应设立教学经理一名，实行经理负责制，根据学生、设备的数量配备理论教师和培训教师。在学生数量较多的情况下可以为教学经理配备助手。理论教师和培训教师共同办公，培养双师型教师队伍。教学工厂应构建与现代企业要求相适应的教学大纲和与国际标准统一的考核标准体系。高校冠名企业成立教学工厂是一种新型的教学理念、教学模式，也是种新的、组合型的概念。其主要特征是将实际的企业环境引入教学环境，并将两者很好地融合。该教学工厂是一个综合的教育平台，同时也是一个载体。教学工厂以职业发展为标准设计教学过程，在工作环境中开展教学过程，把专业课程的学习搬进教学工厂。教学工厂为学生提供了学习环境，学生在企业环境中学习实际知识技能，成长为符合社会需求的高水平职业人。教学工厂在双师型教师队伍的带领下完成了生产任务并节约了成本。高校在教学工厂的协助下完成了教育任务，为社会培养出适应社会发展的人才。

二、建立校企双方有效协同的机制

（一）建立校企协同的引导机制

校企双方应共建校企协同的有效机制。首先，共建校企协同工作委员会。该委员会由行业、企业、高校三方高层管理者参加，主要审议高校的培养目标、培养模式、师资队伍建设、招生、就业等问题，并且根据企业、行业未来的发展方向提前制定发展规划、确定人才培养方案并以此组织进行课程改革。其次，成立技术合作开发与培训委员会。该委员会由高校科研能力较强的教师和企业技术骨干组成，主要针对企业需求进行新产品的研发、对高校的科研成果进行转化以及对新技术的应用。此外，在人力资源部门的协助下该委员会对校企双方员工进行技术培训、传递新科研方向等。

（二）建立校企协同的管理与反馈机制

根据协同理论，建立校企协同、统筹规划、分工负责、互相协调、自主发展的管理机制，使企业和高校实现机制上的依存、资源上的互补、利益上的双赢，确保人才规格与发展需求、办学规模与资源配置最大限度的适应性。依据科学的方法建立校企协同的管理与反馈机制，及时解决协同办学过程中发现的问题，引导校企双方的协同方向，保证校企协同平稳健康运行。

三、转变校企双方的传统观念与融合校企文化

（一）转变校企双方的传统观念

目前，我国高校现行的校企协同多数呈现高校积极但企业比较"冷"的态势，追究根本原因就是观念上的差异。毋庸置疑，企业永远是以生存、追求利益最大化为第一目标的。多数的企业对校企协同的重要性认识不足，或者说存在误区。企业的传统观念认为人才培养是高校的责任，与企业关系不大，并且参与校企协同会增加企业的负担，阻碍企业追求利润。这一传统观念严重地影响了企业参与校企协同的动力。高校是以人才培养为最根本目标，部分高校的传统观念认为人才培养是通过课堂教学来完成的。由于传统观念的不同，造成校企双方的协同失去动力。尽管有些企业已与一些高校进行校企协同，但也不难看出企业表现出来的被动和勉强的姿态。

通过对校企双方的功能和作用进行比较与分析得出：高校培养的人才最终是走向社会，为企业所用的。而企业创造的利润最终也会流向社会，在社会中体现，由此找到了校企双方观念上的交集——服务于社会，共同为社会培养优秀的人才。企业应该认识到人才培养是企业应该承担的责任和义务，不能单靠高校来完成。企业有责任把产业部门对人才的要求直接反映到人才培养的过程中，从而获得企业满意的人才。另外，企业参与校企协同可以获得科技服务等利益。高校也应该意识到培养符合社会需要的人才需要企业的协助。高校作为人才培养的主体，应当协助企业完成技术攻关、新产品研发等工作。高校具有研发的基本条件无论是研发设施还是研发人员均比企业优越，而且高校向来有进行科研的职责，也有相当数量科研成果的积累和储备，可以通过企业转化自身的科研成果而获得收益。高校还可以通过与企业的协同节约各种仪器设备的费用，从而降低人才的培养成本，还可以给学生提供一个完全真实的技能实践和训练的环境与场所，这一点是任何模拟训练都难以代替的。

因此，企业和高校双方均应转变传统观念，认识到人才培养是双方共同的责任。

（二）融合校企文化

从高校的发展历史来看，任何一所优秀的高校取得成功、培养出优秀人才的关键就是一所高校的凝聚力、教育力、创造力和影响力的基础性支撑与实力的集中体现，也体现着高校的核心竞争力。每一所高校在其办学的过程中都重视其高校文化的建设，形成深厚的文化积淀。高校文化是指高校在其长期的发展过程中积淀形成的并被全体成员普遍认同、内化、奉行的精神要义以及其通过制度性构架在高校主体——人的行为和其他有形性物与无形物的载体上予以体现出的意识形态之一，具有一定的实践型和认同性，属于社会文化范畴。

企业文化与高校文化一样同属于社会文化的范畴，但是与高校文化相比，又有着自己的独特内涵。作为自身，更多地强调企业的利益和发展，企业文化也是围绕企业的这一目标进行规划和建设的。企业文化是指企业在社会主义市场经济的实践中，逐步形成的为全体员工所认同、遵守、带有本企业特色的价值观念，是经营准则、经营作风、企业精神、道德规范、发展目标的总和。企业文化是一种意识形态，是企业发展过程中形成的文化观念、历史传统、共同价值观念、道德规范、行为准则等。企业管理理论和企业文化管理理论都追求效益，但前者为追求效益把人当作客体，后者为追求效益把文化概念自觉应用于企业，把具有丰富创造性的人作为管理理论的中心。

企业文化的很多内容都可以在文化中表现出来，他们具有很多的相似性。文化也在不同程度上受企业、行业发展的影响，这一点在应用性较强的专业和学科中表现得尤为突出。今天的企业员工是昨天在校园里学习的莘莘学子，而现代社会又是一个重视终身教育的社会，即使在企业工作的员工也需要不断学习和进步。在此情况之下，高校文化与企业文化的有效融合和衔接可以使学生在真实的企业实践情境中感悟优秀的企业文化，切身体会到企业文化要求和高校文化要求的合理性、科学性，提高高校文化要求的可接受性以及内化程度，加快高校主体尤其是学生的社会角色转化，促进大学生社会心理成熟，及早了解和把握企业与社会在文化层面上的要求，培养作为未来职业人的综合职业素养和能力。

四、利用内涵式发展提高新建本科院校人才培养质量

提高人才培养质量是高等教育的本质要求和根本使命。新建本科院校要坚持内涵式发展，提高人才培养质量保障就必须牢固树立以培养人才为核心的办学理

念，推进以培养德才兼备的应用型、实践型的人才为目标，才能真正提高人才培养质量，办好人民满意的大学。

切实提高人才培养质量，全面推进高等教育内涵式发展，进一步明确高等教育改革发展的方向。坚持走内涵式发展道路是提高人才培养质量的必由之路，要牢固确立人才培养的中心地位，不断深化教育教学改革，提高办学质量和水平。在这样的背景下，作为本科高校方阵新成员的新建本科院校，如何科学发展、抢抓机遇、赶超跨越、实现"树人重立德，为国育英才"的战略目标，对全面提高人才培养质量有着极其重要的意义。

（一）人才培养是高校的生命线

提高人才培养质量是世界各国进入高等教育大众化阶段后面临的共同问题，也是我国高等教育内涵式发展的必由之路。教育的本质属性是有目的地培养人的社会实践活动，因此人才培养是高校的生命线。高等教育提高人才培养的既是一个国家的强国之基，也是一个民族的兴旺之本；提高人才培养质量即使我国高等教育发展的必然要求，也是时代所需。当今世界正处在从工业经济向知识经济过渡的新时期，面对21世纪的挑战，一个国家要想在激烈的国际竞争中赢得主动，必须紧紧依靠人才。人才已成为经济社会发展和科技进步最重要的资源。经过70年特别是改革开放41年的发展，我国已建成世界规模最大的高等教育体系，高等教育在人才培养和科学研究等方面为国家做出了重要贡献。但是，我们应该认识到，我国高等教育目前还不能完全适应经济社会发展和人民群众接受良好教育的要求，同国际先进水平还存在差距。现阶段，提高人才培养质量是我国高等教育改革发展最核心、最紧迫的任务，更是一所高校生存和发展的基础，高校必须牢牢把握这一主题。因此，新建本科院校一定要认清形势、居安思危、树立忧患意识、危机意识，切实增强提高人才培养人才培养质量的紧迫感、责任感和使命感，用优质教育质量和高就业率来吸引生源。

（二）更新人才培养理念

随着我国高等教育改革的深入开展，提高人才培养质量已经是一种必然选择。树立正确、先进的人才培养观念，是人才培养体制改革的现实要求。不同的高校根据不同的社会需求可以培养各种层次的人才——理论型人才、综合型人才和应用型人才，至于选择哪一种类型人才，要从所在区域和高校现有的办学条件出发。全国性重点大学以培养理论型和综合型的人才为主，而新建本科院校具有地方性的特点，应侧重于培养面向地方经济建设的应用型人才，同时注意培养基础知识宽厚、具有一定科研能力的基础型人才和学科交叉、知识综合、适应面广的复合型人才，以适应地方经济建设和社会发展的需要。

  1. 树立以人才培养为中心的办学理念

  对于新建本科院校来说，由于基础薄弱，办学属于起步阶段，各方面条件不尽如人意，科学研究的能力和水平先天不足，社会服务能力较弱。在目前情况下应将人才培养作为首要任务，在人才培养工作中逐渐提高科学研究和社会服务的能力，这也是科学发展观的核心和内涵式发展的本质要求。所以，以人才培养为中心的办学理念，应该成为统率全校师生思想和行为的先导观念，这是学校内涵式发展的思想基础。

  2. 树立以社会需要作为人才培养质量评判标准的人才理念

  人才培养是高校的根本使命，提高人才培养质量就是高校内涵式发展的重点。而人才培养质量的判定，并不是完全由高校自己说了算的，还要接受社会的检验。因为高校所培养的人才最终都要走向社会，在为社会服务的实践中实现自身的价值，个人价值通过社会价值得到体现。因此，社会需要、社会评价应成为衡量高校人才培养质量的一个非常重要的标准，对于新建本科院校来说，坚持这一标准显得更为重要，任何时候都不应该忘记在该地区设置一所本科院校的理由，是因为当地经济社会发展的需要。所以，能否培养出适应当地经济社会发展需要的高素质人才是新建本科院校人才培养应该首先考虑的问题。

  3. 推动以科教融合育人为目标的协同创新理念

  积极推动协同创新，促进高等教育与科技、经济、文化的有机融合，一方面，必然使科教融合育人思想成为高校的一种重要教育思想和教育理念。这种理念既是高校培养创新型人才、提升科研能力的必然要求，又是提升高等教育质量的现实需要。科教融合育人不仅是指向学生传授最新的学术成果与思想文化，促进学生的知识和观念更新，更是将学生纳入科研工作环境进行研究性学习，培养其实践能力、创新精神与团队合作意识，以适应经济社会发展的需求。另一方面，其必将推动高校实现三个转变：高校科学研究、人才培养等要超越学科导向，逐步向以需求导向为主转变；组织管理要改革个体、封闭、分割方式，逐步向流动、开放、协同的机制转变；资源配置要突破孤立、分散的制约，逐步向汇聚、融合的方向转变。

（三）着力提高人才培养质量

1. 提高人才培养质量，统一认识是基础

思想统一，步调才能一致，合力才能形成，高校要把提高人才培养质量作为教育改革发展最核心、最紧迫的任务。各高校要统一思想、提高认识，树立先进的办学理念：学生是根本、学科专业是龙头、教师是主力军、教学是中心、科研是名片、特色是优势、质量是生命线、干部是服务员、人民是建设者，牢固确立教学中心地位不动摇。

2. 提高人才培养质量，教师队伍是关键

教师队伍是办学的第一资源，是决定人才培养质量的关键。教师队伍的水平决定着学校的办学水平，高水平的教师队伍是提高人才培养质量的根本保证。提高人才培养质量，必须把教师队伍建设作为高校最重要的基础工程来抓。一要加强师德师风教育。不断增强教师对学校的向心力和主人翁意识，不断提升师德素养和育人水平，营造浓郁的尊师重教氛围。增强管理人员的服务意识，尊重教师、校务公开、多办实事，用加快发展解决教师的诉求，解决存在的突出问题。二要加强中青年教师培养。中青年教师是学校的未来，加强培养中青年教师要作为教师队伍建设的重中之重，重视教学基础能力训练，加强教育心理学、教育伦理学、教材教法、教育技术、职业道德等系统培训，引导教师把主要精力投入教学工作，不断提高其教学能力。三要切实推进"教师能力素质提升工程"，建设教师教学发展中心，造就一批教学名师和学科领军人物，重点建立教学名师巡讲制度，实施"教学名师讲坛"计划。四要建立健全奖惩机制，奖优罚劣，让优秀教师得到更多的鼓励和激励。

3. 提高人才培养质量，"质量工程"是抓手

一是着力调整优化学科专业结构，紧密结合各地新建本科院校的实情，构建与经济社会发展联动的学科专业体系，进一步促进学校学科专业的优化，增强人才培养的社会适应力。二是建立和完善人才培养质量标准，把促进人的全面发展和适应社会需要作为提高人才培养质量的根本标准。三是建立健全教学质量监测评估体系。高校要做好教学基本建设、教师教学质量和学生学习质量等内部评估工作，建立起科学合理的教学评估督导体系，形成分析、评价、反馈的制度，营造良好的教学环境。四是扎实实施本科教学质量工程，充分发挥信息技术在教学

中的作用。加大高校信息技术基础设施建设力度，加强数字化教室、数字化图书馆、数字化校园等信息化资源平台建设，重点建设一批精品视频公开课，促进优质资源的开放共享。信息化校园借助信息化技术进行跨越是重要课题，希望高校能借用信息化手段实现跨越。五是强化实践教学环节，建设一批实习实训基地，资助一批大学生创新创业训练项目。

4. 提高人才培养质量，领导重视是保障

高校领导特别是主要负责领导要切实承担起提高质量的领导责任，要以高度的责任感和使命感，真正把提高人才培养质量作为核心任务，始终体现以提高人才培养质量为生命线的工作方针，切实履行好提高质量建设的第一职责。各高校领导要正确处理好学校管理工作和自身专业发展的关系，把心思放在办学上，把时间用在治校上，把功夫下在提高人才培养质量上，要全身心投入办学和管理，每学期至少要亲自主持召开一次提高人才培养质量的专题会议，研究和解决教学工作中的重点问题与难点问题，高校领导要选配好分管校长、教务处长。要加大教学经费投入，向教学第一线倾斜，把经费多花在本科生的教与学上，切实保障本科教学的基础地位，逐年提高教学经费在学校事业经费中的比例。增加的经费主要用于高水平、高层次人才引进和培养，中青年教师的培养培训，信息化建设，教改研究，教材建设，课程建设，国际交流学习，实践教学等方面。充分利用教育部设立的优质公开课提升教师教学水平，缩小差距。

5. 提高人才培养质量，内因为主是前提

综上所述，一年之计，莫如树谷；十年之计，莫如树木；百年之计，莫如树人。教育是一项长期性、复杂性和综合性的巨大工程，它的成效不能短期内准确评量。只要坚持育人为本、全面提高人才培养质量，坚持走教育内涵式发展的道路，新建本科院校的教育会实现新的跨越。

第四节 国内新建本科院校校企合作协同创新人才培养的成功案例

新建本科院校是我国高等教育发展进程中的一环，新建本科院校校企合作协同创新人才培养的特征有：四年制本科的培养层次、知识与能力的复合、人才特点的实用性、服务面向的区域性。下面列举几个高校校企合作协同创新人才培养成功按例，借鉴其发展优势，为其他新建本科院校校企合作协同创协人才培养提供帮助。

一、大连理工大学校企协同案例分析

大连理工大学是国家重点建设高校，具有较强的科研实力，属于研究型大学。大连理工大学以人才培养为根本任务，本科生教育与研究生教育并重，以培养创新型人才为主要目标，现已形成以理工为主，经、管、文、法等多学科协调发展的学科体系。大连理工大学早在改革开放初期就开始实施校企协同的教育模式。这种教育模式在不断的改革与发展过程中逐步得到完善。大连理工大学先后经历了校企科研项目合作、创建校企合作委员会平台、联建企业国家技术分中心、开创校企协同研究院等几个阶段，现已形成了多种平台、多种模式共存发展的态势。

（一）"3+1"的办学模式

1. 开设卓越计划班

大连理工大学分别与三一重工股份有限公司和米其林中国有限公司共同建设了工程实践中心，并设立了"大工—三一卓越计划班"和"大工—米其林卓越计划班"。每年选拔30名学生进入卓越计划班学习，以培养具有实际工程经验的卓越工程师为培养目标。卓越计划班的培养计划和培养方案由学校与企业共同制订。卓越计划班的学生需要有连续一年的时间在企业进行工程实践学习，熟悉工程研发流程，提高工程创造能力。

2. 建立"中广核苏州核电学院"

大连理工大学与中国广核集团有限公司联合建设"中广核苏州核电学院"共同培养核电人才。每年从本科生中选拔 25～30 名学生到"中广核苏州核电学院"进行实习实践活动，实习期为一年。中广核为学生提供毕业设计和论文的题目，学生在中广核的工程师和学校教师的共同指导下完成毕业设计和论文。学生的毕业答辩由学校组织并邀请校企双方的专家共同来完成。

（二）培养拔尖创新能力人才

大连理工大学从新生中挑选成绩优异的学生组成创新实验班。创新实验班以培养学生创新实践能力为目标，吸收学校优秀的教育资源，采用研究型、实践型的教学模式，从大学生活的伊始，培养学生创新实践能力，开阔学生的学术视野。在此基础上，学校还为学有余力的学生开设创新实践能力强化班。强化班按学生兴趣、研究方向或专题设置系列研究型、实践型的课程，以培养学生的创新实践能力。

（三）校企共建研究院

1. "沈鼓—大工"研究院

沈阳鼓风机集团股份有限公司（简称沈鼓集团）一直注重通过校企协同完成先进技术的集成创新，通过在学校建立"研究特区"的方式同大连理工大学进行了多项科研合作，开创了一种比较有效的紧密型合作创新模式，设置了"沈鼓—大工"研究院。沈鼓集团在建设研究院的过程中，投入了大量的资金，聘请了大批的海内外专家和科研技术人员，其中大连理工大学教授4人、海内外引进专家2人、相关研究团队10余人。研究院中除来自沈鼓集团的研发人员外，其余所有聘任专家均需完成长达一个半月的企业实地考察与锻炼。研究院目前已投入项目启动研发费500多万元，已启动大型高速压缩机转子试验系统及固耦合振动等14项课题的研究工作。沈鼓集团将设在大连理工大学的"沈鼓—大工"研究院纳入其企业技术中心的技术管理工作。企业技术中心每年会定期向研究院下达年度研发任务，同时研究院将与企业联合申报和承担各类计划项目。这种通过设立研究院的校企协同办学模式在整合企业与院校的技术力量方面向前迈进了一大步。

2. "辽油—大工"研究院

辽河石油勘探局归属于中国石油天然气集团公司（CNPC），是其骨干企业之一。辽河石油勘探局是一家以工程技术服务、加工制造、能源开发与综合利用、生产贸易服务四大板块为主营业务的企业。为了进一步提升企业的技术能力，辽河石油勘探局与大连理工大学联合成立了"辽油—大工"研究院。研究院设置在大连理工大学科技园内，其机构和财务独立运行。首批进驻研究院的是包括大连理工大学教授和辽河石油勘探局研发人员在内的30多位研究人员。研究院得到了来自大连理工大学化工学院的从事二氧化碳回收利用、高纯气体制备技术、环境友好大气污染控制技术的学术团队和船舶工程学院船舶与海洋工程实验室的大力支持。他们为辽河石油勘探局在稠油开采与钻井平台方面提供了大量的技术支持。与此同时，辽河石油勘探局为大连理工大学的技术实施提供了载体。

（四）借鉴与启示

大连理工大学这些成功的校企协同经验值得我们借鉴。大连理工大学作为研究型大学，在参与国家协同创新人才培养中，注重发挥学校人才培养、科学研究、社会服务的主要功能，形成以创新人才培养为主体的校企协同，"产学研用"紧密结合的人才培养体系。大连理工大学在校企协同创新人才培养方面的特色可以总结为以下三点。

第一，大连理工大学成立卓越计划班和"中广核苏州核电学院"，校企双方共同制订培养方案和培养计划，以共同培养学生的工程实践能力。

第二，大连理工大学开设创新实验班的教学方式更加注重对学生创新实践能力的培养。

第三，校企共建的研究院需要双方共同派出科研人员，新聘任的人员需要得到高校和企业双方的共同认可。由企业决定研究院的研发方向，研发技术成果直接产业化，技术成果归企业所有，绝大部分应用于企业的技术储备。校派出的教师在参与研究的同时也接触到了企业最先进的技术，拓宽了知识面，提升了研究能力。教师可以将自己的研究以案例分析的方式带入教学，以真实的案例引导学生的思维，培养学生的研究能力，增加了学生对企业前沿技术的了解，使课程更有说服力。在企业遇到技术难题时，可以采用高校教师的研发技术，实现知识互补，也使教师的研究成果得以转化。

二、华南农业大学动物科学学院校企协同办学案例分析

华南农业大学已有百余年的办学历史，学校学科门类齐全，科研实力雄厚。动物科学学院作为华南农业大学重点建设的特色学院，以培养符合企业需求的具有创新精神的高素质应用型专业人才为第一目标。学院经过多年的实践探索，逐渐形成了多种符合自身发展的校企合作协同创新人才培养模式。

（一）双导师制培养学生的学习与实践能力

动物科学学院给大二到大四的学生实行双导师制。所谓双导师制是指为学生配备校内和校外两位导师，共同培养学生。学院将学生分配给本学院的各专业导师，这些导师主要负责学生在校的学习、生活和毕业论文等工作。学院还为每3～4名学生配备一名校外导师，这些校外导师均来自与学院长期建立合作关系的企业，他们主要负责学生的科研、实践和论文工作。校外导师可以让学生接受来自社会大课堂的教育，给学生带来更多的社会生产实践机会。这种双导师制的培养模式是建立在校企双方互惠互利的基础上的，是双向参与、共同育人的形式之一。

（二）订单式人才培养模式

北京扬翔集团每年在华南农业大学动物科学学院组织考核，并挑选其中的 20 名学生组成"扬翔班"。"扬翔班"配有专门的辅导员负责其管理工作，并设立班级奖学金，对在各方面表现优异的学生给予一定的奖励。"扬翔班"的学生每年暑假都会进行课程实习，使学生经历学习—实践—再学习—再实践的全面培养过程，增强了学生的实践能力，专业知识针对性更强。

（三）校企共建教学科研基地

温氏食品集团股份有限公司（简称温氏集团）成立于 1993 年，是一家大型的畜牧类企业，以养鸡业、养猪业为主，兼营食品加工和生物制药。温氏集团是华南农业大学规模最大的省级教学科研基地。校企双方以培养适应社会能力强、有较强的实践能力和创新能力的高素质人才为共同目标开展校企合作协同创新人才培养。

华南农业大学动物科学学院持有温氏集团 10% 的股份，学院院长作为董事会成员可以参与到企业关于发展规划等重大问题的讨论与决策中。学院派出优秀教师到企业担任技术经理等重要职务，并成立专家组深入企业的生产现场给予技术指导。温氏集团每年用年产值的 0.5% 作为科研经费来支持技术革新。温氏集团在总部设立了华农楼，为华南农业大学在人才培养方面提供了充分而有利的条件。温氏集团的现代化的鸡肉种鸡试验场、实验肉鸡室、现代化孵化室、GMP 车间和 P3 实验室以及饲料质检中心等既是校企合作协同创新人才培养项目的载体，又是华南农业大学的教学科研基地，在科技攻关和人才培养中均发挥了积极的作用。

目前，华南农业大学有 10 余位优秀教师长期在温氏集团工作。这些教师通过与具有丰富的生产经验的工作人员进行合作，做到了科研与生产实际相结合，提高了教师的实践能力和研究能力。与此同时，这些教师将在温氏集团的研究成果和实践经验加以总结并带到课堂的教学中，也将在企业接触到的该专业的最新技术带到课堂中，既拓宽了学生的知识面，又使高校培养的人才更符合企业的需求。这些教师结合自己在企业中开展的科技创新活动，指导本科生的实习和研究生的实验及科研工作。每年都有数十个乃至上百个来自不同专业的学生在温氏集团实习、就业。温氏集团成了华南农业大学许多教师进行教学科研的依托，同时也是学生实践和锻炼的场所。

（四）借鉴与启示

华南农业大学动物科学学院的校企合作协同创新人才培养主要突出了以下几点。

第一，双导师制理论的实施可以较好地解决学生的理论学习与实践脱节的现象，使学生的理论学习与实践在导师的层面加以结合。

第二，订单式人才培养模式使学生的培养目标更加准确，目的更为明确，针对性更强。

第三，华南农业大学采用共建科研基地的校企协同办学模式有效地避免了高校教学工作脱离生产实际、科研成果转化率低、与市场结合不紧密等问题。校企协同办学模式把教学科研、人才培养和社会服务有机地统一起来，促进了学校和企业的共同发展。与温氏集团的合作，双方是本着"优势互补、精诚合作、长期持久、平等互利、成果共享"的原则开展的。华南农业大学成为温氏集团主要的技术支持和人才中心，温氏集团成为华南农业大学科技成果转化及推广的重要载体，特别是华南农业大学10多位长期在温氏集团工作的教师促进了校企协同办学模式的健康发展。这种模式有效地避免了学生到企业实习后因无人监督管理造成的"放羊"现象，同时也最先了解到先进的技术及其发展方向，为学校的师资注入新鲜的血液。

三、山东交通学院校企协同人才培养案例分析

山东交通学院由交通部划转到山东省，实行中央与地方共建、以地方管理为主的管理体制，经教育部批准升格为新建本科院校。山东交通学院现开设交通运输、车辆工程、土木工程、轮机工程、航海技术、船舶与海洋工程等42个本科专业，专业设置以工为主，以交通为特色，涵盖"文、理、工、经、管、法、艺"七大学科门类。2011年该校成为"全国高校毕业生就业50强"典型经验高校。

（一）明确的办学定位

山东交通学院的办学策略不同于传统的"厚基础、宽口径"的研究型大学，而是根据山东省经济建设实际，在办学过程中强调与地方经济发展相适应的针对性、实践性和适时性。山东交通学院根据山东省的经济建设需要开设具有针对性的专业，办学定位是"应用型本科高校"，培养面向山东省经济发展的中高层工程技术人才。

（二）校企联合制订培养方案

NEC软件（济南）有限公司每年到山东交通学院选拔一批信息工程系大二或大三的学生，组成NEC班。NEC软件（济南）有限公司从战略高度出发，提出计

算机嵌入式软件人才培养的要求。山东交通学院根据 NEC 软件（济南）有限公司对嵌入式人才的具体需求有针对性地制订培养方案，实施新的教学计划。山东交通学院根据企业需要成立了嵌入式系统实验室，积极研究对日嵌入式系统，培养针对性更强的外包人才。

（三）根据企业需求增加新课程

山东交通学院在对软件人才培养过程中，逐渐发现仅开设英语和计算机编程技术课程是远远不够的。学生在校学习期间不能充分地了解软件业发展中的一些特殊规范和管理，这将对学生日后的工作产生严重的影响。于是，山东交通学院创造性地开设了《软件规范》课程，该课程集专业英语、软件工程和企业文化于一体，并在实际的教学中取得了良好的效果。

为了适应 NEC 软件（济南）有限公司对学生在嵌入式系统应用方面的要求，山东交通学院开设了《嵌入式系统概论》《Linux 操作系统》《嵌入式操作系统基础》等课程。学生通过在校期间的学习，对嵌入式系统方面有了一定的了解和掌握，受到了用人单位的好评。

随着山东鲁能软件公司海外事业部拓展对欧美外包市场，急需会英语的软件人才，他们要求员工要通过日语三级，并取得 Java 语言技术证书。此时，山东交通学院正在进行大规模专业建设，计算机科学与技术专业的培养目标还没有完全定位，毕业生的就业方向还不是十分明确。学院根据鲁能软件公司的要求进行了第一次教学改革，在教学计划中开出了日语和 Java 课程。这次改革取得了丰硕的成果，达到学院要求的毕业生受到了鲁能软件公司的好评，同时也坚定了学校改革的信心。随着鲁能软件公司海外事业部转变为凌佳科技有限公司，学院与其合作更加深入。在协同办学过程中，学院发现凌佳公司的外包中有 COBOL 项目，学院秉承"企业的需要就是学院改革的方向"的原则，在教学计划中加入 COBOL 语言和软件规范，结果毕业生的针对性进一步加强，大受企业欢迎。

（四）有针对性的教学模式改革

山东交通学院软件学院在与凌佳公司的协同办学过程中，凌佳公司提出毕业生提前一年到公司实习的建议。学院根据这一建议，实施"3+1"的校企协同人才培养模式，即学生在四年的大学生活中，前三年是在学校完成基本理论和专业课程的学习，第四年到企业完成工程素质和职业技能的培养。这次教学改革影响了教师的教学方式和学生的学习方式，也影响到企业的用人方式和对员工的培训方式。事实证明，山东交通学院的教学改革是有效的、成功的。

（五）借鉴与启示

山东交通学院在校企协同人才培养方面的特色主要有以了下几点。

第一，校企联合制订培养方案，使学生的培养更适合企业的需求。

第二，根据企业需求开设新课程，使学生的知识结构更加完整，更加符合企业对人才的要求。

第三，根据企业的要求进行教学改革，使学生的学习方式以及企业的用人方式都得到了改善。

山东交通学院的校企协同人才培养模式，增加了学生的就业力和就业率。这些方案的实施使山东交通学院在培养对日外包人才方面取得了骄人的成绩，值得借鉴和推广。但是问题也随之而来，目前，企业越来越早的选拔人才，如何在这种情况下保证人才培养质量特别是工程素质的培养是问题之一。另外，随着发包越来越大型化、高层次化，企业用人要求也随之提高，如何培养使企业满意的、技术水平较高的、同时能吃苦耐劳、忠于事业、诚实守信的高层次人才成为一个严峻的问题。其次，山东交通学院的校企协同教育成功案例只涉及部分专业，如何使这种教育模式在全校范围内推广、更好的应用到其他专业是我们需要考虑的。

四、齐齐哈尔工程学院"产学用"一体的办学模式

齐齐哈尔工程学院是成立于1958年的齐齐哈尔第一机床厂重型机床制造学院升级变革而成。1993年，学校为支持国有企业公司化改造与企业签订经济分离合同，更名为黑龙江东亚大学。2001年，经黑龙江省政府批准，在黑龙江东亚大学基础上成立齐齐哈尔职业学院。2011年4月，教育部批准齐齐哈尔职业学院正式升格更名为齐齐哈尔工程学院，隶属于齐齐哈尔市人民政府，成为新建本科院校。

学院积极探索校企协同的办学模式，坚持"开一个专业，办一个实体，建一个会所，创一个品牌"的专业建设原则，依托专业创办了齐三机床有限公司、汽车教学中心（汽车博览中心）、家政教学中心（百草家园老年公寓）、机电设备有限公司、二手车交易市场、汽车驾驶员培训学校等21个专业实体，覆盖了学院所开设的40多个专业。

学院坚持以学生发展为主线开展教育教学活动，实施全程化职业生涯教育，是全国职业生涯教育典型院校。经黑龙江省教育厅核定，学院连续四年毕业生就业率超过90%，位居全省同类院校前列。

（一）明确的办学定位

齐齐哈尔工程学院以服务地方经济建设为办学宗旨。以市场需求为导向，开展多层次、多类别、多形式的职业技术教育，使无业者有业，有业者精业，转业者创新业，为社会进步提供人才和教育支持。以"培养应用性、职业型的创业者"为己任，始终以文化建设为引领，变适应型教育为创业型教育。

（二）职业前瞻教育

目前的大学生很大部分在填报志愿的时候才知道所报专业的名称，缺乏对其深入的了解。家长们也未必真正了解该职业和行业的真实情况，从而形成了新生对职业的期待与现实岗位不符的现象。为了避免这类问题，齐齐哈尔工程学院在新生入学后首先开展职业前瞻教育。各系组织学生到所在专业校办企业进行参观，并聘请各类专业人员来校开展讲座，目的是让学生对自己所选的专业有一个充分的了解以及对毕业后将要从事的职业有一个全面的感性认识，让学生在大学生活伊始就知道自己将要从事什么样的工作，了解发展方向以及工作环境。

（三）校办企业培养学生的动手实践能力

学校采取"政校企协同，产学研一体，教学做合一"的办学模式，通过建立校办企业来为学生提供了丰富的实习实训基地。例如，机电工程系的齐三机床有限公司，它集教学、生产于一体，为学生提供了机床再制造、特种机床设计生产的基地。

机电工程系采用的是全系合办一个企业的模式。采用这种模式的原因是，这种机械类企业涉及的工种比较多，专业性较强，单一的专业不能单独完成生产任务。采用这种校办企业的形式为校企协同提供了一个平台，打破了校企之间的壁垒，解决了学校将学生推向企业之后不管不顾，企业怕学生耽误生产效益，不让学生真正参与到企业的实际生产工作中，学生的动手实践能力得不到真正的锻炼等问题。同时，也解决了企业因为害怕学生将自己的核心技术透露出去而不敢让学生接触企业的核心技术的问题。学校采用"实验—实训—实习—实践"的过程来降低企业由于产品不合格带来的损失。首先通过实验来验证学生是否可以实习，然后通过实际模拟训练来锻炼学生的动手能力以及生产实践能力，之后到工作岗位上进行实习工作，最后参与企业生产实践，为企业带来效益。此外，学校的校办企业聘有一定数量的专职工作人员，这里统称师傅。为了促进师傅带学生的积极性，学校采取学生生产效益加在师傅头上，但学生产生的废品在五千元以下的由学校和师傅各承担一半，五千元以上的则由师傅承担百分之十的政策。如果出现工期紧、生产任务重的情况，学校会让毕业后流动站的学员（他们可以独立完成工作）和厂里的师傅们一起工作，其他的学生则打下手或见习。采取这种方式有效地促进了师傅带学生的积极性。

（四）开设第三学期

学校将每两个学年之间的暑假称为第三学期，一般为7周的时间。学校运用第三学期安排学生进行顶岗实习，如果有特殊情况可以适当调整实习安排。为了让学生充分参与到企业实践当中，教师在教学过程中更加注重学生核心技能的培养，也会将下一学期所要学的内容提前渗透给学生，学生在实践过程中，先对这些内容有一个感性的认识，这不仅增强了学生的实践能力也提高了学生对新知识的理解能力。

建筑工程系第三学期的实习安排要根据工地的施工时间进行调整。受气候条件的影响，工地在冬季不能施工，因此建筑工程系将本科生的第三学期的实习调整为每年的6月22日至8月22日，专科生会在建筑施工旺季的时间利用整学期在工地实习。本专科都适当地延长了第三学期的实习时间，学生利用工地休工的时间回到学校接受新学期理论知识的教育。教师也根据工地施工的时间安排适当调整课程计划。例如工程测量专业的老师会在大一的第三学期开始前向学生传授简单基本的测量放线的专业知识，这样学生在工地实习的过程中可以切身参与到工地的施工过程中，避免产生不能真正动手去做只是在一旁观看的现象，同时也调动了学生实习的积极性。由于学生目前的理论知识有限，实习的过程中难免会遇到解决不了的问题，但这反而促使学生在之后的学习中积极主动的探索新知识，提高了学生学习的积极性。其中学生实现带薪实习的达90%以上，体现了个人的价值，激发了学习和实习的积极性，为学生成为合格的职业人、胜任今后工作打下坚实的基础。

交通工程系的汽车营销专业也根据汽车销售的行业背景调整了第三学期的实习时间。由于每年年前的几个月是汽车销售的旺季，交通工程系抓住这一时期安排学生到4S店实习，然后利用汽车销售的淡季和暑假的时间安排学生集中进行理论知识的学习和补充，为下次实习打下了基础。

这种学习与实习相互交替、创新的"滚动式"的实习方法弥补了传统的"3+1""2+1"教学模式的不足，能使学生更好地将所学知识运用到实践中。学生在每一次实习后与上一次实习相比都会有明显的进步。同时，学生将在实习过程中遇到的问题带回课堂，由同学和老师共同解决，也使教师的能力和学生一起得到提升。

（五）组建学生创业团队

学校为了培养学生创业能力，由教师牵头，学生自发组成了学生创业团队。例如，建筑系在学生实习方式上逐步由个人输出向团队输出转变，其中本科专业共形成6个创业团队、专科专业共形成9个创业团队。建筑系要求本科生以实习企业为依托，利用所学专业知识进行实际项目开发，专科生要结合实习完成调研报告。在造价专业的造价工作室实习的8名学生，在学长的带领下参与真实的项目任务，专业技能得到很大提高。

交通工程系的学生创业团队承包了一些4S店，创办了二手车交易公司，从二手车的收购、维修到交易过户，从公司的经营、管理到财务输出，都由学生创业团队独立完成。学生组成创业团队不仅锻炼了学生的创业能力、组织管理能力，还为更多的学生提供了实习实践的空间，同时创业团队会有一定的经济收入，解决了学生的部分学费的问题，也减轻了家庭负担。

通过这些学习和实践，使学生牢牢掌握了作为一名合格的技术工作人员必须要拥有的专业基础知识和实践知识。同时也使学生学会了如何与其他员工、同事相处，如何发挥团队协作精神，如何融入企业的生产活动中去，如何将自己的长处在企业工作中发挥出来，如何根据生产实际需求进行产品以及设备的创新开发。企业在此项活动中也得到了回报，学生们根据企业的实际需要，结合自己的能力为企业解决了许多实际问题。通过校企合作的模式，实现了校企双赢的局面。企业是学校发展的动力和源泉，学校成为企业提供高素质人才的摇篮。

（六）借鉴与启示

齐齐哈尔工程学院通过开展职业前瞻教育，使学生在大学生活伊始就对自己所选择的专业、毕业后将要从事的职业有一个深刻的了解。通过成立校办企业使学校和企业有效地融合到一起，实现了优势互补、资源共享，同时也为学生提供了实习实践的场所。这种校办企业的教学模式避免了企业由于技术保密、成本效益的限制不让学生充分了解科技前沿知识和参与到企业生产实践中等问题。第三学期使学生在本学期所学得到地知识更好的应用到实践中，做到了学习与实践交相呼应，提高了知识学习的效率，学习的目的性更强。组成学生创业团队培养了学生创业的能力，同时也增强了学生的团队协作能力。齐齐哈尔工程学院这些成功的经验值得我们参考。总之，齐齐哈尔工程学院在办学过程中着重强调的是教学、生产和知识、技术的运用，是"产学用"一体的办学模式。

五、济宁学院校企业合作人才培养案例分析

支持定位于服务行业和经济社会发展的本科高等学校实行综合改革，向应用技术类型高校转型发展。在向应用技术型大学转型过程中，校企合作模式则成为本科院校人才培养模式改革的重要途径。课题组成员通过实地走访、问卷调查、专家访谈、文献查询等方法，对济宁区域内本科院校（共3所）在向应用技术型大学转型过程中校企合作人才培养模式开展现状展开调研，内容包括办学定位、校企合作专业与学生比例、人才培养目标、校企合作模式、合作形式与层次、教师队伍建设等方面，并提出了进一步改进的建议，以便更好地发挥地方本科院校在地区经济发展中的人才资源优势。

（一）地方本科院校校企合作开展现状

济宁学院在校企合作人才培养模式开展方面处于刚起步阶段，在办学定位、校企合作专业与学生比例、人才培养目标、校企合作模式、合作形式与层次、教师队伍建设等方面，状况不一。

1. 办学定位转型发展方面

在新的形势下，新建本科院校应对转型发展的反应速度各有不同。以办学定位的转型为例，济宁学院在曾经开展了"深化教育综合改革，突出教学中心地位，推动学校科学发展"主题讨论活动，使广大师生通过主题讨论改变原办学思想观念，将学校发展定位为建设"特色鲜明的应用型本科高校"。山东师范大学虽然入选"山东省应用型人才培养特色名校"，但是作为办学时间较长、规模较大的地方本科院校，其在学校转型发展改革中办学定位仍有一定区别，定位是建成"特色鲜明的高水平综合性大学"。青岛科技大学作为一所专业本科院校，由于专业的特殊性，在转型发展中起步较晚，在召开了"深化教育教学改革工作会议"之后部署了教育教学改革思想讨论活动，在人才培养上提出了"着力为基层培育应用型人才"的目标。

2. 校企合作专业与学生比例情况

近年来，校企合作专业与学生数量在地方本科院校中呈逐步增长态势。由于校企合作人才培养模式开始的时间不一致，因此在三所本院校合作专业与学生数量方面也呈现一定差别。以2017年度校企合作招生专业数与学生数的比例情况为例，三所院校具有较大的差距，但总体上所在比例较低，详见以下调查统计，如表5-1、表5-2、表5-3所示。

根据 2017 年度校企合作招生专业与招生学生比例情况可以看出，在校企合作专业比例方面，平均只有 10% 左右，合作培养学生数量方面，约占三所院校各自总人数的 10.7%。其中，济宁学院无论在校企合作专业比例方面，还是招生学生数比例情况方面都走在了前列。同时，依据统计情况，也基本上能够反应出当前三所本科院校在校企合作人才培养模式开展规模方面的现状。

表5-1　山东师范大学校企合作专业与学生比例情况

校企合作专业名称	学生数量	合作专业所占比例	合作专业学生所占比例
金融与财务外包	75	45%	6.6%
软件工程（惠普合作）	200		
软件外包	160		
通信工程（物联网外包）	100		

表5-2　济宁学院校企合作专业与学生比例情况

校企合作专业名称	学生数量	合作专业所占比例	合作专业学生所占比例
电子信息工程外包	50	18.2%	15.9%
金融与财务外包	75		
网络与物流外包	50		
旅游管理（蓝海班）	75		
计算机科学与技术（外包）	350		
计算机科学与技术（中兴班）	100		

表5-3　青岛科技大学校企合作专业与学生比例情况

校企合作专业名称	学生数量	合作专业所占比例	合作专业学生所占比例
计算机科学与技术（惠普合作）	200	7.1%	9.8%
计算机科学与技术（软件外包与物联网方向）	100		
护理学（中美合作）	60		

3. 人才培养目标

作为本科一层次的校企合作人才培养模式，在人才培养目标方面也体现了有别于传统师范教育或专业教育目标，同时也不同于专科层次的人才培养目标。例如，以三所院校都开展的计算机科一学与技术外包专业为例，在人才培养目标上强调最终培养成"适应经济社会需要的高素质应用型软件外包人才"，凸显了"应用型"。而在本科院校开展的专科一层次校企合作专业培养目标则要求达到"高技能"的目标，例如以旅游管理（蓝海班）为例，其培养目标定为"培养具有一定的旅游管理专业基础知识，较高的实际操作技能，较好的沟通能力和相应的职业外语表达能力，能胜任导游服务、旅行社经营与管理、景区景点讲解服务与管理、旅游饭店服务与管理以及旅游行政管理部门管理工作的高素质高技能人才。

4. 校企合作的模式、形式与层次

校企合作办学模式中的企业通常是一个比较模糊的概念，即可指单个企业、多个企业、国内或国外企业，也可以是行业协会、培训机构或具有投资能力的个人等。从这个角度划分，校企合作办学模式可分为与企业合作办学模式、与其他机构办学模式、综合模式等多种模式。在调研的三所本科院校中，现已开展的校企合作模式多以与其他机构合作办学模式居多，例如，三所院校所具有计算机科学与技术、物联网等外包专业全是与青岛东合信息技术有限公司开展的合作，而东合信息技术有限公司则是山东省首批认定的"省级服务外包人才培训机构"。另外，综合模式即"政府＋企业＋学校模式"也成为本科院校合作培养的模式之一。由济宁市政府投资兴建的高新区大学园，将惠普等公司、企业与地方高校链接到一起，与惠普等企业合作的专业学生在大学园内实现了与企业的直接对接实训，这也成为济宁市校企合作人才培养模式新的亮点。当然，与企业直接开展合作培养的模式也存在于个别专业上，例如旅游管理专业的蓝海班等。

在合作培养的形式方面，本科院校的协议培养形式成为主流，而冠名班、订单班等形式所占比例较少。而在合作培养的层次方面，根据对学生的问卷调查、教师与专家访谈，现有合作培养还基本都属于浅度合作。这主要体现在以下两个方面：第一，在人才培养方案的制订方面，大都是形式上征求企业意见，最终方案的制定还是以学校为主，企业的参与度不高。第二，在前三年的基础理论学习阶段，企业参与教学的关切度不高，基本上没有企业技术或专家人员到校授课或指导实训。第三，在职业规划与就业指导课程方面，实际教学过程中，合作企业几乎没有或很少派专业人员前来授课或做讲座、报告。这些课程大都有本校辅导员老师、就业指导机构老师担任,其在专业知识、企业文化背景、职业技能要求等方面比较欠缺。

5. 校内实训设备、场地状况

新建本科院校普遍缺乏作为工科技能教学所需要的实训设备与校内实训场地。虽然在理论实验室建设方面,三所本科院校都比较齐全,但是建设应用技术型大学不仅需要培养学生具有较强的理论基础知识,还需要学生具有很好的动手实践能力,能在实践中去应用理论知识,开展研发与创新。根据对系部、院校领导的访谈了解,三所院校在校外实践基地建设方面已经取得了一定的成绩,每所院校建立了5~6个校外实践、实训基地,但是,在实际教学过程中也充分暴露了校外基地的弊端。企业是以正常生产盈利为目的的,不可能让学生亲自动手操作机器,学生到基地去实训往往都是参观,而且时间较短,因此其象征意义远远大于其实际意义。在这方面济宁学院与山东师范大学比较明显。

6. 教师队伍建设方面

传统的研究型、学术型人才培养模式是基于理论知识为导向的,这一模式的最大弊端在于理论与实践技能教学脱节。而新建本科院校原有引进的教师大都是从学术型或研究型高校毕业的学生,在实践技能方面存在很大不足。目前,在"双师型"教师队伍建设方面,地方本科院校面临着培养机制不健全、师资短缺、经验欠缺等困难。因此,在地方本科院校向应用技术型大学转型过程中,急需一大批既懂理论又具有较强实践教学技能的"双师型"教师。加强"双师型"师资队伍建设成为地方本科院校转型发展所需要解决的重要任务。从调研的情况来看,三所院校中具有"双师型"资格教师比例存在很大差别。山东师范大学为7%,济宁学院为6%,青岛科技大学为4%。作为传统师范教育为主的山东师范大学与济宁学院在"双师型"师资方面短缺比较严重,而青岛科技大学由于专业的特殊性与实践基地的便捷性,"双师型"师资队伍建设在总体上占有一定优势,但具体到校企合作专业教师队伍方面,仍处于不足状态。

(二)完善新建本科院校校企合作的对策建议

从现状调研情况分析看,地方本科院校在校企合作人才培养模式的探索与实践中,虽然已经起步转型,但通过对合作培养学生的问卷调研,以及对教师、系部领导、院校领导的访谈中,也发现了地方本科院校校企合作模式开展过程中,在转型宣传教育、师资队伍建设、协调沟通等方面存在一些现实问题与困难。针对这些在实践过程中出现的情况，课题组在咨询相关专家、企业负责人的基础上，提出了几点对策。

1. 在思想观念上提高师生员工对学校转型、校企合作的认识

思想是行动的先导。原有本科教育模式中存在重"学"轻"术"、重"理论"轻"实践"，这成为地方本科院校向"应用型"高校转型的第一道障碍。同时由于过去对应用技能型高校、高职教育认识的偏颇，使广大本科院校师生对"应用技术型"大学产生很多误解，且在心理上难以接受，认为这是本科院校发展中的倒退，从而在行动上出现不积极甚至抵制行为。因此，根据《国家中长期教育改革和发展规划纲要（2010—2020年）》、《国务院关于加快发展现代职业教育的决定》、《现代职业教育体系建设规划（2014—2020年）》以及2014年5月发布的《关于地方本科高校转型发展的指导意见》（征求意见稿）等系列文件精神，加大对地方本科院校转型发展的宣传力度。不仅普通师生需要提高认识，系部领导、院校领导更应该积极学习，从思想深处充分认识到转型发展的重要意义。达到全体师生从思想观念上，充分认识到校企合作是地方本科院校向"应用技术型"高校转型和服务地方经济建设的重要途径，是确保培养的人才更加贴近社会经济发展的需要、促进高校焕发生机和增强办学活力的重要捷径。当然，思想观念的转变不是瞬间就能快速实现的，但能不能采取多种教育宣传方式加快转变速度，成为各地方本科院校在本次教育综合改革中的"较力点"。

2. 加快"双师型"教师队伍建设

既懂理论又能实践的"双师型"教师队伍是校企合作能否开展好的关键因素之一。从三所本科院校现有教师队伍结构比例情况看，"双师型"教师严重缺乏已成为制约校企合作人才培养的瓶颈问题。这也成为校企合作培养专业学生对现有教学模式满意度不高的重要因素。因此，加快地方本科院校"双师型"教师队伍建设变得尤为重要。加快"双师型"教师队伍建设可以从以下几个方面着手：一是学校定期选派青年骨干专业教师进入企业挂职锻炼、接受技能培训，这样既可以提高专业技能操作水平，又可以把企业新知识、新技能等运用到教学实践中。二是在职称评聘方面，对"双师型"教师提供扶持政策。三是积极推行"双聘"制度，从行业企业的技术骨干和中高职院校优秀教师中聘请兼职教师，参与到学校的教学与人才培养中。四是地方本科院校要针对各专业教师的具体情况做出详细规划，并制定"双师型"教师考核办法，鼓励和督促教师真正达到"双师型"要求。

3. 建立沟通机制，争取多方参与，推动校企合作向深层次发展

从人才培养方案制订与实施过程等方面的调研情况看都存在一个共同问题，即校企之间没有建立起正式的沟通机制，而且往往只有校企两边开展对话，参与合作事项的协商，缺乏政府或其他社会行业、协会的参与支持。经常出现合作双方一头热、一头冷，企业参与积极性不高等现象。为进一步推动校企合作向深层次发展，可以从以下几个方面进行完善。

（1）建立合作培养沟通机制，真正落实合作环节

人才培养方案的制订与实施过程中，建立校企双方定期研讨课程体系、教学方式、评估机制，改变现有培养方案的制订只是在形式上征求企业意见，缺乏深入调研、研讨论证、以校方为主的现状。同时，在沟通机制中，进一步明确校企之间的权、责、利关系，建立相互联络沟通的校企领导小组，把教学过程中需要企业技术与管理人员到校参加的项目落到实处，增加学生在前三年学习期间对企业文化、职业技术要求、岗位特点、职业规划等环节的熟悉程度。同时建立起稳定的沟通机制。学校应积极选派合作专业教师深入企业、车间，调研企业在技术、管理中的需求，把企业最需要解决的问题在人才培养方案中体现出来。

（2）积极发挥高校科研优势，加强校企横向科研转化

新建本科高校在科研理论成果方面成绩突出，从三所本科院校近年来的《科研年鉴》统计情况看，在论文发表数量、论文层次、省部级或国家级课题申请立项方面较高职院校具有十分明显的优势，但从应用型建设与产学研合作的角度，现本科院校发表的论文、申请的课题一般都是理论性的居多，很少有技术转化或企业研发相结合的论文与课题项目。因此，本科高校要想真正地服务于地方经济转型发展，就必须积极与企业沟通，深入企业调研，将自身的科研优势转化为企业需求的技术价值。例如，济宁学院教师分别与济宁半导体及显示产品质量监督检验中心、曲阜市沃冉工业技术有限公司签定了技术研发协议，获得两项横向研发项目，成为校企合作向深层次发展的良好开始。

（3）争取多方参与，增强地方政府在合作培养的主导作用

校企合作能否顺利开展、能为地方经济做多大贡献，还需要具备良好的外部环境，其中政府的主导作用显得格外重要。在校企合作中，没有法规支持，缺乏第三方的监督与评估机制，校企之间相互独立，没有可依靠的法规约束，企业在没有效益的合作环节中往往对合作不太积极。因此，尽快出台鼓励、支持校企合作的相关法规、政策、制度等，成为高校与企业期盼的大事。例如，成立由政府、行业机构、高校、企业等多方组成的校企合作督导评估结构，定期检查、评估合

作状态；在高校校内实训设备的购买、实训场地的市批建设中可以出台相应的减免税收、减少市批环节等优惠政策；在接受学生顶岗实习问题上，出台相应的财政补贴政策，鼓励企业积极吸纳高校学生参加顶岗实习锻炼；同时，在学生顶岗实习期间，由政府相关机构制定学生顶岗实习工伤医疗保险政策，减少校、企对学生实习所承担的工作风险成本等。

六、湖南工程学院内涵式发展案例分析

改革开放以来，中国的高等教育经过三十多年的飞速发展，无论从质量还是数量上都发生了巨大的变化，逐步实现了由"精英化教育"向"大众化教育"的转型。从20世纪90年代末开始的外延式发展对高等教育的大发展起到了至关重要的作用，但随着经济社会的发展，外延式发展也产生了一定的负面效应。因此国家提出当前高等教育必须依托内涵式发展之路，全面提升高校的办学质量和核心竞争力，这是高等教育建设和发展的基本要求。新建本科院校走内涵式发展道路更具紧迫性。

（一）内涵式发展是高等教育发展与改革的必然

当前中国高等学校的发展模式主要有外延式发展和内涵式发展两种模式，其中外延式发展模式主要是通过以规模扩张为基础的人力、财力、物力的增长来达到数量上的优势，例如增加院校数量、扩大院校规模、增加招生人数等。这对于中国高等教育的发展以及提高全民文化素质等方面发挥了巨大的作用。毋庸置疑，在教育发展初期进行外延式发展是很有效的，但也产生了一定的负面作用。鉴于此，有效缓解外延式发展带来的负面作用的唯一方法就是走内涵式发展的道路，这将成为今后高等院校发展的主要模式。内涵式发展更加强调高等学校内在"质"的提高，通过改变传统教学理念、教学手段与教育方式等促进教学质量的提高，实行产学研相结合的方式，让学生尽快融入社会，达到学以致用的效果，为社会培养高质量专门人才。

（二）高等学校内涵式发展的要素

1. 内涵式发展需要先进的教育理念

内涵式发展强调以学生为本，以开放与创新作为核心教育理念，立足于培养高素质能力的专业人才，帮助建立创新型社会，提高中国的科研水平，极大地促进社会发展。

2. 内涵式发展需要良好的制度文化环境

有效把握发展的方向与途径，是内涵式发展的根本保障，而文化是高校的精神所在，有助于制度的建设与完善，又能够增强师生的主观能动性，不但激发教师爱岗敬业的精神，也有助于学生人格和能力的培养，从而提高人才的质量。

3. 内涵式发展需要开放的办学模式

高等学校需要社会提供创新的思路与资源。开放式的办学模式，有利于高校把科研成果迅速地应用于社会，反过来，高校又得到了社会的进一步有力支持。这种双赢的合作道路，是高校内涵式发展的必经之路。

4. 内涵式发展需要创新的人才培养方式

创新人才的培养方式已经是当代社会发展中刻不容缓的紧迫任务。通过高校之间资源共享、中外学术交流，以及改革课程体系等做法，培养社会更加需要的高质量人才，从而促进高校的内涵式发展。

（三）湖南工学院内涵式建设的实践

1. 优化人才培养方案

针对当前经济发展现状与社会对人才的实际需求，湖南工学院推进应用型人才的素质教育，突出应用能力的培养，在教学过程中加强了实习实践的学时安排，并针对不同年级、不同专业开展了针对性强、操作性强的模拟上机操作，充分将理论应用于实践当中。通过教师的面对面指导，让学生足不出户就能体会到学以致用的效果。

2. 积极开展校企合作

湖南工学院邀请企业参与研究人才培养方案、专业设置与课程开发。推行订单培养、岗位见习的教育模式，从而提高学生的职业能力。近年来，学院将实践教学作为人才培养不可或缺的重要组成部分，多措并举，全面推进，加快就业实习基地建设。同时学院加强与政府合作，形成学校、政府、企业联动工作模式。

3. 设置卓越工程师教育实验班

学院坚持因材施教、分类管理的教育理念，选拔优秀学生进行特色管理，个性培养，创新教育。选择优势学科专业设置卓越工程师教育实验班，构建参与式、启发式、研讨式的教学模式，着力培养学生的创新能力和创业素质，探索系统化创业课程设置。

4. 探索多样化人才培养模式

培养具有职业教育的应用型和复合型人才，以及与国外联合办学的国际型人才。通过建立中外合作交流班，为学院开辟了新的办学途径，有利于改善学院办学结构，扩大学院在国内及国际的知名度，对学院的办学与进一步开展多样化人才培养模式进行了积极地探索与尝试。

（四）新建本科院校内涵建设路径

1. 优化结构，培育优势学科，巩固本科教学基础地位

通过定期调整学科体系、专业类型与层次，进而形成优势互补、结构合理、特色鲜明的学科专业布局，构建科学合理的课程体系，坚持培养应用型人才，加大通识教育课和公共基础课的比重，着重培养学生的科学创新思维。通过本科人才培养计划整合教学内容，根据不同专业与不同层次优化人才培养课程设置，加强校企结合，注重理论与实践的融会贯通，加强相关学科与跨学科之间的专业内容融合与提升，构建完整的有机联系的课程体系。

2. 加强教师队伍建设，加大内培外引力度

师资队伍在年龄结构与职称结构上要达到普通本科院校评估的合格标准，外聘专业技术人员作为教师进行授课还应占有一定比例，同时通过加强师德建设，努力提高教师的思想道德水平，培养为人师表、爱岗敬业的精神。加强名师培养，在教师中树立"育人为本，争当名师"的理念，积极营造"事业留人、感情留人、环境留人、待遇留人"的良好氛围，并且完善奖惩制度。

3. 积极提高科学研究水平

高校内涵式发展，离不开科研水平的提高。通过加强科研平台建设，开展科研基地建设，为科研成果和社会服务之间建立有效的转化平台，开展高水平的科研项目研究，提高科研工作者的重点项目研究水平。积极开展科研立项工作，调动广大教师从事科研工作的积极性，拓宽科研立项的申报渠道，加大科研经费投

入，提高科研项目的数量和质量。同时加强培养科研人员和团队建设，努力创造良好的科学研究环境，争取高质量科研项目，建立科研管理人员培训制度，对国家和地方重点产业的发展趋势做出理性预测，加强对当前社会需求的调研分析力度，加强对应用型教育理论的深入探析，培养和打造学术方向稳定、研究实力雄厚、成果突出的创新团队。

4. 积极开展社会服务和对外合作

必须重视与外部的交流与合作，通过打造开放的国际教育平台，建立并完善中外合作办学机制，积极汲取外国的先进教育理念与科研成果。与兄弟院校建立教学合作平台，实现跨校选修课程，充分利用业内教育资源。同时，建立教学科研基地和研究机构，加强与企事业单位的深度合作，建立区域经济研究机构，邀请高端专家参加研究机构的课题研究，并建立校企产学研联盟，与企业建立点对点、点对线，点对面的全面联盟关系，抓住有利时机，组织科研人员制订研究计划，启动校企联盟建设。

总之，新建本科院校内涵建设是一项长期而艰巨的任务，要在前期外延式发展的基础上，加大内涵式发展的力度，全方位提升办学综合实力，始终坚持把学生质量培养作为首要任务。

七、福建江夏学院人才培养体系案例分析

如何按照高等教育的要求，结合自身实际，主动适应地方经济社会发展需要，探索适合学校发展定位及学科专业特点的人才培养体系，不断提高应用型人才培养质量，促进学校可持续发展，是新建本科院校发展过程中需要面对和解决的突出问题。作为新建本科院校，福建江夏学院也面临着上述改革与发展的问题，针对这些问题，学校开展了一系列的教育教学改革活动，从办学定位的确定、学科专业体系的构建、应用型人才培养创新路径的探索等三个方面开展应用型人才培养体系的实践，这些实践为新建本科院校的人才培养提供了思路和借鉴。

（一）适应海峡西岸经济区建设需要确定学校办学定位

为确定学校的办学定位，福建江夏学院做了大量的调查和研究。在此基础上，学校根据经济建设的需要和福建省高等教育学科专业结构的调整实际，结合学校已有的办学基础和办学条件，着眼未来发展前景，按照高校办学定位要求，把学校的办学定位确定为：立足福建，面向全国，培养服务经济社会发展特别是现代服务业发展为主的复合型创新型应用型各类高素质专门人才，将学校建设成为注

重学生创新意识教育和创业能力培养的有特色、高水平的应用型本科大学。

福建江夏学院办学定位的确定,主要基于以下三个方面的现实需要和形势发展考虑。

一是海峡西岸经济区(以下简称海西区)经济社会发展对高等教育特别是本科高校培养大批高级专门人才的迫切需要。自海西区建设提出以来,尤其是国务院《关于支持福建省加快建设海峡西岸经济区的若干意见》颁布后,海西区的建设被确定为国家发展的重要战略布局,福建省委、省政府根据中央文件精神,制定了《福建省建设海峡西岸经济区纲要(修编)》,确定了加快海西建设的奋斗目标、主要任务和政策措施,提出把海西建设成为科学发展之区、改革开放之区、文明祥和之区、生态优美之区。加快海峡西岸经济区建设,一方面迫切需要高等教育特别是本科高校培养大批高级专门人才,为海西建设提供坚强的人才保障和智力支持;另一方面也为高等教育的发展奠定了较为扎实的基础,为高校毕业生今后的工作、就业开辟了广阔的前景。

二是福建现代服务业快速发展为培养现代服务业高级应用型人才创造了社会需求环境。福建省正处于新一轮发展的重要战略机遇期,随着海西区建设的发展,全省现代服务业呈现加快发展的良好势头。当前,福建省服务业发展已具有相当基础,经济社会发展处于消费结构转型期,扩大服务消费逐步成为提高城乡人民生活水平的重要内容;随着海西区建设的全面推进,工业化、城市化、信息化步伐加快,进一步拓展了生产性服务业的发展空间;海峡两岸关系的积极变化,有利于福建省发挥区位优势,更多更好地吸引投,促进服务业发展。福建省委、省政府高度重视发展服务业,做出了加快发展服务业的战略部署,省发改委为此组织编制了福建省服务业发展专项规划,阐述了福建省发展服务业的主要目标和主要任务。因此,福建现代服务业的发展必然为现代服务业高级应用型人才的培养创造良好的社会需求环境。

三是福建省高等教育对学科专业结构的调整和优化为培养现代服务业高级应用型人才提供了办学发展空间。福建省教育发展专项规划要求进一步调整、优化高等教育学科专业结构。目前,全省本科院校已达23所,设置的本科专业涵盖了71个学科、179个专业,初步形成了以经济学、理学、工学、医学、农学等为主体的本科专业体系。但是,培养现代服务业所急需的高素质应用型专门人才的专业体系还有待进一步培育,现代服务业急需的专门人才缺口较大。随着海峡西岸经济区建设的全面推进,现代服务业对高级人才的需求量将会进一步加大。福建江夏学院学科专业的设置面向现代服务业,不仅有利于优化福建省高等教育学科专业结构,而且将为校学科专业建设和促进现代服务业人才培养提供良好的发展空间。自福建江夏学院正式获得批准设置以来，福建江夏学院围绕培养现代服务业高素质应用型人才，设置了16个本科专业，其中有通信和信息服务领域所需要的信息管理与信息系统、电子信息工程等专业，有生产和市场服务领域所需要的经济学、国际经济与贸易、金融学、财务管理、工业工程等专业，以及公共服务领域所需要的行政管理、公共事业管理、人力资源管理等专业。

（二）在学校办学定位框架下构建合理的学科专业体系

学科专业设置是高等学校构建人才培养体系的前提条件，它的合理性与科学性对学校的人才培养质量和规模发展具有决定性的影响。地方本科院校在经过跨越式发展之后，往往遭遇发展的瓶颈，其中学科专业设置结构和建设所存在的问题尤其突出。因此，加强地方本科院校的学科专业建设，构建合理的学科专业体系，提高人才培养质量，是地方本科院校尤其是新建本科院校在发展过程中需要解决的重要课题。

福建江夏学院的组建基础为四所成人大专院校，作为新建本科院校，如何实现学科专业体系从大专到本科的转变，不仅是该校人才培养质量的重大问题，也是该校实现跨越式发展的中心任务。解决这一问题必须在学校办学定位框架下，坚持以海峡西岸经济区经济社会发展的人才需求为导向，以培养现代服务业所需的各类高素质应用型专门人才为目标，根据现代服务业所涵盖的领域以及现有的专业设置、师资队伍情况，探讨行业（现代服务业）与学科专业（经济学、管理学、法学等）的对接，并以此作为学校规划学科建设和专业设置的基本依据，逐步构建起合理的学科专业体系。

目前，学校已制定出中长期发展规划，确定了学科专业建设的具体目标，即以经济类、管理类专业为特色和优势，同时加快工学类、文学类专业的建设和提升，至2019年开设有32个本科专业，基本建成以经济学、管理学、法学为主干，文学、理学、工学、艺术学等相互支撑、协调发展的学科体系。到2020年预计开设本科专业44个左右，届时将建成结构合理优化、主干学科突出、优势资源互补、学科特色明显的学科专业体系。

在学科专业体系构建过程中，该校还注重把握以下四个要求。

一是注重行业与学科专业的对接。学科专业的设置必须紧密契合行业发展的需要，根据行业发展的动态变化进行必要的调整。目前随着海西经济区建设的顺利推进，福建省的服务业也得以快速地发展。近年来，为了加快发展服务业、推动服务业现代化，福建省人民政府制定有关规划。根据该规划要求，此后五年乃至未来相当长时期，福建省的服务业，特别是现代服务业的发展将是福建省国民经济发展的重点和关键，其中旅游业和现代物流业的发展将成为带动国民经济发展的新的主导产业。现代服务业是相对于传统服务业而言，适应现代人和现代城市发展的需求而产生和发展起来的具有高技术含量和高文化含量的服务业，它包括通信服务和信息服务、生产和市场服务、个人消费服务、公共服务四个方面。根据以上现实变化，福建江夏学院积极组织人员开展学科专业设置调研活动，围绕现代服务业的人才需求，对学校的学科专业进行了调整和优化，基本确定了与现代服务业发展相对接的学科专业体系。

二是注重学校自身的学科专业优势。地方本科院校的发展不可摒弃原有的学科专业优势，这是决定地方本科院校办学方向和学校专业布局的重要基础。因此地方本科院校要从整体上把握学科的内在规律和联系，把握市场和政策导向之间的平衡问题，切实做到依据自身的发展定位和优势设置专业和构建优势专业群，努力培育和形成自身的品牌和特色专业，从而形成专业结构上的优化布局。基于上述考虑，福建江夏学院在成功设置金融学本科专业基础上，依托金融系原有学科专业优势，申报了数学与应用数学（保险精算方向）、统计学（金融统计分析）和投资学专业，之后继续申办保险学专业和金融工程专业。如此形成了金融学、保险精算、金融统计、投资学、保险学、金融工程六位一体的专业群，从而做大做强金融学类专业，在延续原有学校专业特色基础上，形成福建省金融学类专业齐全、校企关系密切、富有特色的优势学科，有效培养满足金融服务业需求的高级专业人才。

三是注重学校目前的教学资源状况。教学资源是专业设置的前提和基础，专业设置有赖于必要的教学资源。地方本科院校在进行专业设置时，不仅要考虑专业设置的社会需求，还应该充分考虑专业设置的可行性，即学校现有的和通过努力可以获得的教学资源状况是否可以满足专业设置的基本要求，是否能够保证专业培养目标的实现。只有在确保专业设置可行性的前提下，才可能进行科学合理的专业设置，而科学合理的专业设置又可以有利于学校内部教学资源的整合，从而达到合理配置和充分利用的目的，并能产生最大的办学效益。福建江夏学院自2006年实质性整合以来，在充分考虑当前教学资源和专业设置可行性的基础上，通过专业结构调整和优化、师资引进和培养、专项资金投入等措施，积极实现由原有以经济学、管理学、法学为主的专业结构扩展到与文学、理学、工学、艺术学等专业相互支撑协调发展的学科体系。

四是注重国家及省级主管部门对专业设置的要求。国家及省级主管部门对专业设置的要求是地方本科院校专业设置的政策依据和建设纲要。地方本科院校在进行专业设置和建设时，应当特别关注国家及省级主管部门对专业设置的宏观调控方针和微观指导意见，尤其是一些地方经济发展十分需要、学校设置意愿强烈但条件尚不具备的专业，可根据国家及省级主管部门对专业设置的要求，在已有专业下面开设与拟设专业相关的学科专业，先进行人才储备，一旦条件成熟再申请申报，先确定设置专业的大方向，新专业获批后再进行相应的调整。如福建江夏学院的法学和金融学是该校的传统优势学科，但是又属于国家布控专业，因此遭遇到申报的难题。根据这一情况，该校在国际经济与贸易专业基础上，设置了商务管理、国际金融、国际商法专业。2011年，教育部同意该校设置法学、金融学专业，此后该校相应地撤销了国际金融、国际商法两个专业。因此地方本科院校要准确把握国家及省级主管部门对专业设置的要求，灵活处理本校设置意愿强烈而条件尚不具备的专业，不断优化自身的专业布局和专业结构，使学校能够持续稳步地向前发展。

（三）根据学科专业特点探索应用型人才培养的新路径

人才培养是高等院校发展的中心工作，也是高等院校建设的重要任务。培养具有创新意识和创业能力的高素质应用型专门人才，着力提高人才培养质量，是地方本科院校教育教学的根本目标。在实施人才培养过程中，学校要坚持德育为先，能力为重，全面发展，并在国家教育方针指导下，加强学生良好综合素质和职业道德的养成，努力使各专业毕业生在职业操守、职业技能、创新能力等主要方面满足企、事业单位发展的要求。要实现这一目标，学校就必须根据学科专业特点，不断探索应用型人才培养的新路径，使教、学、用有机地统一起来。

福建江夏学院在确定办学定位和构建学科专业体系的同时，根据学科专业偏重于财经政法类的特点，注意探索应用型人才培养的创新路径，选择了部分专业作为应用型人才培养创新路径的改革尝试，收到了一定的效果。这方面的实践探索主要有以下三个方面。

1. 构建"银领学院"，探索产学研用联合培养金融应用型人才

在金融学专业应用型人才培养创新方面，福建江夏学院的实践思路主要如下。

①创立"银领学院"的基本目标：依托金融系，相关各系与金融企业制定与"订单培养"相关的教学、学生、就业、经费、党建管理等制度，构建"银领学院"（独立自主管理的二级学院）管理体系；以"订单培养"为始点，以"双师"团队为依托，以校企合作为平台，以就业引领为目标，依托金融系，构建学校和金融企业共同参与的育人平台，以及订单式人才培养创新模式，形成自主管理的

二级学院；探讨与金融企业、台湾地区高校实行"校校企"联合办学，建立公有民办二级学院，并通过"订单培养"逐步实现"就业引领"的制度化。

②创立"银领学院"的基本做法：走访相关银行、证券、期货、保险等金融企业，签订"订单培养"意向书；依据招聘计划选拔优秀学生进入"订单"班，实现专业学习与岗位培训的对接。学校与金融企业签订"订单培养协议"，学生与金融企业签订培养就业协议；制定适应"订单培养"需要的岗位实践教学体系和实践教学大纲，以"工作过程为导向"开发课程，编写实训课程教材，实现专业教学与岗位培训对接；探讨适应"订单培养"需要的教学方式和学习方法，构建"专业课程＋订单课程＋顶岗实习"三位一体的培养体系，实现课程学习与顶岗实习无缝对接；根据金融职业岗位要求，与金融企业共同出资，建立银行柜员实训室、金融营销训练厅、证券交易实训室、期货实训室、保险组训厅等实验中心，并实行以学生为主体的金融投资协会管理实验室；协调学生管理方式，实现党建的对接；以订单班为单位配备辅导员（学校）和班主任（金融企业）了；预备党员与金融企业签订党员继续培养计划，将学生党员发展工作延伸到金融企业；筹集联合办学经费，金融企业生均资助1500～1800元，推广相关的金融企业文化，共同管理具有完全自主权的二级学院。

2. 创新国际贸易经营实战演练平台，探索经营实战教学模式培养经贸应用型人才

在国际经济与贸易专业应用型人才培养创新方面，福建江夏学院的实践思路主要如下。

①创新国际贸易经营实战演练平台的基本目标：参照国贸企业经营的实际情况，为学生设计安排国贸企业的多种角色，模拟国贸企业整体运营过程和运营规则，让学生在真实而复杂的环境中，通过角色体验，深入分析国贸企业内外部环境，体验国贸企业的经营决策全过程；以体验式的互动学习方式，融角色扮演、案例分析和专家诊断于一体，通过学生参与实战演练，在各种决策的成功与失败中学习国际贸易规则和经营过程，从而使课程教学真正实现由以课堂讲授为主到以实践教学为主的改变、由以教师为主到以学生为主的改变，彻底解决国贸理论教学和国贸企业实际经营过程相对脱节的问题。

②创新国际贸易经营实战演练平台的基本做法：实践与教学同步进行或者紧密相随，使学生在学习完相关理论知识的基础上，能够趁热打铁，深入理解和把握课堂所学知识；积极与相关企业单位进行联系，寻找国际贸易经营的现实案例，加强实战演练的逼真性和真实感，使学生能够全程体验国际贸易经营的整个流程；

组织学生进行前期准备，对国际贸易经营中所涉及的商务礼仪、风俗禁忌等进行学习，强化角色模拟，锻炼学生的表达能力和沟通协调能力；发扬民主，发挥主观能动性，通过课程设定和学分奖励鼓励学生进行实践探索；采用"走出去、请进来"的办法，派遣校内教师与校外企业开展合作，为企业提供相应的技术支持，积累相关的实践经验，同时邀请相关企业的具有较强实际操作能力的管理人员担任教员或客座讲师，参与学校实践教学，为学生提供面对面的演练；加大投入，除添置国际贸易经营实战演练平台必需的硬件外，购买适量的教学软件，并对实验软件进行消化、吸收和创新，联合计算机专业老师对软件进行再设计，使之更加符合本校人才培养的实际；同时加强实战教学的规范化管理，即包括对管理规章制度、实战教学质量监控、考核评价体系进行目标考核和量化管理。

3. 构建切实有效的案例开发机制，探索借鉴公务员培训案例培养行政管理应用型人才

在行政管理专业应用型人才培养创新方面，福建江夏学院的实践思路主要如下。

①借鉴公务员培训案例教学的基本目标：通过案例教学提高学生之间的团体合作精神，加强创造性思维训练，不断开拓学生视野，最大限度开发学生潜能；通过公务员培训案例开发机制的有效运转，广大教师能在开发案例的过程中对社会现实有更深入的了解，在提高业务水平的同时为其在行政管理专业学历班的授课积累现实素材，从而更好地做到理论联系实际，促进应用型人才培养质量的提高。

②借鉴公务员培训案例教学的基本做法：开展案例教学，让教师和学生进行教学互动，在案例剖析、求解、辩论过程中提高学生之间团队合作精神，训练创造性思维，促使学生之间经验共享，开拓学生视野，最大限度开发学生潜能；从内部机制和外部机制两方面着手，发动广大教师共同开发合适的公务员培训案例。在内部机制上，一方面充分利用学员长期从事一线管理的丰富实践经验挖掘素材，组织编写案例；另一方面通过建立激励机制，激励相关人员开发优秀案例。在外部机制上：一方面建立案例共享机制，分清权利义务关系，合理共享资源（由于开发适合教学的案例要花费不少成本，并且其中涉及知识产权的问题，因此必须建立创设公务员培训案例库的有效制度，切实做到资源共享）；另一方面相关部门在工作量计算、职称评定、案例的公开发表等方面出台一些有利于案例开发的配套措施和制度，给予相应的制度保障。

第六章 凸显内涵式发展特色：新建本科院校校企合作协同创新人才培养体系构建

校企协同创新创业人才培养有利于改变我国高等教育教学与实践相脱节的现象，有利于提高大学生的学习能力、创新能力、实践能力、交流能力和社会适应能力。校企协同人才培养是高校和企业达到双赢的必然选择，它适应了高等教育大众化阶段对人才的需求，有利于提升高等院校人才培养能力、科学研究能力和社会服务能力。它为高校教师提供了在企业实践的机会，提高了教师的理论与实践相结合的能力，促进了科研成果的转化。校企协同创新创业人才培养是教育发展的必然趋势，校企协同创新创业人才培养体系的建成有利于我国教育改革的深入开展，也为教育改革的进行奠定了坚实的基础。

第一节 新建本科院校校企合作协同人才培养的目标定位

一、校企协同人才培养的宗旨

校企协同教育以为区域或行业经济发展服务为宗旨，以培养应用型专门人才为目标，适应高等教育改革与发展的要求，突出"以学生为中心，以能力为本位"的理念，在人才培养、科学研究、技术开发和社会服务等领域开展各种合作活动，通过资源互补、优势共享等方式发挥高校和企业的各自优势和潜能，促进双方共同发展。

二、校企协同人才培养的功能定位

作为适应现代社会发展的高等院校应积极投入到经济建设的主战场，根据自身特点和优势，面向区域经济和社会发展，开展全方位、多层次的校企协同创新创业教育。尤其是根据企业对人才培养的实际需要，提高创新创业型人才培养的针对性和质量，提供形式多样的社会服务和技术服务，增强对区域经济增长的辐射力和贡献率，从而为自身资源开发、基地建设、学生就业赢得更大的可持续发展的空间。

三、校企共同制定人才培养目标

校企协同创新创业人才培养目标的确定应由高校和企业共同制定完成。企业应将未来发展对员工的需要反映到人才培养中，以制定准确的人才培养目标。面对经济全球化的挑战，国家和社会所需要的人才类型发生了质的改变，具有创新意识和创新能力是新时代人才质量的核心。研究型大学理应为国家培养高级创新型人才。因此，研究型大学应与企业共同制定以培养创新精神和创新能力为核心的培养目标。

教学型本科院校以本科生的培养为主，在知识的深度与广度上，与研究型大学相比较弱，主要向社会提供应用型人才。因此，教学型本科院校应与企业共同制定培养适应社会、适应企业需求、具有较强的实践能力的人才培养目标。

教学研究型本科院校处于研究型大学和教学型本科院校两者之间，以培养本科层次的人才为主。教学研究型本科院校与教学型本科院校和研究型大学培养某一方面的专门人才不同，注重的是综合人才的培养。因此，教学研究型本科院校培养的是具有较强的实践能力、理论应用能力和创新能力的复合型人才。

第二节　新建本科院校校企共建课程设计与建设保障

课程基本问题的探讨在国外有较长的发展历史，在我国，也有较多相关研究，但直到20世纪80年代才开始陆续引进国外的先进课程理论，但从"课程""大学课程""应用型本科课程"三者的种属关系，我们可以窥见研究对象的共性特征，同时，我们也可以因此分析新建本科院校教育课程理论基础研究的技术路线，也就是我们可以借鉴国外的课程理论基础研究和国内研究已取得的成果，结合种属关系特性，从认识课程与课程编制、大学课程与大学课程编制开始，探寻和揭示新建本科院校课程及其编制的基本问题。

一、新建本科教育课程理论概述

（一）大学课程与大学应用型课程

1. 课程

从词源看，我国和西方国家使用"课程"一词的源起之意基本一致，课程指的是学程，即学习的内容及其进程。但是随着课程理论的不断发展，对课程内涵的认识也日渐丰富。

（1）课程是教学科目。这一观点认为课程就是教学科目，是由某一门类或者某一学科的知识内容组成，这是古往今来被广泛认可的一种定义。在我国古代，也多是将课程理解为某一门类的知识内容及其构成。现有涉及课程理论的一些著作认为，古代课程的基础是我国传统的礼、乐、射、御、书、数，而汉以后的《论语》《孟子》《大学》《中庸》和《诗》《书》《礼》《易》《春秋》是各级学校主要的甚至是唯一的课程，它们都是关乎某种技能、某门类知识的课程。

在西方国家，中世纪大学是现代大学的起源，其所授课程主要是"文法、修辞、辩证法、算术、几何、天文、音乐（简称"七艺"），其中，前三科是文科课程，后四科为理科课程。同样是将课程等同于所教科目，强调向学生传授学科的知识。最早采用"课程"一词的斯宾塞，也是从指导人类活动的各门学科的角度，探讨其知识的价值和训练的价值。

此外，课程的学科定义在各大工具书中得到记载，如工具书《中国大百科全书》提到课程的一种典型定义就是：课程是课业及进程。狭义的课程指一门学科，广义的课程指所有学科的总和，或指学生在教师指导下的各种活动总和。

（2）课程是学习计划。课程就是学习的计划，课程是对学习内容的计划性安排，是对学什么、为什么学、怎么学等内容的文本规定。有学者称其为行动计划，是指达到设定目标或目的的策略的书面文献。我国有学者认为，课程指一门学科有目的、有计划的教学进程，是各级各类学校某级学生所应学习的学科及其目的、内容、范围、分量和进程、安排的总和。在这里，"计划"也是通常被理解为"课程计划（教学计划）、课程标准（教学大纲）、教科书、教学参考书、练习册以及教师备课的教案"等一系列具有文本特征的内容。

（3）课程是学习经验。课程就是学生的学习经验，课程是有计划地安排每位学生学习机会的过程，并使学生获得知识、参与活动、增加体验。学习机会是比较复杂的概念，不仅包括课堂教学所提供的学习机会，还包括活动课程、实践课程等非课堂教学所带来的学习机会，学生在这些学习机会中得到经验与收获，也即增加知识、参与活动、增加体验，称之为课程。这个定义表明课程是一种安排学习机会的计划，重要的是，它强调了学生在学习机会中的体验与获得。所以，这个定义同样可以理解为"课程是学习经验"的一种演绎。

2. 大学课程

大学的三大主要职能依然是培养人才、发展科学、服务社会，其中培养人才职能是现代大学的根本使命，是大学工作的根本出发点，无论大学如何发展，这一职能永远不会消失。

大学课程相应地也有狭义和广义之分。狭义大学课程指被列入教学计划的各门学科（科目）及其在教学计划中的地位和开设顺序的总和，简单地说，就是一门具体的教学科目。广义的大学课程是指学生在高校习得的一切文化的总和，包含了列入教学计划的所有知识性课程，也包含了未列入教学计划而被学生习得的精神的、制度的、思想的、环境的文化内容。大学课程具有自主性、专业性、前沿性、探究性的特点。

大学课程体系在此主要指两方面的含义：一是指某专业培养计划所含的课程体系；二是指某具体课程的教学内容体系。课程结构指各类课程之间的组织和配合，如开设的科目和活动以及科目活动的先后顺序、教学时数等。课程结构是一门专业课程体系的重要组成部分，课程结构是否合理关系到能培养出什么人，直接影响到专业培养目标的达成。

3. 大学应用型课程

（1）大学课程的"燃料"是知识。大学是知识的中心，是控制高深知识和方法的社会机构。在教授和教师的特殊活动中，我们可以找到共同的内容就是知识操作，只是发现、保存、提炼、传授和应用知识的工作组合形式有所不同。知识才是大学的灵魂，一切活动都是围绕知识而产生的。

根据我国教育部大学类别划分标准，高等院校依然是按照学科分类的，如综合类、理工类、农林类、医药类、师范类、财经类、政法类、语言类、艺术类、民族类院校等，而自然科学知识、社会科学知识、人文科学知识也是这些院校划分知识体系的主要依据。

（2）大学学问的"学""术"分析。从学术研究的角度分析，"学"是为了求知，探索自然和社会的内在规律、法则及其抽象理论；"术"是为了求用，即为人类、为政治、为现实服务。从哲学上分析，"学"指的是学问、科学，是认识世界的范畴，它解决"是什么"和"为什么"的问题；"术"则是技术、手段、方法，属于改造世界的范畴，它解决的是"如何做"的问题。从大学教育角度分析，"学"与"术"是教育模式的关系。

各国高等教育体系处理"学"和"术"的关系时一般采取两种方式：一是"学"和"术"分流，即分别设立不同类型的高校，如德国的综合性大学、应用科学大学的并驾齐驱。二是"学"和"术"合流，如我国高等院校增开应用型教育类型或者调整人才培养模式开展应用型教育。采取何种形式取决于各国国情和对高等教育的认识。从辩证法的角度看，一个国家的"学"和"术"教育应该是相互促进、互为补充的，但就学校个体而言，"学"和"术"的合流可能会因为人、财、物的限制，导致两者的发展均受牵连。

（二）本科教育课程编制

课程编制是课程研究领域的核心问题，也是本研究的核心内容，什么是课程编制，如何进行课程编制，是本研究开展的基础。在此就课程编制的基本问题给予分析与探讨。

1. 课程编制含义

课程编制就是完成一项课程计划的整个过程，它包括确定课程目标、选择和组织课程内容、实施课程和评价课程等阶段。课程编制的内容包括四个因素：课程目标、课程内容、课程实施、课程评价。

课程理论是对课程的本质、目的、价值、要素、结构、人在课程中的定位等问题的看法。根据课程理论基础，课程编制存在学问中心、学科中心、社会中心课程编制三种取向。现阶段，课程编制的价值取向主要是在"学问中心""人本中心"之间相互"纠缠"。大学课程编制受到学术领域、课程层次、价值取向三个方面因素的影响。

2. 新建本科院校教育课程编制特点

本科教育本质上是崇"术"的教育，以上述理论分析为基础，结合新建应用型本科教育的办学定位、办学思路，课程编制应具备如下特点。

（1）课程目标定位：培养"专才"。从目前来看，对通才教育和专才教育理解的区别普遍聚焦于知识面和专业面的宽窄问题。所谓通才教育泛指专业面宽、覆盖面大的一种教育，而专才教育则用来泛指特定专业的教育。"通才教育"论者主张在一定专业范围内的"宽"，"专才教育"论者主张在拓宽基础和专业知识面的前提下的"专"。可以看出,两派的观点都是以"专业教育"为前提的。因此,有学者强调,知识是智能的基础,由知识升华为智能需要培养和训练。新建应用型本科教育"是以培养某一专门技术领域的专门技术人才为主,是以应用为目的的专业性通才教育",其课程结构和专业口径不宜过宽。

（2）课程内容选择：回归"专业"。"回归工程",归纳起来就是"要把工程教育从过去过分重视工程科学转变到更多地重视工程系统及其背景上来;加强工程实践能力的培养;强调要用'整合'或者'集成'的思想重建课程内容和结构"。工程教育要回归工程理念、工程系统、工程实践。从"工程科学"回归"工程应用",是向工程本质的全面回归,是向"研究、开发、设计、制造、运行、营销、管理、自选等主要环节"的"工程链"的回归。以此为借鉴,新建应用型本科教育是专业定向型的教育,建议课程内容的选择向专业本身集中,一些"装饰性"的知识内容以及科学本身的深度理论,可以不作为这类教育的主要内容,或者不需占过多的比例。

（3）课程实施方式：崇尚"实用"。应用型本科教育要坚持理论与实践相结合,注重实用性"实用"是应用型本科院校课程的显著特点。应用型本科院校的定位往往是服务区域经济社会发展,高等院校课程建设准确合理的定位,有助于培养"对口适销"的行业急需人才。应用型课程与学术型课程不同,应用型课程关注的是过程性知识,学术型课程关注的是陈述性知识。陈述性知识更多涉及的是事实概念知识,也就是用符号组成的概念和定理、原理等,应用型课程立足于行动体系,主要涉及"怎么做"的知识,指的是经验知识或策略性知识,因此,应用型本科课程的基本特征之一是实践性。因而,课程开发时,实践教学如实验、实习、见习、实训、大型作业和课程与毕业设计要有完整体系和重要地位。应用型本科课程设置要改变传统的课程设置中理论课程与实践课程脱节的局面,运用项目教学或以工作过程为导向的教学方法,切实将理论课程与实践课程有机地融合起来。

（4）课程评价标准：知识"应用"。应用型本科教育应该坚持知识的社会评价。首先,应用型本科院校的主要服务方向是区域经济建设和社会发展,其学科专业建设、课程开发依据来源于区域经济发展状况和产业结构特征,因此,检验评价应用型本科教育课程的标准也应该由社会决定。其次,知识、高等教育和社会的关系发生改变。在精英高等教育时代,三者的关系顺序是高等教育—知识—社会,而在大众化的应用型本科教育背景下,三者的关系顺序是社会—知识—高等教育。也就是说,教育的知识基础没有改变,但是知识的背景发生改变,应用型本科教育教授的是社会背景下的知识内容。因此,评价知识的标准不再是学科、教师说了算，而是社会说了算，社会的需要才是决定课程的真正标准。因此，应用型本科高校课程体系应该根据社会对人才质量的要求设计，课程大纲制定应该基于社会需求加以分析，这样才能真正培养地方经济和社会发展所需要的人才。

（三）新建本科院校课程组织实施

高校各专业的课程内容体系主要体现在人才培养计划之中，它规定了专业培养目标、培养要求、学制学分与学位、主干学科、主要课程、课程结构、学时学分分配、课程教学进程表等内容。在此，以机械制造本科专业的课程计划为蓝本，以传统本科高校做对比对象，分析应用型本科教育课程的组织结构问题。

1. 课程组织

（1）理论课程与实践课程。教育要与生产劳动相结合，学校课程要与实践相统一。在新建本科院校课程设置中，理论课程普遍分为公共基础课程、学科大类基础课程、专业基础课程以及专业课程；实践课程在此主要指社会实践、课程设计、技能训练、技术应用、科技创新、校企合作、毕业设计等独立设置的教学环节。事实上，实验教学也是实践课程，但它一般是配合理论课程设置，分散在各门理论课程中，居于从属地位，而且相对理论教学而言，所占比重有限，而且较多是验证性实验，体现创造性的综合性、设计性实验等高质量的实验教学比重就更低，因此实验教学不列入研究范围。在课程组织构架中，理论课程与实践课程可"偏"但不能"废"，应用型本科教育，一方面要注重理论性课程的学习，让学生打好理论基础；另一方面，作为应用型人才，学生更要加强基本技能的训练，适应行业对人才的技术实践要求。因此，对实践教学应该更加重视。

（2）通识课程与专业课程。通识课程是不直接为学生未来的职业活动做准备，而是为大学生在校学习和未来发展奠定基础而开设的一类课程。新建本科院校的通识课程主要有全校性公共必修课程和文化素质教育课程两大类，公共必修课程具体分为思政类、英语类、军体类、计算机类课程，这些课程面向在校本科生设置。专业课程主要指集中体现某一专业特点的课程，包括专业基础课程、专业课程以及实践课程，都是围绕专业开设的基础理论、基本知识和基本技能训练课程，这些课程带有一定的职业或行业倾向。新建本科院校的许多专业教育课程含有丰富的通识教育成分，因此我们应该关注通过专业教育课程来达成通识教育的目标。

（3）必修课程与选修课程。必修课程是指学生必须修习的课程，是为保证所有学生的基本学力而开发的课程，有公共必修课程与专业必修课程之分。必修课程要将本专业必须掌握的基础知识教给学生，以保证所培养人才的基本规格和质量；选修课程是为适应学生的个性差异而开发，依据不同学科专业特点与发展方向而开设的允许个人选择的课程。选修课程根据其赋予学生的自由度大小不同，可以进一步划分为限制性选修课程与任意选修课程两种类型。选修课程能够比较迅速地把科学技术的新成就、新课题反映到教学中来，有利于学生扩大知识领域，活跃学术空气。必修课程与选修课程的比例关系能够表明课程的选择度，体现的是课程开设是否能够满足学生多样化的需求，特别是高校实施学分制管理，可供选择课程在一定程度上影响学生的个性化发展。

2.课程实施

（1）正在推进的课程实施改革

①课程设计理念转换。

目前，新建本科教育课程体系按照公共基础课、专业基础课、专业课的模式来构建仍是普遍现象，这种传统的课程设置方式体现的还是传统的结构主义课程理念：每门课程开设都要依据一定的学科基础和学科逻辑，课程内容的设计也是严格的概念、定律和逻辑推理等，教育教学注重的是"知识的导入"。

模块化的课程体系主要特点在于以专业能力为切入点，以细致划分专业能力和能力要素为基础，以能力培养作为理论基础教学和专业实践教学的指向。而传统的教学体系是以知识为切入点，将知识的传授与知识的应用作为教学指向，在"入"和"出"的两端难以体现理论教学和实践教学的融合。

在操作模式上，学校通过对当地机械企业的调查和分析，归纳总结出机械专业人才的能力、素质要求，然后对专业能力和素质要求进行优化组合形成知识、能力和素质单元，各单元对应一定的知识体系，从而形成能力知识模块。不同的能力知识模块有机搭配就构成了模块化教学体系，如机械制造与自动化专业的专业能力被分解为机械识图与制图能力、力学分析和计算能力、机械测量和分析能力、工程设计能力、机械设计能力、机械加工工艺和工装设计能力、专门领域的工作能力等七大能力单元；专业基础知识被具体化为数理基础、外语基础、计算机基础、电工电子基础、机械基础、专业基础、工程基础等七大模块；而综合素质被分为政治思想、道德法律、交流沟通、团队合作四大类别。每个专业能力模块、专业基础知识模块、综合素质模块都对应一定的知识体系，该知识体系由不同的课程模块予以支撑。而课程模块的优化组合及其在不同学期的推进就构成了模块化课程体系。

②大学公共课程教学调整。

第一，课程设置时间的调整。以往，大学公共基础课程一般集中设置在第一学年和第二学年，学生进入第三学年和第四学年后，逐渐接受专业教育，大学三、四学年的课程集中设置为专业课程。随着通识教育要求的提高和就业市场的大，应用型本科高校开始强调基础知识和基本技能培养的延续性，提出了基本能力培养"四年不断线"的观点，调整了基础课程的传统设置方式，将原第一、二学年的公共基础课程的课时安排延续到第三、四学年。有的高校提出外语应用能力、计算机应用能力、工程实践能力和综合素质培养的"四年不断线"，为学生的终生学习和未来发展打下基础。还有的高校将体育课程设置改为俱乐部模式，将两年的体育课分解为四年的课程，课程设置采用"菜单"模式，一方面学生可以根据自己的时间、兴趣、特长选修不同的体育科目。另一方面增强了学生的运动意识和运动习惯、提高了学生的运动技能。

第二，课程教学方式的调整。大学课程形式多为课堂授课，但是随着现代科技的广泛运用、大学生生理心理的逐渐成熟大学生兴趣爱好的多元化以及所接受信息的增加，传统的课堂授课已远远不能满足学生的需求。于是，有的高校及时调整公共基础课程的教育教学方式，以适应现代高等教育的需要，如有的高效改革思想政治理论课程的教学方式：把基本理论的教学内容做成题库，以网络课程的形式要求学生学习；把大学生所关心的时事与政治、形势与政策等设计成课堂教学内容进行讨论与讲授；把思想政治课教学大纲要求的考察活动与学工活动相结合，使部分学工活动演变成公共教学活动，既完成了课程教学要求又实现了学工活动的教育功能。

第三，课程教学内容的调整。为突出专业能力的培养，部分学校将大学基础教育改革与专业教育改革紧密结合，加强了专业教育的改革力度：第一，课时补给。将公共基础课程"不断线"改革而"挤"出来的课时补给了专业课的教学课时，同时对专业课教师提出教学改革要求，这样不仅使专业课程的教学时间更加充裕，而且推动了专业课程教育教学改革。第二，内容衔接。将公共基础课程的教学内容与专业课程的教学内容相结合。有的学校要求大学英语等公共课程为专业教育服务，公共课老师需联系学生所属专业的二级学院，根据学生专业特点设计与之相适应的公共课程教学内容。有的学校，生源条件比较好，于是要求大学新生就参加四、六级英语考试，通过考试后，学校会利用结余的英语教学课时开展外语专项教学或者课程教学改革，如开设专业英语课程或开设英语听、说、读、写能力课程等。

③课程推进周期改进。

传统的四年制本科是八个学期，课程按照八个学期进行安排和推进，一般而言，每个学期是20周，包括教学周、考试周和实践教学周。然而，针对应用型人才的培养，部分学校改变了传统的学期设置，实施了小学期或者短学期制度，如有的高校大学本科四年，分为 8 个长学期，6 个短学期，长学期指每年的春季学期与秋季学期，每个长学期 17 周，其中 16 周授课，1 周考试；短学期指每年暑假前、后的各 1~4 周，一般用于集中的实践教学或科研训练。有的高校将大学二年级下学期的最后一个月、大学三年级上学期的第一个月以及两者之间的暑假合并为一个小学期，称之为认知实习学期，从而将传统的八学期制改为九学期制度。认知实习学期主要是安排（或要求）学生去企业感知、到社会中去锻炼，可以是专业实习，也可以是与专业相近或是没有关系的岗位上去锻炼。总体而言，短学期或小学期一般是将实践教学周独立出来，并利用假期，进行集中训练。

④课程实施方式改革。

课程教学改革主要体现在教学方法手段和评价方式的不断完善中。首先，教学方法与手段，虽然所调研的几所学校普遍反映目前教学方法较多便用的是比较传统的讲授式教学，但是仍然采取了一些新的教学方法，如案例式教学、讨论式教学、"CDIO"教学，而且稳定地用于教学活动中；教学手段改革的主要成就是多媒体的应用，教育部本科教学工作水平评估指标体系指出，"必修课应用多媒体授课的课时不低于 15 课时，有一定数量的自行研制开发的多媒体课件"，这促进了多媒体教学在高校的应用。其实，现代科技的优越性早已被高校认可，多媒体教学在本科教育中已成普遍现象，只是在运用的过程中产生了一定的依赖性，如有的教师将多媒体教学简化为"读 PPT"，也有的教师将必要的教学演示简化为 PPT 展示，甚至出现多媒体故障，因此多媒体教学的无原则应用遭到了质疑；其次，评价方式，在这里，评价方式指的是教学效果的评价和考核方式。目前主要有两种评价方式：一是考试，二是考查。前者是笔试，分开卷和闭卷笔试；后者是开放性的考试，如递交一份调查报告、一篇课程设计等。在此基础上，有的学校实施了"N+2"的教学考核方式，将目标考核转向过程考核。其中"2"特指课程笔记和期末考试两种考核方式，在学生综合成绩评定中，前者占 10%，后者占 40%。N 是过程考核方式参数，各专业可以自设考试形式，指定 N 的内涵，如课程论文、课程设计、调查报告、实验报告等，N 的考核形式跟专业特点关联性比较大，如师范类的专业还会考核学生的教案设计、试卷设计等能力。从数值来说，要求 N 大于等于 3，小于等于 5。考核方式的调整和完善对学生能力培养有促进作用。

⑤实践课程体系建设。

实践教学是新建应用型本科教育的重要环节，其形式主要有：一是配合理论课程设置的以学时为单位的实验、实践教学环节。如大学物理课程中的实验教学、思政课程中的社会调查实践教学等；二是独立设计的以周为单位的实践课程。如认知实习、生产实习、工程实训、课程设计、毕业设计（论文）等；三是为培养学生创新创业精神而有意开展的第二课堂活动，如有的学校设立大学生科技创新基金引导学生开展科技创新研究并参与学科技能竞赛。学生的科研创新、学科竞赛成果按照规定折算成一定的学分，且有的学校明确规定毕业学分中必须有14个创新学分。通过建设，实践课程教学活动逐渐趋于完善，形成了从设计到操作的体系：教学体系设计、教学规章制定、教学基地建设、教学活动开展、师资教学能力培养。

（2）课程实施仍需关注的问题

各大新建本科院校从不同角度对课程实施进行了完善，正在朝着应用型本科教育的方向改进，受访者对正在实施的课程改革举措也是信心满满，但一些隐藏的问题可能也要提高认识。

首先，课程理念与课程领导力有差距。转换理念是课程设计的前提，但是具体的课程设置、课程实施、课程评价考验的是课程领导力的问题。课程领导力涉及两个群体：一是课程管理者，二是课程执行者。问题一，课程管理者设计课程的科学性、合理性论证。课程管理者包括分管教学的校长以及从事教务管理部门工作的人员，他们中不乏高等教育教学实践工作者，也可能是熟练的教务工作操作者，但未必都是具有课程意识和课程理论基础的课程编制人员，因此，设计课程的科学性、合理性是个问题。问题二，课程执行者实施课程的有效程度。前者的不足同样是课程执行者的不足，除此之外，课程执行者相关理念与课程管理者的课程设计理念是否统一也是问题，即后者是否能够理解、接受前者的课程理念与课程设计，并有效实施。另外，教师的教育教学能力也会影响课程实施的有效性。虽然很多教师上岗之前为了拿到教师资格证自学了教育学、心理学的一些专业知识，但是上岗后这些知识可能早就抛之脑外了，能够发挥教育教学相关理论的指导作用非常有限，更多的还是依靠先前的受教育经历，而其经历未必与应用型本科教育教学相匹配。

其次，课程内容的应用性改革尚未真正触动。访谈中，课程管理者们谈论的课程内容改革主要体现在公共课的教学内容与专业课程相结合方面。笔者认为，这只是提高了课程本身的应用性，有利于专业人才培养中"知识够用"的原则。但是，依赖于公共课教学内容的专业化来提高人才的实践应用能力存在本末倒置之嫌，真正培养专业能力的专业课程教学，特别是专业理论课程如何提高应用性还不得而知。

再次，校外实践的有效性还有待提高。便于进行实习的小学期制度改革，存在实际效果获得的问题。实践教学从场地来说可分为校内实习实训和校外实习实训，对于新建本科院校而言，更有能力控制的是校内的实践教学活动，如在实习实训场地的建设、科研创新活动的开展、综合性设计实验课程、实践教学管理条例、实践教学体系设计等方面有所建树。然而在校外实践基地建设、实践活动开展中总是显得很被动。

二、新建本科教育课程存在的问题

（一）宏观制度上的问题与原因

1. 稳定发展保障制度不完善

（1）新建应用型本科教育归属不明

以学术教育为基础的普通高等教育在我国有较长的办学历史和较强的文化根基，只要谈及高等教育，大家首先想到的是高等学术教育。因此大部分新建本科院校升本之后，按照传统的本科教育思维，即学术本科的要求规范应用型本科教育教学及管理，成了"合格"的普通本科院校，开展普通本科教育。但是，从国内外实际来看，我国新建应用型本科教育培养的人才是直接面对生产一线的高层次人才，为他们从事生产一线的活动提供知识储备和职业准备，从本质上说，新建应用型本科教育的终极培养目标依然是专业人才。在国际上，世界各国或地区对应用型本科人才较为统一的认识是培养中间性和桥梁性的职业人才。从这个角度而言，新建应用型本科教育应该归属职业教育体系，但我国现有的职业教育体系中最高层次仅是专科教育，本科层次的职业教育依然是缺失的一环。那么，我国应用型本科教育的发展模式究竟走的是普通高等教育道路还是高等职业教育道路，抑或是还有中间道路可走，至今还没有相关的制度安排，但从管理实践中，我们可以窥见，新建应用型本科教育依然是普通高等教育的管理对象。

（2）新建应用型本科教育体系不顺

新建应用型本科高校招收的部分学生绝大部分是完成完全中等教育的高中生，我国应用型本科教育是嫁接在普通基础教育体系之上的。2009年，教育部规定应届本科毕业生可以申读全日制专业学位硕士研究生。新建应用型本科教育与专业学位的硕士教育之间的发展体制基本也是空白。因此，还有必要着力理清应用型本科教育衔接发展体系。

新建应用型本科教育的快速发展与非正式制度变迁滞后的矛盾导致现有制度还未来得及对上述问题做出合理的安排。从1999年到2017年的十多年时间，新建本科院校从10所发展到了349所，这充分说明，致力于应用型本科教育的新建本科院校在一较短的时期内，取得了快速的发展。主要原因是大众化高等教育的发展需求，但不得不承认激进式强制性的高等教育制度变迁是新建应用型本科院校快速发展的催化剂，我国高等教育大众化进程的启动、高等教育管理体制的改革，都是以具有强制性的正式文本为依托，并通过各级政府和高校自上而下进行的。这种"救火式"制度措施有其优势，但不能解决包括社会的价值观念、伦理规范、文化传统、习惯习俗、意识形态等在内的非正式制度的形成问题，虽然大众化的高等教育局面已经形成，但社会价值观还滞留在精英教育层面，对应用型本科教育发展的重视程度并不高，高等教育的行政管理精力也多放置在"一流大学建设""重大科研攻关""重点学科建设""领军人才培养"等方面，对应用型本科教育可持续发展的管理需求没有做到及时跟进和调整。

2. 分类管理要求落实不充分

高校管理机制的不健全影响了分类管理的落实。首先，学校经费的主要来源依然是政府投入和学费收入。要得到政府更多的投入就要迎合其制定的标准和条件，但这些标准和条件在一定程度上缺乏分类指导的思想。另外学费收入与办学规模是紧密相关且成正比的。在经济利益驱动下，高等学校办学目标求全求大，不切实际。所以，现有的资源配置方式是不利于应用型本科高校特色发展的。其次，国家对学校的专项投入及其社会地位的确定主要取决于学校的层次，这也导致学校特色发展成为问题。政府对高等学校的激励和额外投入，如"211工程"建设投入、"985工程"建设投入、重点学科和实验室建设投入、人才培养基地建设投入等，大量运用体制外的非规范化的举措，客观上造成不公平竞争，迫使学校"攀高""上层次"。而对短期内难见成效且难以量化的内容，但却真正体现特色内涵的学科建设、教师队伍建设、科研团队建设以及校园文化建设等内容，在管理上缺乏考虑。再次，评估方式不合理。由于缺少高校的分类标准，导致学校评估使用统一的指标，客观上导致办学定位的趋同。在某高校举办的"新建本科院校办学定位与发展战略研讨会"上，一些新建本科院校的负责人指出，有关部门仍用原有标准评价新建本科院校，让他们与老牌本科院校一起竞争，使得学校对发展定位产生了一些迷茫。

3. 校企相互协作机制不畅通

校企合作是应用型本科教育培养人才的重要途径，应用型本科院校往往通过产学研结合培养学生实践动手的能力。然而，市场经济时代，企业和高校的利益取向明显不同，对企业来说，进行产学合作就是选择了慈善或是公益，收益很小而且还要承担很多风险，如学生实习期间存在的安全风险、学生实习引发的行业责任风险；生产设备的使用消耗风险、企业的产量及利润风险。企业参与产学合作的热情不高，应用型本科教育普遍存在产学合作教育困难的现象。据了解，很多高校都是利用校友关系或者产研合作关系与实习单位建立联系，一旦前面的关系发生变化，产学合作关系也就随之变化。而且现有的产学合作中，学生的企业实习多简化为认知参观实习，很难起到教学成效，这一点对人才的培养也是很不利的。这种现象有多方面原因，其中社会系统的条块分割现状与资源共享需求的矛盾以及相对于传统的应用型本科教育与企业实际需求的矛盾是造成校企协作不力的主要因。

（二）微观课程上的问题与原因

1. 课程设计基础

（1）对"应用型本科教育"内涵理解有待优化

应用型本科教育是结合我国高等教育大众化发展的要求，解决劳动力市场应用型岗位"人才荒"的问题，适应我国新型工业化发展需要的背景，一批新建本科院校在探索高等教育类型多样化，追求教育类型合理化，实现与传统本科高校的错位竞争而提出来的。但"应用型本科教育"内涵如何解析？有专家认为应用型本科教育就是四个"为主"，"以培养应用型的人才为主""以培养本科生为主""以教学为主""以面向地方为主"，也有研究说，应用型本科教育及其专业基本特征体现为"定'性'在行业，定'向'在应用，定'格'在复合，定'点'在实践"。然而这些解释并没有将应用型本科教育完全界定在新建本科院校这一主体范围内，在实践操作中，应用型本科教育这一概念的使用范围已经发生了变化，转变为任何一类型高校都可以承办的一种教育类型。为了追求自身的特色发展，新建本科院校应用型本科教育内涵的核心价值又将如何体现呢？在部分人看来，应用型本科教育只是一个模糊的概念，是教育界的新名词，相关的教育理念、办学定位也只是众多教育专家根据其概念特征和出现的社会背景以及国外与之相关的教育经验而得出的"一己之见"。因此，不难理解"什么是应用型本科教育"这一问题的提出，但通常比较难于解释清楚它的内涵，相应也就难以解释应用型本科教育的课程设计。

（2）应用型本科教育课程设计能力有待提高

传统本科教育注重的是知识的输入，而不是能力的输出，能力的输入恰恰是应用型本科教育所注重的，在人才培养方案中如何体现，在课程建设中如何体现？新建本科高校刚刚成立的时候，有的新升本科院校习惯于找一所同类的传统本科院校，在复制基础上结合自身的条件略作调整，形成了自身的办学定位与理念、人才培养方案、教育教学规章等办学条件，殊不知，这种方式往往造成了定位不准与人才培养的趋同，难以突出应用型人才培养的独特性。目前，应用型本科教育的发展历经十余年时间，在办学过程中取得了一些突破，但多是个别现象，整体的应用型教育水平以及针对"应用"能力的课程设计、课程实施和课程评价的关注依然是不够的，应用型本科教育的创新设计和发展能力依然有待提高。

2. 课程目标确立

（1）课程目标不能及时反映社会需求

随着我国产业结构的调整升级，新兴产业快速发展、先进制造业全面提升、现代服务业加速发展，这些势必要求应用型本科教育及时调整专业设置，调整专业人才培养方案，以便为社会输送产业结构调整后急需的高端应用型人才。但目前，不管是新设专业还是原有专业人才培养方案的调整，不能及时反映这些需求。其原因可能存在以下方面：首先，社会需求在教育领域的反映本身具有滞后性；其次，产学合作的不顺畅也导致企业的需求不能及时反映在人才培养环节。再次，应用型本科院校多囿于教育教学工作，缺乏对社会需求进行研究的主动性和积极性。除非有相关调控政策和要求，社会需求往往不能及时高效地反映在人才培养的实际操作层面。

（2）课程目标不能体现专业教育特点

应用型本科院校明确其课程目标是培养"生产第一线的"应用型人才，这一点与传统本科院校有所区别，但在职业领域、知识基础、能力目标、素质要求方面，两者的差异性并不明显，不能突出自身办学的特点。通过调研了解，实际操作过程中，应用型本科院校的课程目标还是显得"通"而不"专"。的确，"通"和"专"的程度很难把握，太"专"，与高等职业教育没有区别；太"通"，步入传统本科高校的后尘，没有自身特色。这体现在培养目标上就显得重心不突出。如机械制造专业的学生要会设计、会制造、会工艺、会计算机制图等，还要会英语应用、计算机应用，知晓人文自然科学知识等。当然这些能力都很重要，但是就应用型本科教育而言，培养什么能力才是最重要的呢？显然，要在四年的本科教学阶段，兼顾各种能力的发展是不可能的，很容易出现培养目标不集中，人才出不来的情况。从学科的交叉融合、技术和劳动力市场的变化、经济和社会发展的多元化以及人的全面发展需求来进行通识教育是必需的，专业教育要建立在通识教育基础上。但应用型人才的培养毕竟是属于专业教育，培养的是专门人才，必须要在"通"的基础上，突出"专"的要求。

3. 课程实施环节

从课程组织实施调查可以看出，应用型本科院校对课程实施环节进行了大量的改革，但是从改革的受益群体，课程受众的调查来看，有待完善。

（1）教学方法改革深入研究

从目前情况来看，教学方法的研究依然是应用型本科院校教师的重要工作之一。有关学术报告指出，应用型本科院校的教师队伍呈现出青年教师所占比例较大的特点，而青年教师的不足之处，除了缺乏实践应用能力之外，还在一定程度上存在不会"教"的问题，特别是针对应用型人才的教法，还需要开展更多地研究。

应用型本科教学方法的重视与课程教学目标乃至本科教育目标的达成密切相连，因此，教学方法的改革将很大程度上改善了应用型本科长期以来过于重视知识传授、忽视能力培养以及忽视有效思维培养的通病，是实现应用型本科教育目标的重要载体与支撑环节。

（2）理论课程结合实际应用

公共课程趋于功利和保守。课程受众群体调查结果显示，学生对培养职业素养、实践动手能力的课程是非常感兴趣的，但是目前课程设置并不能很好地结合学生们的需求。应用型本科教育的通识教育应该建立在专业教育基础之上，在课程设置上，使通识教育与专业教育形成良好的内在关系。

专业课程对能力培养有欠缺。现有的课程设置最大的功能是培养学生获取知识的能力，而对于分析解决问题的能力、专业能力，特别是实践能力和创新精神的培养并不是很理想。我国本科教育的精英化影响在应用型本科人才培养专业教育领域依然存在，以新专业设置及其论证为例，新专业的设置及其论证需接受国家教学指导委员会的评审和检查，而委员会人员多出自传统本科大学，评审指标沿袭了学科特征的指标体系，这在一定程度上导致了应用型本科人才专业教育中的学科化倾向。

（3）实践教学解脱现实困境

实施教学过程问题颇多。实践教学中应用能力的培养难以落实的原因是多方面的，比如保障条件导致的难以落实课程实施和管理本身的不足所导致的难以落实，在此，仅从后一角度讨论实践教学过程中的问题。新建本科院校对培养应用型本科人才的应用能力已有较强的认识,但在实际操作的时候,由于条件的不成熟,实践课程的设置也确实比较困难,另外,相关的课程设置标准并没有对应用型本科教育的课程设置做特别的规定,因此大部分高校对实践教学放低了要求,甚至把实践教学放在了辅助从属的地位,导致其在投入、基地建设、师资培养上均得不到足够的保证。由于实践教学的动态性较强,较难进行教学质量的监控,大多数实践教学以一篇实践报告、几周的实践时间、实践单位的证明等静态的指标来考核并予以认可,这并不能完全反映学生实践技能的掌握情况,这样,实践教学的评价也会因缺乏科学性而变得不权威,教师的激励机制相应得不到重视,这些状况急待改善。

4. 课程评价方式

(1) 结合"应用"不强

长期以来,高校一直采用传统的考核方式与标准对学生的学习效果进行评价,考试内容以知识再现为主,重知识理解,轻知识应用;考试评价以标准答案为主,重答案的统一,轻个性的张扬;考试形式以试卷为主,重理论的考评,轻实践的操练。如今,应用型本科教育课程评价环节,同样存在此类问题。不管是笔试方式还是考查方式,首先评价的是对教师所传授的知识是否掌握,这种评价环境使得学生倾向于与标准答案的统一,忽略了学习态度、学习过程和心理品质的评价,以及创新精神的培养;使得学生将知识的掌握程度作为自我评价的标准,忽略了个性能力的培养和应用能力的培养,解决复杂问题的能力得不到锻炼。这一点成为制约培养应用型本科人才质量的主要因素之一。

(2) 考核方式单一

考试方式单一也是目前应用型本科教育中存在的重要问题之一。尽管学校教育一直强调不能以"一考定终生",但是凭借一张试卷的总结性考核来评价学生的学习效果的现象比比皆是。查阅几所大学的专业课程计划,考核方式主要是考试和考查两种,通过访谈了解到,学生考核成绩的计算由平时成绩和期末成绩,一般按照3∶7的比例组成,如果该门课程还有期中考试,成绩比例改为平时成绩、期中成绩、期末成绩2∶2∶6或3∶1∶6。平时成绩主要按照课程出席率、作业质量、课堂表现、社会实践表现等进行综合评定,但此评价存在一定的主观性,因此具有决定意义的评价还是期中和期末两次考试的成绩。相对而言,师生比较认可的,客观地反映学习效果的评价手段依然是考试,而这一评价手段的主导地位掩盖和制约了其他几种考核方式的优越性,造成考核方式单一性。

三、改变教育课程

（一）以"分类发展"为原则调整课程建设环境

1. 建立应用型本科联动发展机制

（1）建立应用型本科纵向发展体系

按照专业教育的建设思路来发展应用型本科教育，调整课程体系建设、师资队伍建设思路，调整教学与科研管理策略，调整产学研合作模式等等。根据我国应用型本科教育的实际情况，可以尝试建立应用型本科、专业学位研究生联动发展机制，构建我国应用型本科教育的层次体系，保持专科层次高等职业教育的发展；规范全日制专业硕士教育。在培养模式上，加强专门的面对未来实践的教育方法、加强校企间的"全程合作"。

（2）建立应用型本科横向发展机制

大部分应用型本科院校的产生与发展处于相对弱势地位，基于我国的国情特点，可尝试联合所在区域内具有相同背景、相同发展目标、相同办学层次的高校组建联盟，成立 协作机构，建立共同发展机制。

2. 建立应用型本科特色发展机制

新建本科院校需要政府提供横向发展政策，要对所属高校进行结构性分工。

（1）坚持分类发展。

新建本科院校建立的时间不长，在发展的初期必定会遇到很多困难，需得到政府的政策支持。要实施真正的分类管理，其政策要细化到人才培养标准、教学水平评估标准、科研考核标准、经费配给标准等等各个方面。经过前期建设，新建本科院校已经实现了人才培养定位、办学功能、组织结构与师资培养等方面的整体转型，全面进入内涵建设时期，在这一时期，对分类管理的举措要求会更具体，应做好相的准备：制定分类发展要求、提供专项资金资助。

（2）制定专门标准

新建本科院校在客观上已经形成了独立类别，因此，需要制定专门的标准。

人才培养的考核标准。制定适合新建本科院校实际情况的考核标准，才能激发这些学校的办学积极性，激活这类院校的"最近发展区"。

教学工作评估标准。目前，教育部正在实施学校自我评估、专业认证及评估、教学基本状态数据常态监测、国际评估和分类院校评估五种基本的评估形式。这是对本科教学评估工作的现实推进，更重要的是，新建本科院校这个群体的评估有了专门的评估指标体系。这对我国应用型本科教育的质量保障具有新的意义。

3.建立应用型本科产学合作机制

（1）对接"中小"需求，建立合作长效机制

面向两"中小"选择合作企业。重点大学及其研究人员对于一些"小"项目并不重视，而这些所谓的"小"项目恰恰是中小城市和中小企业的发展迫切需要解决的问题，拾遗捡漏，积少成多，应用型本科院校可以集中人才、学科、设备优势，这样做不仅可以解决中小企业甚或是中小城市区域社会发展中的"大"难题，而且更易形成理想的产学合作格局。

建立校企合作理事会，并赋予实际的权利和义务。邀请企业领导或技术骨干力量参加理事会工作，发挥理事会统筹功能，决策校企合作中的重大事宜，对办学思想、培养目标、教学管理、科学研究、基础设施建设乃至办学经费投入等多方面问题进行实质性地指导、监督，全力支持学校办学，实现校企紧密合作。

主动合作建立实训机构。即依托企业，把学校实训基地建立在企业内，让学生的实训在企业车间内进行，由企业人员为主，教师为辅共同帮助学生完成的实习实训工作。

（2）发挥合作机构功能，力促合作双赢可能

充分挖掘培训功能。教师根据课程特点讲解理论知识，结合企业提出的培训要求或者提出的岗位工作理论需求等，这样做丰富了教师的企业视野。另外，学校可与企业本着成本分担的原则，发挥各自的优势，共同建立培训中心（包括仿真培训），企业的员工，学校的学生都可以去中心接受培训，讲解的教师也要求来自企业和学校。

政府提供政策支持。共同建立培训中心，在协调、场地等问题上需要政府参与考虑，有了政府管理政策的支持，学校企业可以节省很多时间、减少精力的浪费。在学校和企业的经济负担、行业责任负担、安全负担上，特别是在这些负担中双方都无能为力的部分，政府要区别对待并提供支持。

（二）以"应用能力"为中心改革课程体系

1.课程设计

（1）深化应用型本科课程内涵理解

加强专业定向的课程定位研究。应用型本科教育理应是具有一定学科知识基

础的专业教育，同时，它非常注重学科知识与行业、职业领域知识的互动，以提高学生将知识运用于生产生活实践的专业能力。因此，应用型本科教育是专业教育，培养专业能力是应用型本科教育的抓手，探讨基于专业定向的应用型本科人才培养问题，特别是专业定向课程设计问题，可以尝试作为提高应用型本科人才培养质量的切入点。

加强社会导向课程理论研究。应用型本科教育是以应用学科为基础的高等教育，应用学科的舞台是生产实践第一线，而社会业界的需求是应用学科创新的源泉，这一特点决定了应用型本科教育课程建设的社会导向特性。融入企业内部，使得应用型本科教育一度怀念"计划时期"的企业主动接纳实习制度。这是新时期应用型本科教育发展的悖论，生长在这一特殊历史阶段的应用型本科教育该如何进行社会导向的课程理论和课程设计研究，是值得思考的问题。

（2）加强应用型本科课程领导力建设

课程领导力是对学校课程编制的指引、统领能力以及相关活动的总称。从以下两个角度考虑应用型本科课程领导力的建设问题：首先，从课程管理者角度出发，课程领导力要求相关人员具备能够从学校实际出发，按照要求，科学组织开发、实施和评价课程的能力，它的内涵包括课程思想的领导力、课程规划的领导力、课程开发的领导力、课程实施的领导力、课程管理的领导力、课程评价的领导力等多个方面。其次，从课程实施者的角度出发，课程领导力是指教师表现出来的个体参与和设计课程的能力、团体合作的能力以及决策和实施课程的能力。大学课程，无论是管理者的课程领导力，还是教师的课程领导力，相关的研究和实践相对缺乏，应用型本科教育作为一种新生教育类型，其课程建设方面有别于传统本科院校，加强课程意识，提高课程领导力应该提上日程。

2. 课程目标

（1）及时反映经济社会的需求

新建本科院校要克服"等、靠、要"的思想，积极主动与社会进行沟通，及时调整人才培养目标和人才培养方案，将经济社会的需求及时反映在年度培养方案的调整中。能新建本科院校继续发挥产学合作的主动性，及时跟进企业，了解企业对人才类型的要求以及对人才知识结构、应用能力、职业素养等多方面的需求，并将这些需求落实在的培养课程编制环节中。其次，通过产研合作反馈企业需求。相比较而言，企业对高校科研力量的需求主动性较强，科研的合作会使教师的企业视野扩大，必然在教育教学方面产生影响。但不足的是这些影响是自发的，对整个学校人才培养的推动还不够，需要挖掘科研合作中企业的需求，并反映在整个人才培养的方案中。最后,还要建议应用型本科院校在抓紧常规教育教学工作的同时,加强经济社会研究、高等教育研究、院校发展研究,并提高研究的应用性,使其在推动人才培养过程中真正发挥作用。

(2)突出专业人才培养目标

人才培养应该重点强调专业的能力,包括方法能力、专业能力和社会能力,在此基础上,确定重点发展哪些方面的跨专业能力。不同的专业专业能力和跨专业能力这两方面的表述比重会存在差别,如工科专业,动手实践能力要求较强,专业面相对较窄,因此,在专业能力显然要重于跨专业能力。而一些文科专业,专业面可以相对设置宽泛一点,人才培养目标的表述相对宽泛,跨专业能力可能更重于专业职业能力。另外,每一级的培养目标要跟踪调整,以适应市场的变化。在这里,可以采取"请进来"和"走出去"相结合的方式进行调整:如请来企业的专业人士,共同商讨专业人才的知识、能力结构,协商人才的培养目标和培养计划;有学校在进厂实习或研究合作中,会有意识地针对培养目标和培养体系的问题随时与企业人员进行沟通交流,在充分调研的基础上,适时调整培养目标和培养计划。

3. 课程实施

(1)增强教学方法改革的主动性

实现教学方法的改革是确保应用型本科人才培养质量的前提与基础。激发学生自主学习的能力仅依靠传统的以教师为中心的教学方法是不够的,提高解决实际问题的能力依靠传统的知识传授为目的的教学方法也是行不通的,要使学生在学校得到锻炼,进一步提高适应社会和未来岗位需要的能力,只有逐步采取和实施以学生为主体,以教师为主导的现代教学方法,加强教学方法的研究,加速教学理念的转变,实施教学方法的改革。

(2)加强理论教学应用性

围绕专业开展通识教育,以专业教育为基础,建立通识教育课程体系:第一,选择开放性通识课程。第二,根据专业教育的需要调整通识教育课程的内容。

专业教育强化应用理念包括:第一,改变传统课程观。第二,加强课程应用性。第三,融入职业知识点。第四,课程改革要突破学科化影响。

(3)提高实践教学有效性

首先,重视实践教学的体系建设。实践教学本来不是我们应用型本科教育的强项但又是必须要做的事情,因此,我们应该重视实践教学的体系建设,这里主要是指行动上的重视。

其次，探索实践教学管理机制。在教学中要高度重视实践教学环节，探索新的教学管理机制，并落到实处。

再次，加强师资队伍教学能力和实践能力建设。应该重视教师的教育教学技能。对此，在入职要求上，除了有博士学位要求，还可以增加一些专业实践经验的要求和教师资格要求。在入职培训上，现在通常的做法是教学技能的培训，以及校情和教学管理制度的熟知。其实，入职培训一般有两个月的时间，在培训期间，提高了教师对企业一线的认识，并创造机会，外派教师于企业挂职锻炼或合作项目，给予明确的任务要求和考核要求。在职业发展过程中，尝试给予学术假期，但必须用于教学研究或者必须要去企业更新知识或者与企业合作科研项目；对于脱产和不脱产的企业实践给予合理待遇、时间配备；加强职业晋升中的企业实践经验要求，比如，晋升高级职称，必须每3年中要有6个月的企业实践经验。

4. 课程评价

（1）转换评价理念

国际高等教育对此问题的回应开始于合组织国际高等教育学习成果评价项目的开始，该项目是对快要完成学士学位的学生进行通用技能和学科专业技能的测试，能力测试成为主要的测试内容。改知识评价为能力评价应该是高等教育课程评价的重要趋势。

（2）改革考核标准。

我国新建本科院校教育课程评价参考以下标准：改革考核知识取向；增加能力评价标准；采取多种考核方式。

四、校企共建教学体系

课程体系的建设是培养目标能够实现的基础。在传统的教学中，教学内容陈旧、教学方法单一严重阻碍了学生实践能力和创新能力的培养。传统的课程结构只把目标放在培养学生的知识框架上，针对性不强，培养的学生不能达到企业的需求。因此，课程体系的建设应该由高校和企业共同参与。

（一）理论课程体系建设

1. 专业课程设置

目前，我国高校的专业课程分为专业基础课程和专业课程。专业基础课是指为学生深入学习本专业课程所设置的本专业的入门课程，是学生深入学习所需要的基本理论和基础知识，是用于培养学生能力和基本素质的一系列课程。主要包括理论教学和与本专业相适应的实验、实习、实训教学环节。理论教学包括符合本专业培养需求的公共基础类课程、专业基础类课程和专业类课程三部分。在课程的设置中，专业基础类课程和公共基础类课程应能够体现该学科对本专业应用能力培养的重要性。专业类课程应能够体现系统设计和实践能力培养的重要作用。

2. 增加跨校、跨领域、跨专业的选修课程

目前，任意一门学科的发展都不只限于在一个领域内部的发展，而越来越多需要借助其他与其相关的学科。国家的发展也更需要跨专业、跨学科的复合型人才，因此，要增加跨专业的选修课程。高校需要根据专业的发展需要，在保证基础课程达到要求的前提下，鼓励学生选择适合自身发展的跨领域、跨专业课程。注重文科类课程和理科类课程的交叉渗透，自然学科和社会学科的交融。不同学科相互撞击不仅可以丰富学生的知识面还可以培养学生的创新能力。例如，工科类专业的学生可以多选择一些文学类的课程增加其文学修养，也可以增加一些经济类和管理类的课程，以辅助学生今后的职业发展。文科专业的学生可以选修一些理科类课程和自然学科的课程，以培养文科生的逻辑思维和科学研究能力。高校也应该鼓励学生跨校选修课程，这样做一是可以拓宽学生的交际面，二是可以体验其他高校的人文信息，三是可以节约教学资源。

3. 根据企业需求增设专业课程

课程的设置要以行业的发展需求为依托，要及时根据行业的发展情况做出相应的调整，同时也要符合社会对人才的需求。目前，我国很多高校与企业合作仅限于领导和部分人员之间的沟通，不能使用人单位和高校的教师、学生之间有一个清晰的了解。这样将会造成高校在课程设置上发生偏颇，添加过多高校的主观色彩，与企业的实际需求不相符。让用人单位参与到该专业的课程设置中去，使高校的课程设置与用人单位的需求相结合便可以有效地避免这一点。另外，高校要对本专业的发展方向有比较敏感的触角。在该专业还没有发生质的改变，还没有明显缺少某一方向的人才时，就已经开始做出相应的调整，培养该方面的人才，使高校的人才培养真正走在企业发展之前并引领企业未来的发展方向。

例如，山东交通学院在对日软件人才培养的过程中及时发现学生不了解、不掌握日本软件行业发展中的一些特殊规范和管理，将影响学生在企业就业后的工作。于是，学校开设了《对日软件规范》课程。山东交通学院还发现山东鲁能软件公司要求学生通过日语三级并取得Java语言技术证书，学院便在教学计划中开

出了日语和Java课程。此外，山东交通学院在与NEC软件公司的合作中，根据该公司对软件人才的需求，开设了《嵌入式系统概论》、《Linux操作系统》、《嵌入式操作系统基础》等课程。山东交通学院的这些根据企业需求更改课程设置的做法取得了良好的效果，受到了公司的欢迎并提高了毕业生的就业率。

（二）实践课程体系建设

高校应该在企业的协助下开设一些具有一定的综合性、创新型和设计性的实验和实训课程来打破理论与实践之间的壁垒，促使理论与实践紧密结合。企业应该拿出一些能够使学生直接参与研究、分析和设计的项目，学生可以在校内或企业内的导师的共同指导下开展对该项目的研究，在真实的实践过程中提升自己的专业能力。高校可以将学生在企业参与的实际研究作为一门实践性课程，计算学分。另外高校还应开设一些与专业设置相关的社会服务类课程，使学生将在学校学习的知识和技能应用到社会实践中，从而使自己的理论水平与实践能力得到提高。

（三）开设第三学期

齐齐哈尔工程学院采取开展第三学期实习教学的方式组织学生实习，使学生将本学期所学的知识很好地应用到实践中。这种第三学期的教学模式是在国内"3+1""2+1"教学模式基础上的一个创新。目前，我国已有部分高校开设第三学期，但多数属于民办高校。

第三学期主要是将每学年的第一学期和第二学期抽出几周构成一个较短的学期，但前提是原有的两个学期的教学周数基本不变。第三学期主要安排学生进行实习、课程设计、综合实验等实践活动。第三学期的实践活动内容在设置上要起到承上起下的作用，要对本学期所学习的理论知识进行应用和巩固并引出下一学期所要学习的主要内容，使学校的理论学习和实习实践像齿轮一样无缝地衔接在一起，交错进行。第三学期的安排要根据行业的特点进行灵活的调整，不能只固定在某个时间段，这又将涉及原有的两个教学周期的设置和调整。

第三学期的有效运行离不开合理的规划和资金的保障。合理的规划主要包括对实践内容、实践地点、管理和评价等具体细节的规划。第三学期的实施相对减少了教师的假期时间，增加了教师的工作量，因此要投入一定的资金在教师的管理上。第三学期增加了学校硬件设施的利用率，教学设备的维护与保养也成为教育投入的一大部分。要保证第三学期的顺利进行，还需考虑到学生宿舍、图书馆、实验室、食堂等的开放与管理。另外，对学生实践过程中的安全和考勤的管理都需要详细的布置与规划。除此之外，要保证学生真正有效利用第三学期，还需要有一个完整的、适合的评价方法。这需要在第三学期的长期运行和积累中取得经验并且因人而异、因专业而异、因校而异。

（四）实施双师型教学

拥有和企业共建研究所的高校，可以派出有一定能力的教师参与到研究院的研究工作中。研究所聘任的专家也应到企业和学校进行一段时间的详细了解。这样在工作和科研过程中，企业派出的员工、高校派出的教师和聘任的专家在取人之长的过程中必定会擦出"火花"。这些教师可以了解到相关专业的最新动态以及发展方向，可以把实际工作中的项目带入教学，让课堂教学不再是照本宣科，而是围绕这一个真实的案例来进行，使教学内容更加贴近实践和工作。以真实的案例为基础进行教学，可以提高学生的分析能力和创新能力，也可以为毕业设计提供真实的素材。在前文中提出的大连理工大学就是采用校企共建研究院的形式进行校企协同人才培养，通过研究院聘任的专家驻场一个半月进行企业实地考察与锻炼，学校派出骨干教师开展研究工作的形式开展双师型教学。这样既可以为企业带来效益又可以推进学校的科研进程，使高校能触及企业技术的最前沿。

此外，高校可以通过聘请符合本专业要求和高校教师标准的企业专家到校任教和派出优秀教师到企业工作的形式开展双师型教学。在本文第三章的案例分析中，华南农大有十多位教师长期在温氏集团工作，这支高水平的教师队伍既为温氏集团提供了技术创新，又能指导本科生的实习和研究生的实验及科研，而且还促进了华南农大的学生在温氏集团就业。

第三节　新建本科院校校企协同共建师资队伍优化与人才培训机制

师资队伍是高等学校最为重要的人力资源。大学的真正进步必须依赖于教师。教师作为创造价值的源头，其水平层次高低直接决定着受教者的内涵（道德、知识与技能等）、学术水平、高校的声誉和社会贡献力。

一、建设优化高素质的教师队伍要素

建设和优化高素质的教师队伍应注重两方面的要素，一是教学能力和学术水平，二是有较强的敬业精神，要德才兼备。师资队伍建设不是高校在某一特定时

期内为提升教师素质实施的举措，而是贯穿高校发展始终、全面持续的人才战略。师资队伍建设要在人才发展战略指导下进行，结合高校的实际情况与发展需求，结合社会对高校教师提出的新的要求，确保师资队伍建设有计划有序实施。

二、建设优化高素质的教师队伍方式

首先，要理顺科研与教学的关系，解决教学与科研间的失衡问题。高校应确立质量导向和创新贡献的科研评价体系，而不是简单将科研成果数量化与教师的利益直接挂钩，通过制度建设引导教学与科研的良性互动，形成良好的师资建设氛围。

其次，通过多样化的辅导方式提升教师教学能力。良好教学效果的取得离不开高水平的教学过程。教学方案设计、课堂组织与驾驭、教学表达、引导创新、教学风格的塑造等等是确保教学质量必不可少的能力。因此高校应采取多样化措施如示范教学、"传帮带"形式、优秀课堂观摩、教学法研究、系统培训、教研室讨论来提高教师教学能力。

再次，要提高教师科研能力，高校要为教师提供良好的科研环境与平台，为教师创造更多接触科研前沿的条件，同时引入竞争与激励机制，激发教师内在活力。

最后，加强教师队伍师德建设，对推动内涵式发展具有重要意义。设计师德师风评价体系，将师德师风具体细化为可检测、可操作的要求和内容进行评价，结合物质性奖励和精神性奖励，如教学工作评优、教学奉献奖等，通过优秀典型的树立、宣传、学习来引导教师践行教师职业道德规范。

第四节 新建本科院校校企协同人才培养考评标准

校企协同创新创业人才培养规格是将其特征转化为培养目标的具体化和规范化，一般将人才培养的评价指标划分为知识、能力、素质三种。应由高校和企业共同制定出一个具有科学依据的、符合人才发展规律的评价标准。人才培养的评价应由高校和企业共同来完成，考评主体是学生。如表6-1所示为校企协同人才培养的考评指标。

表6-1 校企协同人才培养的考评指标

知识	基础知识
	专业知识
能力	学习能力
	创新能力
	分析与解决问题的能力
	实践能力
素质	基本素质
	专业意识

一、知识方面的考评标准

第一，基础知识方面，应具有从事本专业所需要的相关的自然科学知识和一定的经济类、管理类知识。第二，专业知识方面，首先要具有扎实的本专业的基本理论知识和工程基础知识；其次，对本专业的发展现状和趋势有一定的了解；再次，要掌握一定的本专业领域的技术标准和相关的政策、法律、法规等。

二、能力方面的考评标准

能力方面主要考察学生的学习能力、创新能力、分析与解决问题的能力和实践能力。其中学习能力主要指获取知识的能力和对新知识的分析与运用能力。创新能力主要指具有较强的创新意识和一定的进行新产品的开发与设计能力。分析与解决问题的能力主要指具有综合运用所学科学理论来分析与解决问题的方法和技术手段及解决实际问题的能力。实践能力指能够把相应的基础知识和具体的专业知识综合地应用到实践中，能在复杂的实践中对工程问题进行系统的表达。

三、素质方面的考评标准

基本素质方面主要包括热爱所从事的专业，具有良好的职业道德，追求卓越的态度，艰苦奋斗精神，较强的社会责任感，具有一定的人文素养，学会沟通，认识到团队合作的重要性。此外应拥有良好的质量、安全、职业健康和服务意识。

第七章　凸显内涵式发展特色：新建本科院校校企合作协同创新运行管理与培养机制

高校人才培养实践中，在人才培养内涵和人才培养实践之间存在"适切性"问题。人才培养的实践与人才培养的目标定位并不具有同一性，存在偏离甚至相悖的现象。高校人才培养应经科学论证，形成具有较强目的指向性和富于特色的"人才培养途径"，为人才培养内涵服务。

第一节　校企合作协同创新特色应用型本科人才关键要素

一、明确人才培养理念

教育理念是决定高校人才培养模式和发展方向的重要因素。应用型本科院校走内涵式发展道路，首先要更新观念，转变教育理念。应用型本科人才培养是以社会发展需求为导向的，是理论与实践相结合、专业与岗位相结合的教育，走内涵式发展道路应改变重科研、轻教学的思想，树立以人为本的人才培养理念，探索科学基础、实践能力和思想品德、人文素养融合发展的培养模式，明确应用型人才培养目标。注重"厚基础、宽领域、广适应、强能力"，着力培养学生的专业技能、实践能力和岗位适应性，同时注重提高学生的综合素质，增强学生的社会责任感，使之更好地适应职业和社会发展需求。

二、深化教育教学改革

第一，优化学科和专业设置，彰显办学特色。学科专业结构是人才培养的载体，应用型本科院校应将学科专业设置放置于社会与经济发展需求的动态系统中，以劳动力市场和职业岗位的变化与需求为着眼点，探索交叉学科和新兴专业，优化学科专业设置，培养满足社会需要的应用型人才，形成符合高校自身特点、结构合理、特色突出的学科和专业体系。在课程设置和教学内容的选择上，要做到理论课程与实践课程并重、专业课程与通识课程并重，注重提高学生的专业能力和综合素质。第二，创新教学和学习方式，提高教学质量。目前，很多高校仍然采用大班讲授式的教学方式，学生人数过多，教学过程中缺乏互动和交流，教学效果不尽如人意。要切实提高教学质量，需要鼓励小班教学，在教学过程中尽量运用启发式、参与式、探究式、讨论式等教学方法，加强师生互动；也要充分利用现代信息技术和信息资源，加强网络精品课程建设和优质教学资源共享；还要充分利用社会和企业资源，将应用型人才培养与市场和企业需求相结合，提高教学的实用性和实践性；此外，要明确学生的学习主体地位，引导学生树立主动学习、自主学习、终身学习等理念，加强对学生学习策略和方法的训练指导，倡导多元化学习方式，培养学生的创新能力和批判性思维，促进学生的个性发展。第三，完善质量评价体系，形成合理引导。评价体系和评价指标对高等教育的发展具有重要的导向作用，对于应用型本科院校的评价，要考虑高校的行业定位、区域定位、特色定位等，注重引导其形成办学特色，提高办学水平。对于学生和教学的评价，要改变一张试卷、一场考试的评价方法，对知识、技能、能力进行综合考核，重视对学生专业知识应用能力和实践能力的评价。

三、完善师资队伍建设

师资队伍是教育的第一资源，是决定教育质量的基础。应用型本科院校要走内涵式发展道路，必须注重师资队伍的建设。第一，拓宽教师选拔和任用视野，打造"双师型"师资队伍。引进高层次人才充实一线教学队伍，聘用实践经验丰富的专家和企业家担任专兼职教师，鼓励教师参加校外学习、学术交流等，优化专兼职教师结构。第二，加强对教师尤其是青年教师的培养与教育。青年教师是学校的未来，是高校师资队伍建设的重点，要加强对青年教师专业教学技能的培养，重视其教学基础能力的训练，同时加强对其教育伦理学、教育心理学、教育技术、职业道德等的系统培训，提升青年教师的专业水平和教学水平。第三，围绕培养应用型本科人才，调整教师评价办法和教学业绩考评办法，引导教师统筹处理教学和科研的关系，打造教学能力强、专业技术能力强的优秀教师队伍。

四、建设优良校园文化

校园文化展现了高校的办学特色，对学生有着持久而深入的影响。应用型本科院校坚持内涵式发展，要建设独具特色的校园文化和大学精神，在校风、教风和学风建设上下功夫。积极构建以社会主义核心价值体系为指导的校园文化，大力弘扬崇尚科学、探索真理、独立思考、注重创新、奉献社会的精神，通过校园文化品牌和思想文化阵地建设等提升学生的人文素养，通过诚信教育、制度规范等形成优良的教风和学风，打造优秀的校园文化，营造良好的育人氛围。

五、加强对外开放与交流

当前我国应用型本科院校同质化问题凸显。应用型本科院校要想提升办学质量和核心竞争力，应开放办学思想，加强与国内外高校的交流和合作，立足国情和校情，积极借鉴其他高校的成功经验和先进理念，利用优质的教育和教学资源，引进适合学校自身发展与社会需求的专业和课程，提升办学水平和人才培养质量。同时，加强与行业企业的合作，服务区域经济和社会发展，实现高校与用人单位的良性互动，在行业企业中锻炼和培养人才，为行业企业提供高素质的技能型人才。

第二节　校企合作协同创新特色应用本科人才建设路径与管理举措

校企合作模式不应该选择"最优"，而应追求"最合适"的模式。"合适"模式的标准是双方都能发挥出各自的优势和潜力，而最终的合作成果必须既要体现学术价值，又能创造经济效益。但具体哪种形式合适或采用何种形式，则要根据校企合作模式创新的目的和合作主体的实际情况而定，因为无论何种校企合作模式，合作效果的取得都必须最终落实到高校的人才培养中去。

一、内涵式发展中应用本科人才培养实施路径

（一）提高学校培养人才的质量

人才培养水平是衡量高等教育质量的第一标准，为了全面加快教育的现代化，必须以提高高等教育质量为引领，以学科和专业建设为重点，着力提高办学水平和人才培养竞争力。

1. 必须优化人才培养结构

其核心是打造优势的特色专业群，要随市场需求的变化，灵活增设新的急需专业；重点加强符合新世纪需要的高技能人才培养，比如现代农业、先进制造业、

现代服务业和海洋经济等领域的人才培养。同时高校还要认真做好新专业的申报以及新一轮专业人才培养方案的制定等各项工作；完善基础课程教学，加强专业基础课和专业课教育，整合各类教学资源，合理科学地优化配置教学课程，提高专业综合实力。

2. 推进高水平师资队伍建设

严格把教学考核作为教师考核的首要内容，落实教授为本专科学生授课制度，使得高校能够建立起完善的教学质量评价体系。通过开展比如"教学名师""教学能手""技术服务能手""校级专业教学团队""科技服务明星团队""人才梯队培养计划"等各类评选与考核工作，以提升中青年教师骨干的能力。落实教师企业轮岗的工作改进，进一步硬化专业教师中专任教师的企业经历，优化专业教师的双师素质。

（二）培养学生实践能力

在市场经济体制下，市场竞争日趋激烈；要想让在校学生符合企业的要求，则需要校企合作的双方设置合作平台，共同发展，以达到双赢目的。

1. 搭建实践交流平台，实现校企对接

（1）举办校企合作论坛。校企合作论坛作为拓宽并加深校企之间合作的渠道，能为很多有意愿、有实力的企业提供更大的合作平台，与师生们分享企业界经验与人生感悟，也为他们提供了与企业管理大师们对话的难得机会。校企合作论坛开创了校企合作的新模式。

（2）建立校企合作研究中心。校企共建研究中心是指校企双方基于较为长远的发展目的，针对较为复杂的技术（如新材料、新工艺等）或行业调研，采取新的运行理念、新的管理机制和新的科研流程，创建校企合作研究院，共同进行长期的研究开发工作。双方合作的目标是使合作企业在技术上保持在同行业中的竞争优势，研究的内容要有利于加强产业界的竞争力，同时把基础科学、交流知识作为重点，重视对人才的培养工作，吸收本、硕、博参与研究。

（3）设立"名校名企联合发展基金"。联合发展专项基金是通过政策引导建立科技风险投资机制和科研经费资助机制。其作用是通过政策导向鼓励大企业、集团公司以及社会各界出资设立各类基金，用以资助校企合作。这样，不仅拓宽了学校教学、科研发展所需资金的筹措渠道，也搭建了面向创新人才培养的实践教学平台和面向企业的人才培养平台。

2. 建设高水平的校外实训基地

高等院校培养出的毕业生要有较强的将理论转化为实际成果的能力。

利用区域优势与本地企业达成实习、实训基地建设协议，建立起校外实训基地机制。在校学生们可以利用假期或实习期到企业进行实习实践，参与企业的实际生产活动及部分产品研发工作。学生们在学习中遇到问题也可到实训基地中进行实践了解，咨询企业相关人员意见。建设校外实训基地有利于学生们进一步地提高专业实践技能，同时也有利于企业对在校学生进行实际考察，为人才储备打下良好的基础。

多形式多途径加强与世界知名高校、国外高校强势学科以及同类高水平高校的交流与合作，共建学生海外培养实训基地建立学生互换、学分互认等合作关系，推动国际科研合作和学术交流，使得学生们在日益发展的国际局势中能学到相关学科的国际化知识，符合国际企业的需求。

3. 校企联合办学，共同培养学生

（1）定制教育项目合作

定制教育项目合作是高校按照企业的需要制定符合该企业人力资本开发的短期教育计划，包括一系列完善的培训。随着全球化的日益加深，企业是全球化经营，人才是跨国家、地区流动，知识资本也是跨文化传播，定制的教育项目合作能够满足企业开展自己的企业文化、利用特定的案例研究来培育自身发展需要的人才。与此同时，高校也能真正的面向市场，改变其旧有固定观念，以人为导向，发挥其作用。

（2）学位项目合作

学位项目合作不同于培训合作，是企业与体制内高校合作成立专业学位项目；企业人员通过一段时期的学习，最终能获得学位证书的一种教育形式。比如贝尔－阿尔卡特、摩托罗拉、中国银行等，这些企业与高校合作为员工建立了管理学位计划，定期输送员工进入大学里学习，使员工具有与之相应的学位教育来满足日益发展的职位知识与技能需求。这种模式对员工、企业、高校三方来说都是有利的。就员工而言，学位认证的授予能够增强其在职场上的竞争力与能力的专业性；对企业而言，学位的授予能增强企业凝聚力，并在人才储备和选择中具备一定优势；对于高校而言，除了资金的支持外，更能加强自身的学科建设并进行口碑宣传。

（三）丰富教学方式

以学生为主体，本质上是教育理念从"以教为本"到"以学为本"的转变，不仅要在教学目标上使学生重视专业能力的形成，让学生们的言语理解能力、资料分析能力等得到系统的锻炼，还要在教学模式上让学生们从灌输式学习变为项目教学，最终使得他们能个性化的发展及具有自我评价的能力。

1. 采用开放互动的教学模式

创新能力和实践探索精神，互动式教学模式的创造和实践是一种教学改革意识和探索精神的校企互动，根据企业需要，设置专业课程，设计培养方案，构建学生应具备的知识、能力和素质架构体系，制定企业全方位参与教育教学的"过程互动"运行机制，强调"互动细节"，使学生将理论与实践相结合，全面提升综合运用知识的能力。

2. 企业内容融入日常学习

随着企业对于人才的要求越来越高，高校的课程教学模式也呈现出多样化的趋势，将企业的实战融入课程里已经势在必行。在教学过程中，融入知名企业比如 LV、adidas 的最新案例研究，可以让学生直接了解到一流国际企业的运作模式、职业要求和工作规范，在教学过程中注重创意式和实战式的模式，使学生一毕业就能符合企业的要求。

3. 举办学术或设计竞赛活动

在时尚而设计或快速消费领域，企业产品更新换代不断加快，往往在研发时产生瓶颈，而在校学生们的思维发散，可以为解决问题提供很多创新的建议，企业从中受益匪浅。高校以学术研究或设计竞赛形式开展一些活动，由企业提供主题，学校通过各种形式组织比赛和活动。比如可口可乐、雀巢咖啡都曾在高校中举行过创意比赛，这些比赛不仅让企业获得了创新思路，也培养出一大批潜在的忠实客户群体，实现了良性发展。

（五）建立有效的激励机制

在校企合作中，高校为了增强教师培养人才的积极性，就必须建立与教育管理体制相适应的分配机制、激励机制，鼓励教师积极参与研究成果转化和产业化，这可以培养教师们实事求是、勇于创新、积极合作的精神以及严谨求实的学风，从而促进校园创新文化氛围的形成。

1. 教学业绩考核结果与财政拨款挂钩

将教师的业绩作为个人经费的变量指标，增加了拨款的弹性。大学教授们通过强化比较优势来争取资金，打破论资排辈的分配制度，从根本上激发教师的活力，调动教师的工作积极性。同时使这些教育资金投向最有成效的科研和活动，实现资源效能的最大化。"绩效"指标可以表现为多方面。以固定资产的拨款来说，参数可以是个人获得的研究经费，尤其是来自半官方渠道的第三渠道资金的数额；可以是个人成功申请到或主持研究计划的项目数；也可以是吸引到科学界和社会各界知名人士的数目以及学校曝光率等。以培养费而言，参数可以是课程设置、博士论文数、就业率等。该项制度提高了对高校教学的调控与引导了高校教学的力度，确立了人才培养在高校工作的中心位置。

2. 建立以科研成果转化和产业化为导向的激励机制

为了加快科研成果推广转化，完善高等学校与政府、企业和科研院所的合作机制，大学教师们将通过多种渠道把技术成熟度高的成果向企业进行转让。这些渠道包括技术交易会、洽谈会、招标等，最终通过技术转让，实现企业和教师的双赢。该激励机制充分调动了高校和师生从事科研创新和成果推广转化的积极性。不过鉴于大学教师的科研成果、职务发明及其转让越来越多，我国近年也加强了对大学教师专利发明的管理。现在明确规定，教授在为大学服务期间取得的职务发明必须先与大学合作。

（六）改革新建本科院校管理体制

1. 建立多渠道的筹集教育经费机制

（1）争取企业的研究合作经费

复旦大学自筹经费中的绝大部分收入是来源于和企业双方的研究合作，其中更以企业界的研究经费为主。由于国内大学都是采用年度预算方式进行拨款，各项预算资金的使用都有明确规定，不得跨项使用经费，导致大学不能自主支配。而自从有了研究经费后，高校可从研究经费收入中预留部分为发展资金，给年轻教师提供科研资助，鼓励他们更多地参与各种研发，以提高高校的整体水平。

（2）共同出资成立合资机构

具有独立法人资格的高校与企业以股份制形式进行校企合作。企业以设施、场地、资金等多种形式向高校注入股份，校方将技术、科研、师资等折换成股价入股。教师以多元身份参与企业运营，担任企业的顾问，为企业的研发计划或技术瓶颈提供咨询意见，与企业建立长期技术合作，分享企业股权，同时企业对大学的课程设计及研究计划也提供建议等，这样的校企合作模式可以使双方共享效益。

2. 建立企业参访及定期回访机制

高校的专业建设与市场需要之间存在着时间上的差距，很多时候高校费了精力进行专业建设之后，市场信息和技术等又出现了变化。为了使人才培养中教学内容和企业需要同步，就需要建立企业参访和定期回访机制。

企业参访是指学生通过走访企业，了解企业及其业务；企业参访的具体活动包括：学生搜集企业信息、选择被访企业、联络企业、参访计划（包括Presentation及Q&A环节）、现场参观、记录参访内容、回报参访结果等。通过企业参访，学生能增强职业意识和从业责任感；同时企业也能发现学生的潜在素质和能力，从而达到了学习和互动的双重效果。

定期回访即高校组织教师深入企业回访调研，调研内容包括：专业教学与企业需要能同步、课程设置与企业实际能相容等。通过回访调研，高校能收集到企业负责人对专业建设的建议。在综合整理相关企业的建议后，高校可以组织相关专家、教授进行论证，在条件具备情况下，根据企业实际需求有针对性地进行课程建设和教学改革。

3. 建立兼职教师管理运行机制

为了让培养的人才能更加地符合市场需要，需要开展面向全市大型优秀企事业单位兼职教师师资库建设。高校可以聘请这些企业的高层管理者和技术人员担任学校的客座教授。这些企业资深人员除了定期到学校开展各类演讲交流活动外，还能积极参加学校的专业建设活动。此外，他们又能够担任在校学生的课外辅导导师，指导学生开展各种相关技术领域内的学术研究活动，使学生们实践和课程相结合，形成一种有利于学生成长的良好氛围。

4. 建立学生职业发展管理中心，助力学生走向社会

学生职业发展中心的概念就是指服务于所有大学在读的学生，包括本科、研究生、博士生和MBA学生等。通过提供高质量的服务和资源帮助学生获得职业生涯成功发展所需的职业素质和技能，使学生明确自己的职业发展方向，全面增强学生职场竞争的综合实力。成立学生职业发展管理中心，即搭建学生与雇主之

间的桥梁，通过建立各种渠道来加强学生与企业间的交流与沟通，包括职业咨询、职业培训、邀请企业嘉宾参加职业主题沙龙，组织学生团队进行workshop，培养毕业生对企业的忠诚度，协助学生及企业找到相互适合的位置。

受到知识型社会对人力资本日益重视的多重因素影响，教育市场正在经历着巨大的变化，这为校企合作的发展带来了巨大的动力。高校只有建立起市场化管理机制，才能培养出符合市场经济管理的人才队伍。长远来看，符合市场经济规律和要求的高校群体逐渐形成以后，高校和企业之间的分工、合作都将达到一个新的高度。无论是企业参与教育，还是高校参与生产、制造和营销等经济活动，都会实现相当程度的专业化，从而为培养人才和科研做出更多的贡献。

二、内涵式发展中应用本科人才培养的策略

（一）应用本科院校合作办学的重要性

1. 推动高等教育内涵式发展的现实需要

党的十八大报告第一次提出了"推动高等教育内涵式发展"，确立了新的历史时期高等教育科学发展的方向。坚持走内涵式发展道路，要求高等学校切实转变发展观念，树立科学的质量观，把人才培养作为根本任务和首要职责，把人才队伍作为持续发展的第一资源，把质量特色作为竞争取胜的发展主线，把国家战略需求和区域经济社会发展需要作为创新发展的动力源泉，把学科交叉融合作为品质提升的战略选择，把产学研结合作为服务社会的必然要求。

一系列重要论述赋予了高等教育新的历史使命，也明确了要全面推进高等教育综合改革的基本思路。随着高等教育体制改革的深入推进，围绕创新人才培养模式特别是突破实践能力这个薄弱环节，我们仍要加大力度推进协同育人、合作育人，完善与企业行业或科研院所的联合培养人才机制。通过校企合作办学实现协同创新、合作育人，联合开展质量评价，这有利于提高人才培养质量，实现内涵式发展。

2. 拓宽高校办学视野的客观要求

新建本科院校由于自身的地理位置、生源状况、资源条件、师资力量、发展基础等弱势，决定了它们必须根据地方经济发展的需要，以服务地方为导向，强化校企合作，大力培养应用型人才。校企合作办学需要高校走出校园，创新办学思路，拓宽办学视野，与企业或行业深度融合，主动寻找制约地方院校办学的瓶

颈，更好地适应国家或地方经济的发展。这是因为校企合作办学有利于高校根据社会发展与社会对人才的需求来配置资源，建立应用型人才培养体系；有利于高校及时调整专业方向，建设一批有基础、有实力、有特色的学科专业，形成与地方经济结构布局、发展方向相匹配的学科专业群；有利于高校根据企业或行业需要提升师资理论知识与专业技能水平，培养大量专业基础理论知识扎实、实践能力强、生产技术或经营管理经验丰富的"双师型"教师为主干的师资队伍。另外，通过校企合作办学，还可以建立高校与地方企业、社团和行业紧密联系的机制，实现学校办学和社会对人才需求的互动，实现理论教学和技能实践相结合，强化理论应用能力与创新能力的培养，提高人才培养质量。

3. 实现校企双赢、服务社会的重要途径

校企合作办学发挥了学校和企业的各自优势，共同培养社会与市场需要的人才，促进了理论教学与生产实践的结合，是实现高校教育及企业管理现代化的重要途径。校企合作是新建本科院校人才培养制度的创新。企业需要学校提供智力支持进行产品研发和员工培训，同时把社会急需的人力资源——具有丰富专业知识及技能的人才分配到合适的地区、行业、职业、企业、岗位，提升高校服务地方经济建设的水平；学校发展需要充分利用企业实习基地和聘请企业工程师来指导学生，凭借理论与实践相结合、理论教学与专业技能实训并重的教学方式实现企业和学校的双赢。

4. 提升就业竞争力的有效模式

目前，很多新建本科院校尽管认同应用型人才培养目标，但仍然存在重学轻术的传统理念，理论型和学术型课程仍在课程体系中占主导地位，实践应用型课程却不足20%，严重制约了应用型人才的培养。同时，办学模式缺乏与市场的沟通，培养的人才与企业的需要脱节，严重影响了学生的就业竞争力。校企合作办学可使学生在校内实习、实训的基础上，再到企业顶岗实习，较好地实现了课堂知识的迁移，提高了人才培养质量。校企合作人才培养模式，与传统的师带徒和企办校制度相比，人才培养效率更高、质量更好，是理论与实践的有效结合，提升了地方院校毕业生的就业竞争力。

5. 促进"双师型"教师队伍建设的有效途径

新建本科院校的师资力量相对薄弱，如教师的学历层次较低，实验操作水平不够，授课方式多是"满堂灌"式，缺乏对学生学习兴趣的引导和科研创新思维能力的培养。这严重制约了地方高校应用型人才的培养质量。校企合作办学改变了这一现状，其可以充分利用企业资源对高校教师进行培训，共同进行科研项目的研发，提高教师的实践研发能力，促进"双师型"教师队伍的建设。

（二）推进新建本科院校校企合作的建议

1. 强化对校企合作办学重要性的认识

校企合作是地方本科院校建设应用型教育体系、完善专业现代化和服务地方经济建设的基础，是确保培养的应用型人才更贴近市场、贴近社会需求、满足受教育者需求、促进学校焕发生机和活力的办学捷径，有利于实现企业、学校、学生、社会多方的互惠共赢。因此，高校要充分认识企业的资源优势，挖掘与企业合作的潜力，本着"互惠互利、合作共赢"的原则，创新与企业联合培养人才的体制机制，加强与企业的全方位合作，不断提高人才培养质量。

2. 培养和学习并举，加快"双师型"教师队伍建设

校企合作办学是培养"双师型"教师的重要途径。近年来，我校逐渐认识到培养"双师型"教师的重要性，采用了培养与学习并举的方式，选派青年骨干教师到企业学习，同时要求教师用自己的专业知识帮助企业培训员工，促进青年骨干教师向"双师型"转化，加快"双师型"教师队伍建设。

3. 联合修订人才培养方案，实现应用型人才培养

在校企合作办学中，学校要根据企业需要科学调整专业培养目标，完善人才培养方案，优化专业课程设置，使培养的人才能主动适应社会需求、劳动市场的变化、必要时，高校应与企业共商人才培养模式改革和专业教学计划的调整，充分发挥校企优势，共同修订人才培养方案。比如，根据企业用人需要进行实践教学计划，部分实践课程可以实行相对灵活的开课时间、弹性学时；邀请企业参与建立教学质量监控体系与评价标准，完善实践课程考核标准。这样的培养模式有利于企业与高校在知识、文化和技术等多层面的相互渗透，培养企业真正需要的高级专业技术人才。

4. 努力搭建校企合作教学与科研平台，聘请企业兼职导师

培养应用型人才，不仅需要加强校企合作实习、实训平台的硬件建设，同时需要进行校企合作双赢的互动运行机制、人才培养与产业对接的适应机制、校企

双方人员的互聘流动机制等软件建设。

实习、实训基地是校企互动的重要硬件，担负着教学、实习、生产与科研的重要任务。加强校内实训基地建设，建立与应用型专业相配套的模拟工厂、实验中心、实训车间等，实现大学生的校内实验、实训教学与企业接轨的重要途径，也是校企合作的核心内容之一。校企双方应本着"诚信合作、互惠互利"的原则，采取多种形式共同建设好校外实习、实训场所与基地。

另外，高校还要充分争取企业的资金投入和支持，加快高校的科研成果转化。

三、内涵式发展中应用型本科人才培养管理

（一）应用技术型人才培养的内涵

1. 人才培养目标

应用技术型高校办学定位在服务区域经济社会发展，以努力培养专业基础扎实、综合素质较高、具有较强实践能力和创新创业精神、适应地方经济社会发展和产业转型升级需要的高素质应用型专门人才为目标。如何协调专业教育和通识教育的关系，培养全面发展的高素质人才，是当前应用技术型高校必须面对的一个重大课题。

2. 人才培养理念

向应用技术型高校转型发展的一个重要方面是促进人才培养理念的转变，这是学校转型发展的先导。人才培养理念的转型涵盖多方面内容，如课程理念应由"知识的观念形态"向"知识的实践形态"转变，人才培养环节应由传统的"先理论，后实践"向"理论与实践融合"转变，学习内容应由"知识获得"向"问题解决"转变，课堂教学的主体应由"教师为中心"向"学生为中心"个性化发展转变，学习方式应由"知识传授"向"以学生的学为中心的教学创新"转变，教师应由"学术型教师"向"双师型"教师转变。

3. 人才培养模式

应用技术型人才培养侧重为地方战略性新兴（支柱）产业培养技术人才和适应产业升级的劳动者，以满足经济社会发展的需要。校企合作、产教融合是实施专业教育的主要途径，体现了教育目的的功利性取向；通识教育是对自由与人文传统的继承，旨在将学生培养成为具备远大眼光、通融识见、人文素养、科学思

维的全面发展的现代文明人。结合这些特点，应用型高校人才培养应竭力促进通识教育和专业教育的并进发展，培养全面发展的人。

（二）内涵式发展战略下应用型本科院校的机遇与挑战

联合国教科文组织将高校大致分为三类，即科学型（学术型）、工程技术型（应用型）和职业型。随着我国社会经济的发展和高等教育大众化时代的到来，应用型本科院校如新建本科院校、地方性本科院校等已经成为我国高等教育体系中重要的组成部分，在培养面向实践工作岗位的高素质、应用技能型人才中的作用越来越凸显。依据我国经济和社会发展对多样化人才的现实需求，发展应用型本科教育是我国高等教育发展的必然趋势。但是，当前很多应用型本科院校存在教育规模与质量发展不协调、办学趋于同质化等问题。在这一背景下，内涵式发展战略对应用型本科院校来说，既是机遇，也是挑战。一方面，内涵式发展战略为应用型本科院校指明了发展道路和方向。应用型本科院校要想培养出满足经济和社会发展需求的人才，提高自身竞争力，必须转变传统的外延式发展模式，走以提高质量为核心的内涵式发展道路，稳定规模，优化结构，强化特色，注重创新。另一方面，内涵式发展战略对应用型本科院校提出了更高要求。高校在办学定位、专业结构和课程设置、特色创新等方面要敢于探索和实践，加快改革步伐，提高办学质量，培养适应国家和经济社会发展所需的应用型人才。

第三节 校企合作协同创新特色应用型本科人才培养实施保障机制

体制机制是深入推进校企合作的保障。就校企合作的体制机制而言，必须兼顾学校和企业双方的关系。因此，校企合作的实施必须建立与应用型人力资本专用化相适应的较为科学的、完善的、符合经济社会发展要求的新管理体制和运行机制。

一、改革校企合作的办学机制

（一）科学定位，确保企业人才培养质量

应用型人才是指那些掌握专业和学科的基础理论和专业知识，具有较强的解

决实际问题的能力,能够承担专业技术管理和分析研究工作的高层次复合型应用人才。校企合作在培养目标、课程设置、教学理念、培养模式、质量标准和师资队伍建设等方面要着眼于培养质量。一要培养应用型人才的创新精神。学生进入项目,就要以"经理人""企业家"的精神要求自己,自觉融入先进的企业文化;要通过零距离接触市场,近距离聆听改革前沿的企业专业人士传授前沿知识,及时了解并掌握市场动向,分析市场行情和变化规律,培养创新意识。二要培养应用型人才的实干精神。学生不仅要掌握一定的基础理论知识,还要善于将理论或相应科研成果转化为解决经济、管理等方面实际问题能力。学习结束后,学生要提交标志其能力水平的"毕业论文"和"专业研究报告",完成学业后获得"毕业证书""学位证书""职业资格证书""实习实践合格证书"等证书。

(二)改革课程体系,强化企业人才培养特色

课程体系的调整应强调基础理论研究,注重与应用能力培养的有机结合。基础理论课程设置应根据高端应用型人才培养目标的要求,同时结合学生来源于不同专业实际,实施学科间、专业间的渗透,构建科学的课程体系。理论课程学习多在校内完成,主要由校内导师负责对学生进行理论知识的传授,旨在夯实学生未来发展的理论基础和发展潜力。实习实践课程多在企业或实习基地完成,主要由校外导师负责学生实践能力的培养,旨在提高学生适用社会需求的水平。学校要重视改革创新实践性教学模式,与多个企业、多种社会资源联合建立实习实践教学基地。教学基地有多种形式,主要由设在合作单位的实习基地组成。实习开始,合作企业制订实习计划。实习结束,实习单位填写实习鉴定意见,学生则撰写并提交"实践学习总结"和"专业研究报告"初稿,同时在校内导师的指导下完成"专业研究报告"和"毕业论文"。这样,学校、企业相互配合,共同加强实习全过程的质量管理和服务,有效确保了实践教学质量。

(三)加强双导师队伍建设,形成校企师资合力

"双导师"队伍是校企合作培养人才模式的师资队伍建设特色。"双导师"队伍由校内导师和校外导师组成并各有分工。校内外导师合作的重点是在更高层次对学生分析、研究问题能力的联合指导。校内导师重点负责基础理论知识的传授和研究,校外导师则重点负责学生实践课程讲授和实践能力的培养。校外导师由诸多的合作企业专家型的业务主管领导组成,形成了一支相对"稳定型"和相对"松散型"相结合的"双导师"队伍。相对"稳定型"导师队伍是指学校将校内外

导师的信息经得本人同意后挂在校园网上，实行导师、学生双向选择制，零距离传授前沿知识，近距离指导学生。相对"松散型"导师队伍是指学校根据人才培养方案和课程计划安排临时聘请知名专家和管理者，以定期或不定期形式来校做前沿知识讲座或实践指导，不固定承担某位学生的实习和就业指导任务。这样做的结果，校内外导师以合作项目为平台，以不同方式联合培养人才为己任，以共同成就一番事业、培养一批人才为核心，形成了一种令人欣喜的"师资合力"。

（四）高校在校企合作应做制度化调整

为了激发企业参与校企合作的动力，高校应注重加强自身建设，不断提高教学、科研和服务水平，进而提升自己在校企合作中资源的互补能力。在与企业合作时，高校至少应在如下五个方面做相应调整。第一，根据企业用人所需调整实践教学计划；第二，利用职业技能综合培训基地为企业提供职工培训和技能鉴定；第三，利用学校的科研机构为企业进行技术研发和服务；第四，派出骨干教师为企业提供技术服务；第五，与企业合作进行技术攻关。另外，还应采用建章立制的办法解决校企合作双方的约束性问题，如成立校企合作委员会、校企合作办公室、专业指导委员会等。

二、提升企业参与校企合作的动力机制

（一）关注企业人才需求指向，提高企业对校企合作的参与热情

人才培养和企业实际需求阶段性脱节的矛盾已成为企业竞争和发展进程中的一个无法逾越的"短板"，而人力资源的竞争和需求成为企业主动参与人才培养的主要原因，也成为校企双方在人才培养时能够合作并获取长远发展的基础。企业是一个自主经营、独立核算，并依法设立的以盈利为目的的经济组织。企业在出现人才空缺时，要么通过人才市场引入，要么自己培养和跨部门配置。企业作为市场竞争的主体，其参与市场竞争获取持续竞争优势的主要源泉便是人力资源。企业只有掌握了关键性的人才资源，才可能在激烈的市场竞争中得以生存和发展。尽管普通高校与企业合作培养高端应用型人才时的属性存在差异，但人才培养的结果对两者确实是共赢的。关注企业的人才需求指向而言做好以下几个方面的工作。一是要通过实地去考察调研，了解企业所需人才。政府机构人员、教育部门行政人员、高效管理人员等可组成专家委员会到企业一线去了解企业对人才主要专业、基本技能的现实需求；二是加强对企业所需人才的专项培训。借助学校的智力资源，与上述专家委员会一道，共同决定专项培训内容，把企业人才需求作

为培训开发的主要根据，确定企业人才发展的远期、近期规划。三是根据培养目标，改革学校教学内容。充分利用企业提供的实践平台，在学生掌握基本理论知识的基础上，通过产学结合的形式让学生到企业进行岗位技能锻炼。这种理论与实践并重的教学模式能大大提高学生的生产操作能力，实现学生从"求学"到"就业"的无缝衔接。总而言之，这些措施能有效增强企业用人和高校教育的实效性，是提高企业参与校企合作、规避企业人力资本投资风险的一项重要策略。

（二）提高学生忠诚度意识，降低企业合作中应用型人才流失风险

为了避免在校企合作中企业的人力资本流失风险，企业可以采取法律约束手段（签订用工合同形式，明确规范应用型人才的权利义务、用工年限、赔偿条款等内容），也可以采取有效的激励制度，如将员工的绩效考核与工资待遇以及岗位任职资格相联系。更重要的是，企业要关注每一个员工的需求是什么，只有充分尊重每个员工的利益诉求，才会促使员工全身心地投入到企业的建设和发展中去。因此，校企合作实践中，校企双方都要考虑应用型人才之间的这种天赋与能力差异，针对不同类型的人才采取不同的培养教育举措。比如，针对应用型人才的不同素质结构制定相应的培养长效机制，指导他们对自己的职业生涯进行设计。合作院校也可以凭借其强大的师资力量为应用型人才提供后续的培训和教育。

校企合作中还可以建立一种文化交流机制，这是因为学校与企业都是不同文化的载体，如果两种文化互相结合和利用，就能促进校企合作达到最佳状态。比如，学校对企业应用型人才的培训教育不仅是理论知识和生产技能的培训，还可以对他们加强职业道德教育和企业文化教育，使应用型人才对当前企业文化是什么和为什么要建设企业文化有深刻的理解，充分体验到成为一名企业员工的满足感和自豪感，从价值观、信念、情感等方面认同企业、归属企业，不断增强成为企业员工的集体意识，这样培养出的企业所需的应用型人才就具备了时刻成为一名企业员工的忠诚度。

三、完善政府对校企合作的保障机制

（一）完善法律法规和政策体系

在职业教育发达的国家里，校企合作是很重要的一部分，这主要归功于完善的法律。不管是美国不断改革的职业教育校企合作，还是德国的"双元制"职业教育校企合作，法律在其中功不可没。21世纪，随着经济的快速发展，我国的职

业教育已经到了发展的关键时期，能否把握住这个关键期十分重要。在这一背景下，构建具有中国特色的完善的法律体系，修改与制定校企合作法律法规，成为保证职业教育校企合作健康发展的关键。比如，尽快完善《职业教育法》的修订。职业教育校企合作的法规建设源于职业教育校企合作实践的发展需求，根植于现实社会，应根据职业教育发展的新形势、新情况和新问题，对目前的校企合作进行广泛的调研，对《职业教育法》中的校企合作法规进行补充和完善。

（二）加大对校企合作的财政支持力度

随着教育投入的不断增加，国家在财政政策方面应给予校企合作一些激励性政策。当企业有机会得到实质性的合作收益时，就会主动为学校提供合适的实习、实践基地。在校企合作过程中涉及学生和教师实习、实践费用时，国家应设立专门的财政专项拨款为校企合作顺利展开提供资金保障，努力不让学生实习成本成为阻碍学校和企业合作的挡路墙。另外，还应加大对校企合作的监督力度。通过税务、企业监管等部门对学校企业的监管记录，严格考量企业在校企合作中的责任表现，并根据相应的指标数据决定对参与校企合作的企业是否减免税收、发放津贴、给予银行贷款等政策性优惠。

参考文献

[1] 张新勇.浅谈研究型本科院校师资建设——基于美国的经验分析[J].新课程（教研），2011（8）：35-36.

[2] 樊哲，钟秉林，赵应生独立学院发展的现状研究与对策建议[J].中国高等教育，2011（3）：24-27.

[3] 顾永红.美国大学教师聘任制度的变迁及启示[J].国家教育行政学院学报，2012（10）：85-89.

[4] 王勉.基于产学研平台的高校人才培养困境、成因及路径选择[J].江苏科技大学学报（社会科学版），2012，12（2）：103-107.

[5] 黎军，陈微.中美高校教师招聘制度的比较——基于耶鲁大学和北京大学教师招聘制度的分析［J］教师教育论坛，2013，26（1）：94-96.

[6] 张禧，邓良基地方农林高校本科创新人才培养的路径[J].高等农业教育，2013，（4）：58-60.

[7] 林琦芳.应用型本科院校校企合作的研究[D].厦门：华侨大学，2013.

[8] 吴四贵，胡拥军.地方本科院校校企合作人才培养模式下的教学质量监控[J].化工时刊，2014，28（05）：57-58.

[9] 蔡正兰.应用型本科院校校企合作模式研究[J].师范学院学报，2014，16（05）：112-115.

[10] 陈长峰.地方本科院校校企合作人才培养模式开展现状与对策研究——以济宁区域内本科院校为例[J].中国大学生就业，2015（04）：60-64.

[11] 于洋，霍素彦.新建应用型本科院校校企合作新模式研究[J].中国成人教育，2015（23）：36-38.

[12] 罗伟明，郑莹，黄晨.新建本科院校内涵式发展援助模式与机制建设[J].浙江中医药大学学报，2016，40（06）：498-502，506.

[13] 孙文君，高俊明，宋兴海，薛炳勇．应用型本科院校深化校企合作人才培养的建议[J]．内江科技，2017，38（10）：103，126．

[14] 胡俊梅．推动内涵式发展 促进地方新建本科院校转型[J]．高教探索，2017(07)：35-38．

[15] 闫祯．地方本科院校内涵式发展的思路与路径[J]．高教论坛，2017（08）：55-58，91．

[16] 韦佳．"互联网+"背景下的应用型本科院校校企合作人才培养模式研究[J]．吉林省教育学院学报，2018，34（01）：54-57．